Der keltische Rand Europas. Nach: Abraham Ortelius, Theatrum Orbis Terrarum, 1595.

The National Library of Wales, Aberystwyth.

Hermann Vogt

Kulturen der Einsamkeit

Hermann Vogt

Kulturen der Einsamkeit

Der keltische Rand Europas

Thomas. [illegible].

[illegible] im November 1994

Wissenschaftliche Buchgesellschaft
Darmstadt

Die Deutsche Bibliothek – CIP-Einheitsaufnahme

Vogt, Hermann:
Kulturen der Einsamkeit: der keltische Rand
Europas / Hermann Vogt. – Darmstadt:
Wiss. Buchges., 1994
ISBN 3-534-12232-1

Bestellnummer 12232-1

Gedruckt auf säurefreiem und alterungsbeständigem Offsetpapier
Satz: Setzerei Gutowski, Weiterstadt
Druck und Einband: Wissenschaftliche Buchgesellschaft, Darmstadt
Printed in Germany
Schrift: Linotype Times, 10/12

ISBN 3-534-12232-1

Or do
Dr. George O. Simms
(1910–1991),
von 1969 bis 1980 anglikanischer Erzbischof von Armagh und Primas von Gesamt-Irland.

Or do
William Cardinal Conway
(1913–1977),
von 1963 bis 1977 katholischer Erzbischof von Armagh und Primas von Gesamt-Irland.

Inhalt

Vorwort

Am Bahnhof in Freiburg habe ich wieder ein „Irisches Tagebuch“ gekauft.

Vor über dreißig Jahren erwarb ich das Buch zum ersten Mal, in Göttingen. „dtv Band 1“ hieß es in der Bibliographie seit 1961, nachdem das Buch vier Jahre zuvor bei Kiepenheuer & Witsch als Hardcover erschienen war. – Dieses Mal war es die vierzigste Auflage, im Oktober 1992 gedruckt. Kein anderes Buch habe ich so häufig verschenkt wie das „Irische Tagebuch“. Einen solchen Erfolg wünscht sich jeder Autor: mit einem so kleinen Büchlein sein ganzes Leben bestreiten zu können.

Das „Irische Tagebuch“ ist das meistgekaufte Taschenbuch in deutscher Sprache geworden. Auf der Buchmesse 1991 wurde es Annemarie Böll in Gold überreicht, weil die Auflage die Million überschritten hatte. Der Gestehungspreis hat sich über die Jahrzehnte kontinuierlich erhöht, das „Irische Tagebuch“ aber ist gottlob dasselbe geblieben.

Mit welcher unbedarften Herablassung sich langweilige Reisebücher über das „Irische Tagebuch“ ergehen können: „das (überbewertete) Standardwerk der Irland-Literatur, trotzdem liebenswert-lesbar“ (Hänel-Gerold 91, 374). Was denn – das „Irische Tagebuch“ ein Standardwerk, und auch noch überbewertet? Da hat einer Irland mit der Seele verstanden. Böll wurde mit den irischen Menschen gleichzeitig, und dann sowas. Er wurde gleichzeitig mit dem dreizehnjährigen Kevin Kennedy, der am 20. Dezember 1930 in Dublin starb, als der gleichaltrige Böll in Köln Weihnachtsferien bekam.

... hier wurde die Tumba aufgestellt, *Dies irae, dies illa* von der Orgelempore herunter gesungen. Kevins erschrockene Schulkameraden füllten die Bänke; Weihrauch, Kerzenhitze, silberne Troddeln am schwarzen Leichentuch, während ich mein Zeugnis zusammenfaltete, den Schlitten aus dem Spind holte, um rodeln zu gehen. Ich hatte in Latein eine Zwei, und Kevins Sarg wurde ins Grab gesenkt.

Das ist Literatur, die in das Hades-Kapitel im *Ulysses* zurückreicht und die gar nicht überbewertet werden kann. Zum Glück jedoch ist es kein „Standardwerk der Irland-Literatur".

Immer neue Lesergenerationen wachsen in das Irland Bölls hinein. Auf der Fähre von Le Havre nach Rosslare – mit irischem Blick für das Notwendige „Saint Patrick" getauft – lesen junge Leute das „Irische Tagebuch".

In Irland ereignet sich zweierlei. Einmal kann ich mit Böll immer wieder durch Irland reisen und das Land anhand seines Buches wiedererkennen. Zum anderen begreife ich, daß sich die irischen Verhältnisse in vierzig Jahren stark verändert haben – religiös, politisch, wirtschaftlich, sozial. Die Reise gerät so jedem Mitteleuropäer zur Schärfung des geschichtlichen Bewußtseins. Gleichzeitig sensibilisiert er sich für die Vergänglichkeit des Menschen – auch seiner eigenen Vergänglichkeit. Dieser Gedankenfortschritt ist aber zum Glück ausbalanciert durch das ebenfalls in Irland entstehende Bewußtsein, daß alles Menschliche viel Zeit brauche – und auch viel Zeit habe. „When God made time, he made plenty of it." Die alltägliche Wahrheit dieses Satzes in Irland zu erleben, ist allein schon eine Überlebenshilfe für die, die dieser Hilfe bedürfen.

Meine persönlich-geographische Annäherung an den keltischen Raum beginnt 1959. An ihrem Anfang stand die Bekanntschaft mit Schottland. Auf einer Postkarte vom 5. Oktober 1959 nach Hause hieß es: „Wir sind jetzt schon drei Tage in London. Es ist eine ganz wunderbare Stadt. Ich habe schon Buckingham Palace, Parlamentsgebäude, Hyde Park, City gesehen. ... Morgen mittag wollen wir zu zweit von hier wegtrampen – nach Edinburgh." Der Mittramper studierte in Göttingen nicht nur Anglistik, sondern war des Englischen auch schon vollkommen mächtig. Die letzte Nacht auf englischem Boden verbrachten wir zwischen Alnwick und Berwick upon Tweed in Northumberland und bezahlten Bed and Breakfast mit den Pfunden, die uns englische Freunde in Nottingham geschenkt hatten. In dieser Nacht gewann Harold Macmillan seinen Unterhaussieg. Daß Lindisfarne, das von Iona aus gegründete zweite Zentrum der keltischen Kirche, ganz in der Nähe war, nahm ich nicht wahr. Aber schon am nächsten Nachmittag ging die Erfolgsmeldung nach

Deutschland: „9. Oktober 1959, Edinburgh. Es ist jetzt Freitagmittag. Um 1 Uhr sind wir hier in Edinburgh gewesen, nachdem wir vorher noch von einem Methodistenmissionar aus Indien mitgenommen worden waren. *Edinburgh ist sehr schön*." Eine prima vista-Beobachtung sozusagen. Eine fehlerhafte Schnelldiagnose? Ganz bestimmt nicht. Eher: die fixe Formulierung einer Liebe auf den ersten Blick. Die Schönheit Edinburghs liegt in der ästhetischen Harmonie der Gegend am Firth of Forth begründet und hat mit der Wahrnehmung des einzelnen Besuchers erst in zweiter Linie zu tun.

Am Anfang stand also Schottland. Edinburgh mit der kleinen normannischen St. Margaret's Chapel im Castle – diese angelsächsische Prinzessin war die, mit der englische Sprache, Sitte und Baustil nach Schottland gekommen waren – und mit der großen Kirche St. Giles, in der der finstere John Knox presbyterianisch gepredigt hatte. St. Andrews mit Pierwalk, und schottische Studenten, die die deutschen Gäste über Birnam – „Fear not, till Birnam wood do come to Dunsinane" –, Dunkeld und Pitlochry nach Blair Atholl führten. Auf derselben Fahrt begriffen wir, daß Schottinnen und Schotten im nassen Heidekraut tanzen können, wenn nur ein Dudelsack dabei ist. War das etwa die neuzeitliche Erinnerung an die lebensfrohe Heiterkeit der jungen Maria Stuart, der Mary Queen of Scots?

In Stornoway auf der Isle of Lewis kaufte ich mir 1962 *MacLaren's Gaelic Self-Taught*, was eine *Introduction to Gaelic for Beginners* war. Für ganze vier Schillinge wurde ein leichtes Lernen – *Gaelic made easy* – verheißen, was auch über sechzigtausend verkaufte Exemplare – allerdings schon seit dem Jahr 1911 – zu beweisen schienen. Innen im Büchlein munterte James MacLaren noch einmal auf: „*... for it is quite easy by a little study and perseverance to acquire a good reading and speaking knowledge of this venerable old language*" (MacLaren 57, 1).

Was habe ich über die Jahre nur falsch gemacht? Zu wenig „study and perseverance"?

Auch der seinerzeitige Kauf eines gälischen Neuen Testaments mit Psalmen half nicht weiter. Was hatte ich schon davon, „Sailm Dhaibhidh" richtig zu verstehen und auch in der folgenden Zeile zu begreifen, daß „Salm I" der erste Psalm sein mußte. Der Plural wird also durch das „i" mitten im Wort gebildet. Voller Schreck begriff ich: der Geist Gottes weht auch im Gälischen nur da, wo er will.

Mit der Zeit gewöhnte ich mich daran, die gälischen Lieder der Äußeren Hebriden auch ohne Sprachkenntnis als eindrucksvoll, in ihrer melancholischen Monotonie sogar als schön zu empfinden. In Amerika ist der keltische Wiedererkennenseffekt ohnedies nur noch an schottische und irische Ortsnamen gebunden, und dazu ist das Gälische nicht mehr nötig. Glencoe, wo im Februar 1692 die Campbells die Macdonalds umbrachten, gibt es in Alabama, Illinois und Oklahoma. In North Carolina trägt ein County den Namen Scotland. Edinburgh gibt es als Edinburg in Mississippi, Texas, Virginia, North Dakota, Indiana und Illionois, als Edinboro in Pennsylvania. Dundee, Glasgow und Aberdeen sind jeweils mehrfach vorhanden. Doch auch mehrere Dublins gibt es: die beiden größeren in Georgia und Kalifornien, drei kleine in Texas, Virginia und Indiana, und noch zwei Nester in New Hampshire und Maryland.

Von Schottland aus kam mir Irland immer näher. Die Küste der Grünen Insel sah ich 1962 einmal vom schottischen Stranraer aus fern im Westen liegen, war aber erst 1971 in Ulster. Ich kam wegen des irischen Konflikts nach Belfast, in das Elendsgebiet der *Peace Line* zwischen der katholischen Falls Road und der protestantischen Shankill Road. Diese Stadt im Kriegszustand machte Angst. Ich wußte nie, ob ich in der Nähe von britischen Patrouillen und Jeeps sicher oder verloren war. Irland habe ich also zuerst über seine „troubles“, die so gar nicht zu der Leichtigkeit des „Irischen Tagebuchs“ paßten, kennengelernt.

Später erst merkte ich, daß das im Telefonbuch von Londonderry rot ausgestrichene „London“ nur die dunkle Seite der irischen Wahrheit war. In Donegal hörte ich zum ersten Mal, wie irisches Gälisch klingt, ohne daß ich es noch einmal auf einen Lehrbuchkauf ankommen ließ. Ich bestieg den Croagh Patrick bei Westport – hier soll St. Patrick einmal vierzig Tage lang gefastet haben – und blickte tief nach Connemara und Mayo hinunter. Im Trinity College Dublin bewunderte ich das *Book of Kells*, das einmal die „irischen Kronjuwelen“ genannt wurde. Das *Book of Kells* ist in der Bibliothek des Trinity College ausgestellt, an dem Leopold Bloom am 16. Juni 1904 vorbeilief. „Während er weiterging, verschwand sein Lächeln, eine schwere Wolke schob sich langsam vor die Sonne, beschattete die finstere Front des Trinity“, heißt es im *Ulysses*. Überhaupt dieses „liebe, schmutzige Dublin“ des James Joyce –.

Am 17. Mai 1974, einem Freitag, hörte ich – am frühen Abend bei St. Stephen's Green laufend – die Bombenexplosionen, die auf der anderen Seite der Liffey zur besten Einkaufszeit viele Menschen töteten. Die Bombenleger – nach der Logik des Konflikts waren sie Protestanten aus Ulster – waren längst wieder in Belfast untergetaucht, als die dreißig Menschen in Dublin und Monaghan starben. Für den 16. Juni 1974 hatten die Verehrer von Joyce in Dublin geplant gehabt, am siebzigsten Jahrestag des Bloom's Day auf den Spuren von Stephen Daedalus und Leopold Bloom durch das „liebe, schmutzige Dublin" zu wandern.

In der Schule wurde ich in die machthungrige Welt des schottischen Macbeth eingeführt. König Duncan war von Macbeth ermordet worden.

> Ross: Where is Duncan's body?
> Macduff: Carried to Colmekill,
> the sacred storehouse of his predecessors
> and guardian of their bones.
> (Macbeth, 2. Akt, 4. Szene)

Wohin wollten die beiden Adligen den toten Duncan gebracht wissen? War Colmekill – der „heilige Aufbewahrungsort seiner Vorgänger und Wächter ihrer Knochen" – ein altschottischer Königsfriedhof?

Erst auf dem winzigen Inselchen Iona westlich der größeren Insel Mull sah ich, wo sie Duncan und nach ihm Macbeth beigesetzt hatten. Von Irland kommend, hatte Saint Columba im Jahr 563 auf dem Iona der Inneren Hebriden ein Kloster gegründet. Von diesem Kloster aus wurde Schottland im Geist der keltischen Kirche missioniert. Iona wurde zur Urzelle der schottisch-christlichen Kultur. Darum wurden auf der kleinen Felseninsel sechshundert Jahre lang schottische, irische und norwegische Könige und Klanführer neben den Gebeinen des Saint Columba bestattet. In dieser langen Reihe kamen Duncan 1040 und Macbeth 1057 als letzte auf Iona an.

Im Spätsommer 1858 war Theodor Fontane während seiner Schottlandreise auf Iona. Er fand Grabsteine aus dem Mittelalter und aus neuerer Zeit. Achthundert Jahre nach der Landung des toten Macbeth gab es keinen Grund, sich über die Verlassenheit von Icolmkill, wie Iona im Gälischen heißt, zu wundern.

Die Tumuli selbst sind zerfallen,
und die Grabsteine liegen verwittert da,
nirgends eine Inschrift oder Jahreszahl,
die Auskunft geben könnte.
(Fontane 91, 2. Band, 255)

Icolmkill war während des Mittelalters in die mythische Welt der schottisch-keltischen Geschichte übergegangen. Iona war in die Einsamkeit des keltischen Raums eingetreten.

Iona war zu einem Faszinosum und, was Schottland angeht, zum Herzen der „Kultur der Einsamkeit" geworden, aus der es in unsere Gegenwart leuchtet. Die „Kultur der Einsamkeit" hat mit Armut, Unterdrücktwerden und Auswandernmüssen, mit Alleinbleiben und Vergessenwerden zu tun. Die „Kultur der Einsamkeit" ist mit Worten kaum angemessen zu beschreiben. Im „Irischen Tagebuch" hat Böll es versucht, und es ist ihm auch kapitelweise gelungen.

Wegen der Schwäche des geschriebenen Wortes ist es am besten, die „Kultur der Einsamkeit" im keltischen Raum selbst zu erfahren. Doch kann sie, wenn schon das Wort nicht zureicht, auch durch Bilder vermittelt und so zum „Sprechen" gebracht werden. South Uist ist eine der südlichen Inseln der Äußeren Hebriden. Im Gälischen hieß South Uist schon immer „Tìr a' Mhurain", Land des gebeugten Grases. Ich glaube, daß Paul Strands Bild „Tìr a' Mhurain", das er 1954 aufnahm, die Einsamkeit der Hebriden zum „Sprechen" bringt. Iona und Tìr a' Mhurain, Innere und Äußere Hebriden, sind die Pole, zwischen denen die „Kultur der Einsamkeit" Gestalt gewinnt.

Ich danke dem Paul Strand Archive in der Aperture Foundation, Millerton, N. Y. für die Erlaubnis, Pauls Strands Photographien „Tìr a' Mhurain" und „Fenster in Daliburgh, South Uist" in dieses Buch aufnehmen zu dürfen. Dem Board of Trinity College Dublin danke ich, daß ich zwei Seiten aus dem „Book of Kells" reproduzieren darf.

In Schottland haben die Royal Commission on the Ancient and Historical Monuments of Scotland, Edinburgh, und The Duke of Atholl's Collection at Blair Castle, Pitlochry, Perthshire, Bilder zur Verfügung gestellt. Weitere Materialien und Bilder erhielt ich von der Cornwall Archaeological Unit, Truro, sowie von Bord Fáilte Eireann und dem Office of Public Works in Dublin. Die Reproduktionsrechte für die walisischen Motive erteilten The National Library of Wales und die Royal Commission on the Ancient and Historical Monuments of Wales in Aberystwyth sowie das National Museum of Wales und das Wales Tourist Board in Cardiff.

Pádraig J. O'Grady erklärte mir, daß ein Text aus dem „Book of Kells" die irische Fünfpfundnote schmückt. Gerard Riordan machte mich in Tipperary auf Erzbischof Miler MacGrath, den „Machiavelli von Cashel", aufmerksam. Niall Toibín führte den Deutschen in die Theaterkultur Dublins ein.

Douglas Dunn hat mir erlaubt, seine Elegie „Thirteen Steps and the Thirteenth of March" zu übersetzen und abzudrucken. Ich danke Donald MacDonald aus Carloway, Isle of Lewis, für die Photographie „Sabbath Day, Inverasdale". Donald Martin von Comhairle nan Eilean, Stornoway, erklärte mir die Situation des Gälischen auf den Äußeren Hebriden.

Dr. Karl Schmuki von der Stiftsbibliothek St. Gallen half, Ermenrichs Lobpreis über Irland in Cod. sang. 265 zu identifizieren. Ich danke meinem Lektor Rainer Kühn für die zuverlässige Zusammenarbeit.

Frankfurt a. M., im März 1994 Hermann Vogt

Annäherung an den keltischen Rand Europas

Die einsame Halbinsel *Ardnamurchan* auf dem sechsten westlichen Längengrad ist der am weitesten nach Westen ragende Landzipfel Schottlands. Ardnamurchan liegt etwas westlicher als St. David's an der Küste des walisischen Pembrokeshire und auch westlicher als die Spitze Cornwalls bei Land's End. Nur die Inneren und Äußeren Hebriden reichen noch tiefer in den Atlantik hinein.

County Kerry im Südwesten Irlands liegt auf zehn Grad westlicher Länge und ist damit das westlichste Stückchen Europas überhaupt. Kerry liegt westlicher als das galicische Cabo de Finisterre und das portugiesische Cabo de Rocca bei Lissabon. Daran ändert auch nichts, daß Island und Grönland schon halbwegs in Amerika liegen, weil beide nach mitteleuropäischer Meinung sowieso kaum noch zu Europa gehören.

Um diese in den Westen hineingehaltene Region Europas geht es in diesem Buch. Irland erklärt sich zu „Europas grüner Ferieninsel" und lädt die Touristen zu sich ein. Die Folge der sich daraus ergebenden Reisebewegung ist, daß auf den Immobilienspalten deutscher Tageszeitungen schon mal ein Pub im Nordwesten Irlands oder ein ölbeheiztes Cottage in Kerry, das sich als Altersruhesitz für einen Golfer und Angler eignet, angeboten werden.

Die Verbindungen Irlands zu Mitteleuropa sind jedoch älter, als diese neureichen Kontakte vermuten lassen. In Würzburg fand 1989 die große Ausstellung „Kilian: Mönch aus Irland, aller Franken Patron" aus Anlaß des Martyriums der irischen Missionare Kilian, Kolonat und Totnan vor 1300 Jahren statt. Wer wollte, konnte diese frühe geschichtliche Verbindung zwischen Irland und dem Frankenreich auch mit einer Sonderbriefmarke seinen Schreibpartnern mitteilen.

Der Würzburger Kilianbrücke entspricht die Galluspforte am Basler Münster. Auch die Galluspforte, die in ihrem Tympanon eine ausdrucksstarke Darstellung des Gleichnisses von den klugen und törichten Jungfrauen besitzt, weist auf die engen geschichtlichen Verbindungen zwischen Irland und dem Kontinent hin. Gallus war der Ire, der auf dem Weg nach Italien nur bis zum Bodensee kam und in dessen Nähe im Jahr 612 die Urzelle des Klosters gründete, das später seinen Namen erhielt.

Auf der Reise zum keltischen Rand Europas sind die bretonischen Calvaires die mittelalterlichen Vorahnungen von den viel älteren Hochkreuzen, die im gesamten keltischen Raum – also in Cornwall, Wales, Irland und Schottland – zu finden und in vielen Veröffentlichungen abgebildet sind.

Schottland fängt bereits in Aachen an, wo gegenüber dem Dom in der Kirche St. Foillan ein schottischer Missionsbischof verehrt wird, der im 7. Jahrhundert im Gebiet der Ardennen getötet wurde. Schottische Produkte wie Whisky und Shortbread sind den kontinentalen Käufern vertraut. In den Schottenwitzen wird ein irreführender Eindruck vom schottischen Nationalcharakter vermittelt. Dafür ist nur wenigen geläufig, daß das Golfspiel aus St. Andrews kommt. Eine ganz besondere keltische Neigung besitzt der, der sein Jackett aus Harris Tweed zanzig Jahre lang trägt und es nie gegen ein Erzeugnis der Haute Couture austauscht.

Das moderne Schottland war für Zentraleuropäer gar nicht mehr eine europäische Randnotiz, als die Lumpazi-Clique während der Basler Fasnacht 1993 in hier nicht zitierfähiger Weise auf den Schottenrock von Prinz Charles anspielte.

Schottland – nämlich der Sommersitz der Königsfamilie in Balmoral – tauchte in dem Text der Clique Opti-Mischte, die aus Basler Perspektive noch einmal auf das „annus horribilis“ 1992 im britischen Königshaus zurückblickte, ein zweites Mal auf:

The Bucking Hammer

Und wirgglig: Was die nätti, kreenti Daame
der Zyt im Clan erläbt en Mais und Graach –
Do sinn im Shakespeare syni Keenigsdraame
Dernääbe grad e faadi, schwachi Sach.
Bi dääre dekadänte Prinzegarde
Vo Windsor, *Balmoral* und Kensington
Ka wirgglig niemerts me im Aernscht erwarte,
Dass ain no landet uff däm morsche Throon.
(Basler Zeitung, 2. März 1993, 29)

Der Mittelmeerraum und der keltische Rand Europas haben im Lauf der Geschichte sehr verschiedene Entwicklungen durchlaufen. Das wird an der Geschichte Siziliens besonders deutlich. Diese Insel mit ihrer günstigen Zentrallage war seit der Antike der Anziehungspunkt für alle, die ihre Machtstellung im Mittelmeerraum ausbauen wollten. Griechen, Römer, Vandalen, Byzantiner, Araber, Normannen, Franzosen, Spanier, Österreicher und Italiener kamen nach Sizilien – je nach Interpretation als Eroberer oder Befreier. Wer Sizilien besaß, beeinflußte die Machtstrukturen der Alten Welt.

In Sizilien entwickelte sich eine vielschichtige Mischkultur. Sizilien war das offenliegende Herz des Mittelmeerraums in strategisch bester Lage. Die größte Insel des Mittelmeers war der Durchgangspunkt für die Völker, die sich ein Imperium erobern wollten. Ihre Spuren haben sich in die Kultur Siziliens eingegraben.

Ganz anders verlief die Geschichte des keltischen Raums. Die einzigen Eroberer waren die Kelten selbst, die vor der Zeitwende vom Kontinent nach Irland, auf diese große Insel am Rand Europas, kamen. In einem langen Zeitraum unterwarfen die Kelten die dort bereits vorhandene Bevölkerung. Die Römer dagegen blieben an den Küsten von Wales stehen und griffen vier Jahrhunderte lang nicht nach Irland über. Die letzte große Eroberung im keltischen Raum ging von England aus, das seine Macht nacheinander auf Wales, Irland und Schottland ausdehnte. Anders als Sizilien hat der keltische Raum darum eine relativ unbewegte Geschichte der Eroberungen erlebt.

Die Folge der englischen Expansion in den keltischen Rand hinein ist, daß die keltischen Teilgesellschaften sich seit fast schon einem Jahrtausend dem kolonialen Druck widersetzen und mit immer neuer Kraft ihre kulturelle Identität zu erhalten trachten. Aus dieser konservativen Grundeinstellung ergibt sich jeweils die kulturelle, konfessionelle und politische Dynamik in den Regionen des keltischen Raums.

Aus dem Dauerkonflikt mit London resultiert eine kollektive Identität, die den keltischen Raum umfaßt. Die einheitliche Prägung, die trotz aller Gegensätze zwischen den keltischen Teilregionen vorhanden ist, gibt uns das Recht, den keltischen Rand Europas im Zusammenhang darzustellen.

Es ist eine „Kultur des Randes", eine „Kultur der Einsamkeit", die sich im Rücken Englands fern von dem kontinentalen Geschehen aufbaut, *nicht an den Zerstörungen auf dem Kontinent teilhat* und *gerade aus der Randlage ihre Überlebensfähigkeit gewinnt*.

Die Mißverständnisse und Pauschalurteile, die immer wieder über die keltischen Länder vorgetragen werden, müssen mit ebenso regelmäßiger Beharrlichkeit zurückgewiesen werden. *Irland* ist nicht die Insel der armen, aber zufriedenen Trinker – trotz Brendan Behan – und der unbelehrbaren Katholiken – trotz des irischen Konflikts. *Schottland* reduziert sich nicht auf das Land der Whiskybrennereien und der Dudelsackmusik. Es ist auch nicht der beliebig einsetzbare Hintergrund für die geistlosen und diskriminierenden Schottenwitze. Die kilttragenden Schotten werden in diesen Witzen verzerrt dargestellt: sie sind nicht geizig, sondern arm. Die Armut der Menschen aus den Highlands und aus den Industriezonen ist jedoch die Folge der englischen Unterwerfungs- und Verdrängungspolitik. *Wales* ist nicht nur der Namensgeber für den Prince of Wales. Es ist mehr als der Ausgangspunkt für erholsame Fährreisen nach Irland. Und außerdem ist Wales nicht mißzuverstehen als die keltische Region, in der die Ortsnamen wegen vieler „ll's" und „y's" lang, unverständlich und unaussprechbar sind.

Die alten Kulturen der keltischen Region dürfen nicht zu Gedankensteinbrüchen eines naiven Neokeltizismus degenerieren, der mit alternativ-esoterischer Attitüde vom Kontinent nach Wales, Irland und Schottland ausweicht, wobei das entlegene und sprödere Schottland noch am wenigsten gefährdet ist. Nur bei einem unkritischen und eklektischen Umgang mit den inselkeltischen Mythen und Legenden findet der „Neudruide" das, was seine erweckliche Seele braucht und was sich einschlägig interessierten Gruppen weitervermitteln läßt. Auch Rudolf Steiners Anthroposophie hat den keltizistischen Faden ganz zwangsläufig aufgegriffen und das mythisch-esoterische Durcheinander noch um eine weitere Spielart erweitert.

Die inselkeltische Gesamtkultur verdient es nicht, daß in einer so irrationalen Weise mit ihr umgegangen wird. Der keltische Raum besitzt eine spezifische Spiritualität, die auch eine therapeutische Funktion hat. Der keltische Raum verdient darum einen kontrollierten und verantwortungsvollen Umgang mit seinen Traditionen. Nur so wird das Feld geöffnet, auf dem ein kritisch überprüfter und dennoch emotionaler Zugang zur keltischen Spiritualität möglich ist. Meine *Celtic connection* ist *nicht die des Neokeltizismus*.

Immer wieder wird versucht, in gewachsenen Gesellschaften gehäuft anzutreffende Eigenschaften und Verhaltensweisen einem vage definierten Nationalcharakter zuzuordnen. Gibt es solche Nationalcharaktere denn auch in Irland, Schottland und Wales? Könnten sie, da es ja den gemeinsamen keltischen Ursprung dieser drei Regionen gibt, sogar gleichzeitig integriert und differenziert-vergleichend dargestellt werden? Oder auf kurze Formeln gebracht: Gibt es das „typisch irisch“, „typisch schottisch“ und „typisch walisisch“?

Wenn es in einem hermetischen, starren Sinn so etwas wie den „Nationalcharakter“ geben sollte, dann müßte er in letzter Konsequenz auf den Genen der in einer Gesellschaft versammelten Menschen angesiedelt sein. Die Darstellung einer Kultur hätte in einem solchen Fall viel mit Biologie zu tun. Der „Nationalcharakter“ würde zu einer biologischen Qualität werden. Er gehörte unveränderbar und unverwechselbar zum Wesen beieinander lebender Leute und stellte eine biologisch grundgelegte Essenz in einer Gesellschaft dar.

Gäbe es einen „Nationalcharakter“ in diesem hermetischen Sinn, dann hätten die unseligen Rassentheoretiker der Vergangenheit nachträglich recht behalten. Die Nation wäre ein in sich abgeschlossener Organismus, der „Nationalcharakter“ ein biologisches Phänomen.

Aber nein: Die in bestimmten gesellschaftlichen Zusammenhängen aufscheinenden Eigenschaften und Handlungsmechanismen sind immer nur geschichtlich-politisch, sozial und kulturell entstanden. Sie sind erworben, aufgezwungen und durch geschichtliche Erfahrungen vermittelt.

Im keltischen Raum gibt es insofern durchaus nationale Attitüden, Gewohnheiten, Versteifungen und Reflexe. Aus den in einer langen Geschichte stattfindenden Interaktionen politischer Akteure ergeben sich relativ genau beschreibbare *Verdichtungen nationaler Phänomene*, die jedoch immer nur die Verdichtungen *erworbener, vermittelter* gesellschaftlicher Eigenschaften sind.

Wenn also im keltischen Raum solche national verdichteten Phänomene sichtbar werden – woraus ergaben sie sich?

Sie ergaben sich aus Kriegen, Siegen, Eroberungen und Niederlagen, in deren Mittelpunkt meistens die englische Krone stand. Mentalität, Kultur und Religionszugehörigkeit in den keltischen Teilgesellschaften haben sich nach diesen geschichtlichen Erfahrungen geformt. Die englische Expansion in den keltischen Raum hinein war vor der Kirchenreform Heinrichs VIII. immer von den päpstlichen Autoritäten unterstützt, wie sie danach durch die päpstlichen Institutionen ebenso konsequent bekämpft wurde. In Irland wurde die konfessionelle Trennung zu einer wesentlichen Ursache des unsere Gegenwart immer noch beherrschenden irischen Konflikts. In Schottland leitete die konfessionelle Spaltung die verwirrende und verlustreiche Geschichte des 16. und 17. Jahrhunderts ein, die in eine ebenso beklemmende Unterwerfungsgeschichte zwischen England und Schottland überging.

Die Verdichtungen nationaler Phänomene ergaben sich auch aus den Interventionen des Papsttums, die wesentlich älter als die politischen Interventionen der englischen Krone waren. Mit der Gründung des Erzbistums Canterbury begann im Jahr 597 die von dem Benediktinermönch Augustin geleitete römische Mission unter den Angelsachsen. In ihrem Verlauf wurde die um Jahrhunderte ältere keltisch-christliche Kirche absorbiert und gleichzeitig zerstört. Rom war also bereits auf dieser früheren geschichtlichen Ebene an der Durchformung des keltischen Raums beteiligt.

Jenseits der englischen und römisch-päpstlichen Interventionen in den keltischen Raum – und von ihnen fast schon verdeckt – wird die religiöse und kulturelle Gestaltung des keltischen Raums durch die keltischen Kirchen selbst sichtbar. Das geistliche Zentrum Iona ist nur die Chiffre für eine reiche, frühchristliche Geschichte, die auf einer ebenso reichen, vorchristlichen keltischen Kultur aufsaß.

In dieser geschichtlichen Tiefenschicht hatte die kulturprägende Funktion der keltischen Sprachen eine herausragende Bedeutung. Im Kontext der keltischen Sprachen bildeten sich über die Jahrhunderte Religiosität, Kirchen und Konfessionen, Literatur und Kunst aus, die bis in die Gegenwart reichen, den spezifischen Charakter der heutigen keltischen Gesellschaften nach wie vor mitgestalten und so den nationalen und kulturellen Verdichtungen in Irland, Schottland und Wales ihre Farbe geben.

Ich möchte bei der Entfaltung der historischen Zusammenhänge einen längsschnittartigen Überblick mit mehreren paradigmatischen Querschnitten verbinden, ohne dabei an eine Geschichte des keltischen Raums denken zu dürfen. Die Verknüpfung der beiden Sichtweisen wird es ermöglichen, die erwähnten kulturellen Verdichtungen in den keltischen Teilgesellschaften sowohl in ihrer Homogenität als auch in ihrer Unterschiedlichkeit vorzustellen.

Die wissenschaftliche Erforschung des keltischen Raums wird in den Studiengängen *Celtic Studies* der Universitäten in Irland, Schottland und Wales betrieben. Die Bearbeitung der lebenden keltischen Kulturen, zu denen ja auch noch die keltischen Restkulturen auf der Insel Man, in Cornwall und in der Bretagne gehören, wird in diesen Studiengängen um das Studium der alten keltischen Kulturen erweitert. Im Ergebnis heißt das dann, daß der geographische Raum von Galatien bis Galicien zum Untersuchungsgegenstand der Celtic Studies gehört.

Unsere moderne Hinwendung zum keltischen Rand hat darum nicht nur touristische, sondern auch Gründe, die in unserer eigenen Geschichte liegen. Die Nachkommen der Kelten kehren zurück zu den überlebenden keltischen Kulturen, in denen sie sich wieder erkennen können. Felix Mendelssohn Bartholdy setzte das in der Hebridenouvertüre in Musik um. Theodor Fontane identifizierte sich mit seinem Reiseland Schottland. Königin Victoria verliebte sich in Schottland, dessen Königin sie bereits war, und erwarb Schloß Balmoral. Heinrich Böll erschloß uns ein Irland, das in der deutschen Literatur noch keinen herausgehobenen Rang eingenommen hatte. Der Photograph Michael Ruetz verstand Wales als seinen „Bildersteinbruch" (Ruetz 90, 115). Paul Strand arbeitete auf den Äußeren Hebriden, um deren „Kultur der Einsamkeit" in Photographien von klassischer Schönheit Bild werden zu lassen.

Die Irische See hatte stets die Funktion gehabt, den keltischen Raum politisch zu gliedern. Nach außen traten die um die Irische See angeordneten Gebiete als *Thalassokratie* in Erscheinung. Diese Thalassokratie (Ploetz 80, 366) hatte ihren Höhepunkt während der Völkerwanderungszeit und reichte bis in die Zeit hinein, in der die neuen frühmittelalterlichen Staaten Europas ihr kulturelles Niveau durch den Rückgriff auf die antike Mittelmeerkultur so weit erhöht hatten, daß die Einwirkungen aus der irisch-christlichen Kultur allmählich entbehrlich wurden. Die Periode dieser erhöhten irisch-christlichen Präsenz auf dem Kontinent reichte also vom Ende des 4. bis in das 11. Jahrhundert hinein.

Die Eigenart der keltischen Thalassokratie lag darin, daß sie in der Irischen See ein Zentrum hatte, das nur per Schiff zu überwinden war und darum eine bemerkenswerte Machtentfaltung der Teilregionen nicht zuließ. Demzufolge entwickelten sich in der keltischen Gesamtkultur Differenzierungen, die es zwischen Irland, Schottland und Wales zu keinen engen Austauschbeziehungen und schon gar nicht zu gemeinsamem politischem Handeln kommen ließen. Das Bewußtsein, zu einer großen keltischen Kultur zu gehören, bildete sich nur schwach aus. Die erstarkende normannisch-englische Macht ließ schließlich eine keltische Gegenmacht nicht mehr zu.

Vom 5. bis 9. Jahrhundert besaß Irland wegen seiner Größe und seiner von außen unbeeinflußten Entwicklung eine größere politische Bedeutung als Schottland und Wales. Im 9. Jahrhundert drangen die Wikinger mehrfach in einige Küstenzonen ein, ohne Irland jedoch seiner Selbständigkeit zu berauben. Diese wurde erst 1171 von Henry II. beendet, der Irland mit päpstlicher Zustimmung zu einer normannisch-englischen Einflußzone machte. Die keltische Thalassokratie hatte damit ihre politische Bedeutung verloren. Es trat ein Periodenwechsel ein, der den *keltischen Raum zu einer Randzone* werden ließ. Von da an waren die keltischen Regionen nur noch Teile eines größer gewordenen Machtraums unter der Hegemonie Englands.

Die Absicht dieser Darstellung ist, die inneren Differenzierungen der Kulturen im keltischen Raum zu vergegenwärtigen. Es ist das allgemeine Problem des Historikers: „Weder Ereignisse noch Zyklen, noch äußerst langfristige Abläufe sind für die Historiker unmittelbar gegeben“ (Hoock 92, 53). Das gilt ebenso für Religion und Theologie, für Philosophie und Literatur, die auf der *Sinnebene* der Kultur liegen, wie auch für Kunst, Musik und Sprache als *materielle Inhalte* der keltischen Kultur. In den Bereichen Sprache und Literatur sind diese beiden Ebenen miteinander verknüpft. Es wird erkennbar werden, wie die keltischen Sprachen zunächst auseinander entstehen und sich dann Literatur und Kultur in einer geschichtlichen Progression aus ihnen aufbauen. Die Darstellung der postkeltischen Einzelkulturen in Irland, Schottland und Wales und ihre Interpretation als heute noch miteinander verbundene Teile eines Gesamtkulturraums – des „keltischen Randes Europas“ – haben mit der Frage zu tun, wie handelndes Individuum, historisches Ereignis und geschichtliche Struktur miteinander verbunden sind (Leschke 92, 155f.).

Über das „Verstehen“ komplexer historischer Phänomene hat Thomas Nipperdey in „Deutsche Geschichte, 1800–1866“ geschrieben:

... die Phänomene der menschlichen Welt können nur in der wechselseitigen Beziehung aller Teilbereiche einer „Kultur" (Kunst und Religion, Kunst und Gesellschaft etc.) begriffen werden, und darum kommt es auch, ja vornehmlich darauf an, das *Ganze einer Kultur in der Interdependenz ihrer Elemente zu erfassen*. Erst dieser Ansatz des Verstehens hat es ermöglicht, den Zusammenhang der menschlich-kulturellen Welt, ja das Ineinandergreifen von Personen, Gesellschaft und Kultur zum Gegenstand der Erkenntnis zu machen. ... Dagegen geht es nun um eine *Unendlichkeit von Ursachen*, um die Bedeutung der „inneren" Ursachen ... gegenüber den äußeren, um ein Stück Freiheit, das in der Verursachung nicht aufgeht, um den *wechselseitigen, interdependenten Zusammenhang aller Elemente eines Ganzen*, um eine Auffassung von Prozessen, die weder allein kausal noch allein teleologisch erklärt werden können. (Nipperdey 87, 501)

Das „Verstehen" der „Kulturen der Einsamkeit" am keltischen Rand Europas ist nur im Rahmen dieser Vorgabe möglich.

Zum Erfassen kultureller Phänomene gehört auch, daß auf die geographischen Entfernungen geachtet wird. Vom walisischen Fishguard aus ist man in vier Stunden im irischen Rosslare, während die Fahrt nach London einen ganzen Tag dauert. Das Land sieht auf beiden Seiten der Irischen See gleich aus. Grüne Hügel und kleine Orte – mit freundlichen Pubs – wechseln einander ab. In beiden Küstenlandschaften leben Bauern und Fischer.

Ein paar Autostunden weiter nördlich ist es zwischen Holyhead und Dun Laoghaire bei Dublin ebenso. Im „Irischen Tagebuch" verkehrte das Schiff noch zwischen Liverpool und Dun Laoghaire. Wieder liegt eine zum Verwechseln ähnliche keltische Welt auf beiden Seiten. Die Irische See bleibt die Brücke, auch wenn es die Thalassokratie des keltischen Raums nicht mehr gibt.

Schottland liegt gegenüber Irland und Wales weiter in den Norden verschoben. Seine Unabhängigkeit konnte es fünf Jahrhunderte länger als Irland bewahren. Schottland beteiligte sich lange erfolgreich an der europäischen Staatenpolitik, um sich von englischen Übergriffen frei zu halten. Die tragische Königin Maria Stuart konkurrierte mit Elizabeth von England um die englische Krone, aber erst ihr Sohn James VI. wurde als James I. König von England. Als beide Parlamente 1707 zusammengelegt waren, mußte die schottische Unabhängigkeit immer mehr vor der Londoner Zentralmacht zurückweichen. England stellte damit auf seine Weise endgültig die Einheit des keltischen Randes her.

Was spielt sich ab, wenn eine Mitteleuropäerin oder ihr männliches Pendant, die von der modernen Industriegesellschaft und von einem angemessen hohen Einkommen abhängig sind, den keltischen Rand Europas betreten? Wer von außen kommend in die „Kulturen der Einsamkeit“ gerät und sich dabei auch noch für dieselben interessiert, erkennt mit komparativem Blick Zusammenhänge, die die Bewohner der keltischen Einzelregionen Irland, Schottland und Wales so meistens nicht sehen können. Als ständige Bewohner der postkeltischen Länder können sie diese gesamtkeltischen Zusammenhänge höchstens unscharf erahnen. Die ständige Anwesenheit im keltischen Raum führt zu einer Schwächung des scharfen Blicks.

Erst wer von außen kommt, kann den keltischen Raum in seiner Andersartigkeit und in seiner Einheitlichkeit erfassen. Das gelingt nicht ohne einen *kompositorischen Akt*, in dem die keltischen Subkulturen zu einem Gesamtzusammenhang integriert werden.

Von den Herrschenden schon lange zur Disposition gestellt, lebt sie dennoch weiter: aus dem Westen leuchtet das Licht einer alten, fast vergessenen Kultur in die europäische Gegenwart hinein. Nach einem Jahrtausend gilt nach wie vor, was der Mönch Ermenrich von St. Gallen im 9. Jahrhundert schrieb:

> Ich glaube, wir dürfen nicht schweigen von der Insel Irland, die zwischen Spanien und Britannien liegt; denn von dort ist uns ein Strahl großen Lichtes gekommen. (Stiftsbibliothek St. Gallen, Cod. sang. 265, 84)

Sie nannten es das „weiße Martyrium“, wenn die frühen irischen Mönche als *monachi peregrini*, der strengen *Kolumban-Regel* folgend, ihre Heimat verließen. Auf diese Weise wurde das asketische Ideal der auf der Erde nie endenden Heimatlosigkeit im Leben der Mönche ausgedrückt. Im theologischen Latein hieß dieses Verhalten die *peregrinatio pro Dei amore* (Schwaiger 93, 240. 294–296).

Zu den wandernden Eremiten: waren es irische oder schottische Wandermönche, die da auf den Kontinent kamen? Die Sache bleibt etwas schillernd, weil Irland viele Jahrhunderte lang sowohl *Hibernia* als auch *Scotia* heißen konnte. Schottland als das von Irland her missionierte Gebiet erhielt die Bezeichnung *Scotia minor.* Im 16. Jahrhundert geriet diese alte Unterscheidung von Scotia und Scotia minor in Vergessenheit, und *Scotia* wurde nur noch für Schottland benutzt (Schwaiger 93, 407).

Im Frankenreich führte die *peregrinatio pro Dei amore* zur Gründung der einflußreichen irofränkischen Klöster. Diese Klöster folgten der Kolumban-Regel und gewannen einen bedeutenden Einfluß auf die Entstehung der germanischen Kirchen. Der Verfasser der Regel war Kolumban der Jüngere, der um 543 in Irland geboren wurde und 615 in dem von ihm gegründeten Kloster Bobbio in der Poebene starb (Schwaiger 93, 294f.). Kolumban der Jüngere ist nicht zu verwechseln mit St. Columba, der 563 das Kloster Iona gründete und dort im Jahr 597 starb (MacGearailt 69, 42).

Was iroschottische Mönche in Würzburg, Luxeuil, St. Gallen und Bobbio leisteten, ist aus der mitteleuropäischen Geschichte nicht wegzudenken. Hingegen hat das Wirken der keltischen Mönche in Scotia und Scotia minor keine unmittelbare Verbindung zur Geschichte des Kontinents. Dasselbe gilt auch für die Arbeit der Sants in Wales. Was die Mönche am keltischen Rand Europas schufen, geschah in der entlegenen Ferne des atlantischen Westens. Heinrich Böll umschrieb diese ferne keltische Spiritualität:

> ... vor mehr als tausend Jahren lag hier, soweit außerhalb der Mitte, als ein Exzentrikum, tief in den Atlantik hineingerutscht, Europas glühendes Herz.

Geographische Ferne und geschichtliche Entrücktheit machten den keltischen Rand zu einem Exzentrikum, wie Böll sagt. Bei den Historikern führte das dazu, daß die Geschichte des keltischen Raums vor der normannisch-englischen Herrschaft als *Dark Ages*, das „dunkle Zeitalter", bezeichnet wurde (Evans 86, 5.21). Das ist fast so wie in Neu-Spanien, wo die arroganten Eroberer die indianischen Kulturen, die lange vor der Ankunft der Europäer entstanden waren, der Vorgeschichte, einer undefinierten und vor allem unverbindlichen dunklen Vorzeit zuwiesen.

Aber gerade die Fehldeutung als Dark Ages hüllt die Geschichte der keltischen Kultur auch gleichsam in einen Schutzmantel ein. Diese Fehldeutung erst schafft die Voraussetzung dafür, den keltischen Raum in seiner Eigenständigkeit zu bewahren, durch die er zum faszinierenden „Exzentrikum" für die Besucher werden kann. Dark Ages grenzt den keltischen Rand von der europäischen Kriegskultur, vor der zerstörerischen Wirtschaftsexpansion und von der ungestümen – und sich doch so sehr irrenden – Fortschrittsideologie ab.

Der keltische Rand Europas läßt sich als ein Gebiet der Armut und

Unterentwicklung beschreiben, doch knüpfen die „Kulturen der Einsamkeit“ mit ihrer evidenten ökonomischen Rückständigkeit an die Dark Ages an. Sie halten sich vom Hauptstrom der kontinentalen Ereignisse fern und bieten denen, die von daher kommend in die „Kulturen der Einsamkeit“ eintreten, das Gefühl, zu den eigenen Anfängen, zu ihrer verlorenen Mitte zurückzukehren.

Der ganze keltische Raum – nicht nur Irland allein – ist ein „Exzentrikum“. Dieses Exzentrikum hat nicht alle Irrwege der Neuzeit mitgemacht, und darum hat es auch nicht alle ihre Zusammenbrüche miterlitten. Das ist geradezu ein dialektischer Vorgang: Wir können im Vergangenen neu anfangen und die verschütteten Quellen wieder öffnen. Wir können in einem randständigen Kulturraum die Verletzungen durch die Moderne teilweise heilen. In den „Kulturen der Einsamkeit“ nähern wir uns den Anfängen unserer eigenen Kultur wieder an.

Anders als Ernst Bloch am Ende von „Das Prinzip Hoffnung“ schreibt, entsteht in den „Kulturen der Einsamkeit“ der Eindruck, als fänden wir dort die längst verlorene Heimat wieder. Das ist eine Heimat aus dem Anfang europäischer Geschichte und Kultur, nicht erst an ihrem Ende in der Ferne der Utopie. Diese Suche nach Heimat in den „Kulturen der Einsamkeit“ ist auch die Suche nach Heimat in den tieferen Schichten der Seele. Der sich verloren vorkommende Mensch sucht nach seiner Mitte, weil er zu sich selbst kommen will. Das wäre dann eine therapeutische Erfahrung. Wo anders sollte sie gelingen als dort, wo einmal „Europas glühendes Herz“ lag?

Über dieses „Exzentrikum“ wollen wir uns als seiner Bedürfende kritisch wertend, argumentativ und meditierend klar werden. Wir können die Spiritualität des keltischen Raums erst dann angemessen darstellen, wenn wir die Methoden der historischen und literarischen Kritik anwenden. Auch bei der Beschreibung der besonderen Aura des keltischen Raums geht es „um eine Unendlichkeit von Ursachen, um die Bedeutung der ‘inneren’ Ursachen ... gegenüber den äußeren, um ein Stück Freiheit, das in der Verursachung nicht aufgeht“, wie wir bei Nipperdey lernen.

Nur in seiner Randlage, aus den Dark Ages aufgestiegen, kann der keltische Raum zu Ruhe und Besinnung, zum Nachdenken, zur Selbsterkenntnis und zu persönlichen Neuanfängen führen. Diese Neuanfänge sind immer auch eine Heimkehr zu dem, was einmal war und wovon wir schon immer geträumt haben.

1. Die Entstehung der keltischen Gesellschaften

Der keltische Rand Europas ist ein enger Raum mit geringer geographischer Tiefe. Diese Tatsache ist die Voraussetzung dafür, daß während der letzten zweitausend Jahre eine gemeinsame Geschichte die keltischen Regionen zusammengeschlossen hat. Der Begriff *Thalassokratie*, mit dem der Einfluß des keltischen Raums auf Europa während des frühen Mittelalters umschrieben werden kann, setzt diese geschichtliche Einheit für Irland, Wales und Schottland voraus. Diese gemeinsame Geschichte reicht von der Wurzelschicht des antiken Keltentums über die Zwischenstufen des keltischen Christentums, das keltische Kultur und neuen Glauben verband, und der Unterwerfung durch England im Mittelalter und – was Schottland angeht – in der frühen Neuzeit in die Gegenwart hinein. Erst in der Gegenwart lösen sich die postkeltischen Kulturen der Teilregionen in unterschiedlicher Weise – unter Umgehung Englands (Irland), aber auch mit unwilliger Zustimmung (Schottland und Wales) – aus der engen kulturellen Verbindung mit der ungeliebten Kolonialmacht.

In diesem Kapitel werden wir den langen Weg von den keltischen Ursprüngen bis zu dem Übergreifen der normannisch-englischen Eroberer auf Irland im 11. Jahrhundert nachzuzeichnen versuchen.

Das keltische Irland wird christlich

Die gälischen Schriftsteller des frühen Mittelalters ließen die Geschichte Irlands mit der Sintflut beginnen. Diese fromme Annahme ist bereits die selbstverständliche Folge einer Christianisierung, welche die vorchristlichen Weltentstehungsmythen verdrängte und die Traditionen der keltischen Frühzeit nicht mehr verstand. Die erste Besiedlung Irlands reicht jedoch in eine geschichtliche Tiefe hinab, die von der gesellschaftlichen Erinnerung ohnedies nicht mehr erreicht wird. Die Geschichte des alten Irland ist ganz auf die Ergebnisse der Archäologie angewiesen.

Nach der Eiszeit konnte der Mensch des Mesolithikums seine Siedlungen nach Norden ausdehnen. In England tauchte er um 7500 vor Chr. auf. Die ältesten mesolithischen Spuren in Irland wurden bei Toome an der Nordwestseite von Lough Neagh gefunden. Sie sind auf etwa 6000 vor Chr. datiert worden (Encyclopedia 71, 66).

Im Neolithikum (ab 3000 vor Chr.) sind in Irland mehrere Einwanderungen von Grabbauern feststellbar.

Mehr als dreihundert steinerne Grabanlagen mit rundem Grundriß (Court Cairns) befinden sich nördlich der irischen Zentralebene, verdichtet bei Sligo und Killala. Von dort aus haben sich die Court Cairns nach Ulster, Westschottland und auf die Isle of Man ausgedehnt. Die Court Cairns sind Grabanlagen ähnlich, die sowohl dem südlichen Bristol-Kanal entlang als auch an der Loire-Mündung zu finden sind. Man nimmt an, daß die Erbauer der irischen Court Cairns eine primitive Landwirtschaft auf leichten, gut entwässerten Böden betrieben.

Einen anderen Grabtyp stellen nach 1000 vor Chr. die Dolmengräber (Portal Dolmens) dar, die einen trapezförmigen Grundriß haben und kleiner sind als die Court Cairns. Diese Portal Dolmens (mehr als 150) liegen vor allem in Mittel-Ulster sowie in der Gegend von Sligo und Killala. Sie entsprechen ähnlichen Grabanlagen in Wales und Cornwall.

An der Küste von Leinster, in Sligo und Antrim, aber auch auf Anglesey in Wales tritt mit den Ganggräbern (Passage Graves) noch ein weiterer Grabtyp auf, der von den vollendeten Grabanlagen bei Morbihan in der Bretagne her bekannt ist. (Encyclopedia 71, 67–69; Gold aus Irland 81, 5–7)

Wir wollen die Vorläufer der Kelten in Irland nicht darauf reduziert darstellen, wie sie ihre Gräber bauten. Vielmehr wollen wir auch einen Hinweis auf ihr Leben vor dem Tod geben. Man nimmt nämlich an, daß zwischen 6000 und 3500 vor Chr. Jäger und Fischer in Irland lebten, die via Schottland aus Skandinavien gekommen waren. Der Übergang zur Landwirtschaft fand zwischen 3500 und 2000 vor Chr. statt. Die Jäger und Fischer waren zu Bauern und Hirten geworden. Wie Funde beweisen, kamen dann zu Beginn des zweiten vorchristlichen Jahrtausends Bronzearbeiter und Goldschmiede dazu. Einige der Kupfervorkommen, die in diesem Zeitraum entdeckt wurden, werden noch heute abgebaut. Waffen, Werkzeuge und Schmuck aus Bronze wurden nach Britannien auf den Kontinent exportiert (MacGearailt 69, 1–8). Das Gold, das in den Wicklow Mountains südlich von Dublin gefunden wurde, wurde zu phantasievollem Goldschmuck verarbeitet. Die herausragenden Fundstücke sind im Irischen Nationalmuseum in Dublin ausgestellt (Gold aus Irland 81, 22–42).

Da die Mitteilungen antiker Autoren über die Kelten nur marginal, durch Jahrhunderte gefiltert und letztlich nicht objektiv sind, können die Historiker ihr Wissen über die Kelten nur aus der archäologischen Forschung ableiten. „Die Geschichte des frühen Keltentums läßt sich faktisch nur mit archäologischen Methoden erhellen", hat Konrad Spindler konstatiert (Spindler 91, 10). Eine eigene schriftliche Überlieferung der Kelten gibt es nicht, weil ihr kulturelles und geschichtliches Wissen von den Druiden gehütet und nur mündlich weitergegeben wurde.

Die Kelten waren ein Hirten- und Bauernvolk, das ursprünglich im Raum nördlich der Alpen und östlich des Rheins beheimatet war (MacGearailt 69, 9–13). Der Gebrauch des Eisens ist zwischen 700 und 600 in den keltischen Wohngebieten nachzuweisen. Keltische Gruppen dehnten sich schon vor dem Jahr 600 nach Gallien und auf die Iberische Halbinsel aus. Andere Gruppen zogen nach Griechenland und nach Asia minor. Herodot schrieb um das Jahr 450 vor Chr., daß Kelten an der Atlantikküste siedelten. Um das Jahr 400 drangen Kelten nach Italien ein, besetzten Oberitalien bis zur Höhe von Rimini und brachen die politische Macht der Etrusker. Rom wurde – bis auf das Capitol – 387/386 vor Chr. zerstört, was zum Bau der Severianischen Mauer in der Mitte des 4. Jahrhunderts vor Chr. führte.

Im Jahr 279 vor Chr. zerstörte ein keltischer Stamm das Orakel von Delphi, um dann nach Kleinasien weiterzuziehen und da das starke Königreich Galatien zu errichten, an dessen Nachkommen der Apostel Paulus dreihundert Jahre später den Galaterbrief schrieb.

Die Kelten waren zwischen 450 und 250 vor Chr. der stärkste Stammesverband in Europa. Die keltischen Wohngebiete reichten *von Galatien bis Galicien*.

Wann die Kelten nach Irland und Britannien kamen, kann nicht sicher gesagt werden. Es wird angenommen, daß die ersten um 600 vor Chr. über Rhein und Nordsee durch Schottland nach Irland kamen

(MacGearailt 69, 11). Die *Hallstatt-Kelten* – nach der Art ihrer Waffen und Ornamente so genannt – kamen zwischen 500 und 400 vor Chr. aus den Niederlanden und Nordfrankreich nach Britannien. In den beiden folgenden Jahrhunderten dehnten die Hallstatt-Kelten ihre britannischen Siedlungsgebiete aus. Wahrscheinlich ist, daß einige Gruppen nach Irland überwechselten und dort erste kleine Königreiche gründeten.

Die Kelten der Latènekultur wurden von ihren Eroberungszügen nach Italien und auf den Balkan geführt. Um das Jahr 250 vor Chr. drangen einige Gruppen von Gallien aus direkt nach Britannien und im Abstand von hundert Jahren von Britannien nach Irland ein. Diese Invasion durch die *Latène-Kelten* war die letzte große Eroberung Irlands in alter Zeit. Ab 1171 nach Chr. folgte ihr erst wieder die normannisch-englische Invasion Irlands.

Die neuen Herren Irlands traten als *Gälen* oder *Goidelen* in Erscheinung und konsolidierten, wie J. C. Beckett schreibt, ihre Eroberung allmählich aus einer Minderheitenposition heraus:

> Auch nach dem erfolgreichen Abschluß der gälischen Eroberung – der nicht vor dem 5. nachchristlichen Jahrhundert stattgefunden haben kann – bildeten die Gälen nur eine beherrschende Minderheit, eine aufstrebende Klasse von Mächtigen, die das fruchtbarste Land besaßen und die politische Macht in ihren eigenen Händen zu vereinigen suchten. Obgleich eine beständige Verschmelzung der Bevölkerung stattfand, blieb die formale Unterscheidung zwischen „freien" und „tributpflichtigen" Stämmen bis zum 12. Jahrhundert bestehen. Aber schon lange zuvor hatten die Gälen dem gesamten Land ihre Sprache und Rechtsprechung aufgezwungen, und die gälischen Geschichtsschreiber und Genealogen hatten die Vergangenheit auf ihre Weise nachvollzogen, um die krassen Unterschiede zwischen den ursprünglichen Bevölkerungsteilen zu verschleiern. (Beckett 71, 3)

Die politische Organisation Irlands bildete sich erst in einem komplizierten Entwicklungsprozeß zwischen keltischen Eroberern und ansässiger Bevölkerung, zwischen Ober- und Unterschicht heraus. Als Quellen für diese frühe politische Organisation in Irland dienen mittelalterliche Texte, in denen altirische Epen nach einem langen mündlichen Überlieferungsgang schriftlich fixiert sind. Dabei müssen jedoch einige einschränkende literarkritische Aspekte beachtet werden.

Die altirischen Epen wurden von genau definierten Personen-

Bild 1: Book of Kells.
Trinity College Dublin, MS 58 fol. 285 r (Lukas 24, 1: UNA AUTEM SABBATI).

Bild 2: Paul Strand: Tìr a' Mhurain, South Uist, Äußere Hebriden.
Aperture Foundation, Inc., Paul Strand Archive, Millerton, N. Y., 1962.

Bild 3: Paul Strand: Fenster in Daliburgh, South Uist, Äußere Hebriden.
Aperture Foundation, Inc., Paul Strand Archive, Millerton, N. Y., 1962.

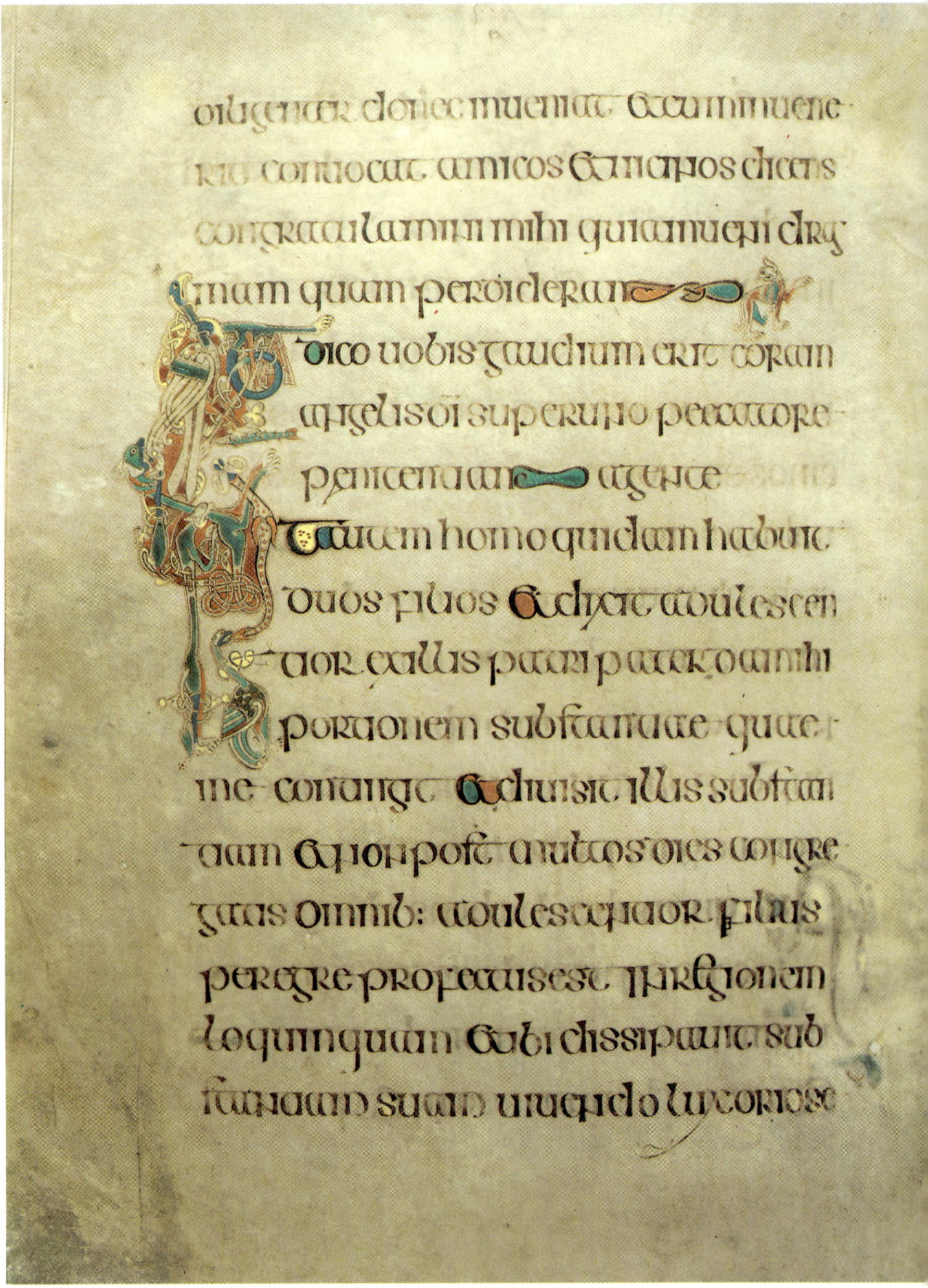

Bild 4: Book of Kells.
Trinity College Dublin, MS 58 fol. 250 v (Lukas 15, 10f.).

gruppen über Jahrhunderte hinweg *mündlich* überliefert. Bereits während dieses Überlieferungsprozesses fanden Bearbeitungen statt, welche die historische Zuverlässigkeit des Materials einschränkten. Weil das irisch-gälische Erzählgut nur in dem Medium einer aus dem lateinischen Alphabet abgeleiteten Schrift aufgezeichnet wurde, ergab sich rein formal schon ein weiteres trennendes Filter zwischen der späten Textgestalt des Mittelalters und den um Jahrhunderte zurückliegenden historischen Ereignissen. Und schließlich bedeutete der neue, der christliche Glaube der Mönchsschreiber, daß diese selbstverständlicherweise auch aus weltanschaulichen Gründen die geistig-religiöse Welt der vorchristlichen Kelten – also auch deren politische Organisation – nicht mehr voll verstanden. So sehr man sich in den Skriptorien der irischen Klöster um die nicht verfälschende Aufzeichnung der keltischen Traditionen auch bemüht haben mochte: der Abstand zur keltischen Frühzeit Irlands war groß geworden.

Angesichts dieser literarkritischen Situation wenden wir uns der Frage zu, wie die politische Organisation Irlands um das Jahr 500 nach Chr. ausgesehen haben könnte.

Das keltische Irland war nach MacGearailt in etwa einhundertfünfzig *Tuatha*, Kleinkönigtümer, eingeteilt. Dem König eines *Tuath* standen die beiden gesellschaftlichen Gruppen des Adels und der Freien gegenüber. Die Macht des Königs war begrenzt. Zwar repräsentierte er sein Tuath und war der Führer in Kriegszeiten, konnte aber die Gesetze weder erlassen noch durchsetzen. Zum Adel gehörten die landbesitzenden Familien und die Krieger. Die Druiden, Dichter und herausragende Handwerker gehörten ebenso dem Adel an, wie nach der Christianisierung die der Kirche dienenden Priester zu dieser Gruppe stießen. Die Gruppe der Freien umfaßte die Bauern und einfachen Handwerker. Die Sklaven und Leibeigenen standen unterhalb der Gruppe der Freien. (MacGearailt 69, 19)

Mehrere Tuatha wurden zu erweiterten Königtümern zusammengefaßt, von denen es etwa dreißig gab. Die Königswürde in diesen gebietsmäßig größeren Herrschaftsbezirken wurde im Kreis der herrschenden Familien durch Wahl oder auch im Wege der Rotation weitergegeben. Diese alte irische Tradition der Weitergabe von Herrschaft sollte ein Jahrtausend später in der Tudorzeit zu großen politischen Problemen führen, weil das in Irland neu eingeführte dynastische

Erbrecht der Engländer dem irischen Regierungssystem widersprach.

Über den erweiterten Königtümern, die den größeren Stammesverbänden entsprachen, standen sieben Provinzkönige, die ihren eigenen kleineren Stammesbereich führten und zugleich eine Vormachtstellung über die anderen Herrschaftsbezirke (erweiterte Königtümer) gewonnen hatten. An die Spitze der gesamten staatlichen Organisation trat schließlich ein *Hochkönig* (árd rí), der selbst ein Provinzkönig war und den Vorrang vor den sechs anderen Provinzkönigen beanspruchte. Das irische Hochkönigtum entstand relativ spät: „wahrscheinlich meldeten erst im 5. Jahrhundert die Könige von Tara einen Anspruch auf eine derartige umfassende Oberherrschaft an." Beim Versuch, die besondere politische Struktur im vorchristlichen Irland zu erläutern, verweist Beckett auch auf das antike Griechenland als mögliche Parallele:

Die damalige Situation in Irland ähnelte in manchen Zügen dem Griechenland des Altertums: Es gibt keine wirkungsvolle politische Einheit, aber es bestand ein kultureller Gesamtzusammenhang, der auf Sprache und Recht beruhte. (Beckett 71, 4)

Die Überreste des Königspalastes des *árd rí* in *Tara* sind ein beeindruckendes archäologisches Monument der alten irischen Geschichte (Ó Ríordáin 89, 5–7. 26; Harbison 92, 268–270). Da die Gebäude des *Hill of Tara* nur aus Holz und Erde, nicht aus Stein, errichtet waren, können sie nur noch als Verformungen der Bodenoberfläche wahrgenommen werden. Die Gesamtanlage ist am besten auf Luftbildern erkennbar.

Andere keltische Bauten, die aus der frühen Zeit Irlands stammen, sind die *Ringforts (Raths)*. Das Rath war meistens ein kleines Grundstück, das von einem runden Erd- und Steinwall geschützt war. In dem von einem Wall geschützten Innenraum befanden sich Häuser und Viehställe. Wenn das Rath nur durch einen Erdwall geschützt war, dann sind seine Reste – wie beim Palast von Tara – nur noch in entsprechenden Niveauunterschieden der Bodenoberfläche zu erkennen. Von einem Rath dagegen, das einmal einen Steinwall besessen hatte, sind oft noch Reste dieses Steinwalls erhalten. (Harbison 92, 10. 144–146)

Steinerne Ringforts sind vor allem im Westen Irlands zu finden. Mehrere davon liegen auf den Aran Islands, einsamen Inseln in der

Galway Bay. Dun Aenghus auf der Insel Inishmore besitzt einen dreifachen Steinwall und liegt hart am Rand einer hohen Felsenklippe über dem Atlantik. Ist Dun Aenghus sogar das „großartigste Denkmal der Vorgeschichte Westeuropas“ (Wagner 91, 132)? Dun Aenghus ist nicht nur das „großartigste Denkmal der Vorgeschichte Europas“, sondern dasjenige keltische Denkmal, das aus der einsamen Tiefe des Randes Europas heraus die kulturelle Verbindung zu den Hillforts in Cornwall (Johnson-Rose 90, 7f.) und zu keltischen Fliehburgen in Deutschland – wie beispielsweise auf dem Altkönig bei Frankfurt – hergestellt.

Waren schon die Hillforts, auch wenn sie wie Dun Aenghus mit seinen Steinmassen einen kriegerischen Eindruck machen, nur für landwirtschaftliche Verwendung bestimmt, so traf die friedliche Absicht noch viel mehr bei den keltischen Klöstern, die Mönchszellen in Form eines Bienenkorbs – beehive cells, beehive huts – hatten, zu. Die Steinzellen auf Skellig Michael vor der Küste von Kerry (Harbison 92, 14.184f.) sind ein herausragendes Beispiel dafür, daß der friedliche Charakter der altkeltischen Kultur sich im frühchristlichen Irland fortsetzt. Der Hill of Tara, Dun Aenghus und Skellig Michael sind Punkte, an denen sich die Kultur der Einsamkeit ihrer selbst vergewissert. Diese drei Orte liegen im alten Scotia, wie Irland lange hieß. Auf dem Iona des heiligen Columba in Scotia minor, das trotz seiner Kleinheit noch größer ist als Skellig Michael, hat sich die Linie Tara, Dun Aenghus, Skellig Michael fortgesetzt.

Die politische Geographie Irlands, die vom 5. Jahrhundert an die Dominanz der Hochkönige von Tara über die anderen sechs Provinzkönigtümer gekannt hatte, entwickelte sich bis zur normannisch-englischen Invasion von 1171 noch einen Schritt weiter. Es entstanden nämlich die vier großen Königreiche Ulster, Leinster, Munster und Connacht, denen dann die vier Kirchenprovinzen Armagh, Cashel, Tuam und Dublin entsprachen (Edwards 73, 13.15; MacGearailt 69, 19). Die irische politische Geschichte kam mit dieser politischen Struktur an den Punkt, wo die Entscheidungen zukünftig nicht mehr in Irland selbst getroffen werden sollten.

Die *religiöse Ordnung* des keltischen Irland ist dagegen schon viele Jahrhunderte früher zerbrochen. Der Anstoß dazu kam am Ende des 4. und am Anfang des 5. Jahrhunderts, als die Römer sich aus Britannien zurückzogen und barbarische Völker in die bis dahin sicheren

Grenzgebiete des Römischen Reichs eindrangen. Zu diesen „Barbaren“ gehörten auch Gruppen aus Irland, die auf den Spuren der abziehenden Römer nach Britannien überwechselten (Bowen 77, 45–48. 56f.). Auf einem dieser Züge wurde ein sechzehnjähriger Junge geraubt und nach Irland verschleppt. Der Ort, an dem der Junge geraubt wurde, lag wahrscheinlich am Solway Firth und war nicht weit von der nordirischen Küste entfernt.

Daß diese an sich belanglose Geschichte beachtenswert wurde, lag weniger daran, daß der geraubte Junge ein römischer Bürger war, als vielmehr in der Tatsache, daß der Junge Patricius hieß und in Irland eine besondere Karriere machen sollte. Patricius wurde nämlich während seiner sechs Jahre in Irland Christ, floh dann nach Gallien und Italien und wurde in Auxerre Kleriker und Mönch. Im Jahr 432 wurde dieser Patricius in Auxerre zum Missionsbischof für die Iren geweiht. Aus dem entführten Kind wurde der Bischof Patrick, der nach seinem Tod als der „Apostel der Iren“ verehrt wurde (Hanson 68, 106–139).

In seiner *Confessio*, die er spät in seinem Leben verfaßt haben soll, schrieb Patrick:

> Ich bin Patricius, ein Sünder, der ungebildetste und geringste unter allen Gläubigen und ein Gegenstand der Verachtung für viele. Mein Vater war Calpornus, Diakon, ein Sohn des Priesters Potitus, aus dem Dorf Bannavem Taberniae. Nicht weit von diesem Ort besaß er ein Landgut, von wo aus ich in die Knechtschaft geschleppt wurde. Sechzehn Jahre beiläufig war ich damals alt und kannte den wahren Gott noch nicht. Als Unfreier kam ich nach Irland zugleich mit vielen tausend anderen, ganz nach unserem Verdienst; denn wir hatten uns von Gott entfernt, seine Lehren nicht beachtet und auf seine Priester nicht gehört, die uns ermahnten, an unser Heil zu denken. So ließ denn der Herr den Grimm seines Zorns über uns kommen und zerstreute uns unter viele Völker bis an die Grenzen der Welt, wo ich Geringer mich jetzt noch unter Fremden aufhalte. (Schamoni 63, 73)

Dieses „Ego Patricius peccator rusticissimus et minimus omnium fidelium et contemptibilissimus apud plurimos“ (Saint Patrick 61, 32) war die biographische Urformel aller christlichen Mission in Irland. Mit ihr beginnt eine Entwicklung, die langsam – und über viele Generationen gedehnt – die Auflösung der keltischen Religion einleitete.

Bei Martin Walser gibt es eine Stelle, die eine hohe Verehrung für die keltische Religion ausdrückt:

Ich wünschte mir fünf Jahre, in denen ich nichts anderes tun möchte als nachzuweisen, daß die größte Mißweisung dadurch entstehen kann, daß man Religion mit Hilfe von Aposteln und Missionaren von da nach da trägt unter der Devise: Geht hinaus und nehmt den Kelten ihre Bäume und ihre Quellen und gebt ihnen dafür Statuen und geistige Werte. Ich glaube, daß wir Völker nördlich der Alpen unendlich beraubt sind. (Walser 91, 179)

Ob es nun in Mitteleuropa – Walser wird zuerst an seine Gegend um den Bodensee gedacht haben – oder in Irland durch St. Patrick und die vielen Sants in dessen Nachfolge geschah: die keltische Religion, die eine umfassende Weltsicht enthielt, wurde vom Christentum überlagert, verdrängt und am Ende zerstört.

Die keltische Welt, auf deren Resten unsere mitteleuropäische Kultur aufbaut, erfüllt uns in unserer geschichtlichen Ferne zu ihr mit zweifelnder und unsicherer Bewunderung. Woher stammt die Faszination, die von der versunkenen keltischen Welt ausgeht? Rührt sie etwa daher, daß da eine Großkultur, die von der mediterranen Antike nur am Rande wahrgenommen wurde und die dennoch vom fernen Kleinasien bis an die westlichen Küsten des Atlantik reichte, von den später entstandenen Kulturen in ein wortloses Vergessenwerden entlassen wurde?

Das Vergessen unserer keltischen Vorgeschichte will nicht recht gelingen, wenn wir überall von Resten keltischer Siedlungen, Gräber und Fliehburgen, von keltischen Funden in den Museen und von keltischen Gemarkungsnamen umgeben sind. Keltische Tempel wurden in Bayern (Gebhard-Lorentzen 93) und Baden-Württemberg ausgegraben. Eine keltische Kultstätte wurde erst 1993 in der Nähe von Koblenz entdeckt, als Vorbereitungen zum Bau einer Mülldeponie getroffen wurden. Die große Keltenausstellung in Venedig war 1991 von gesamteuropäischem Interesse. In ihr vergewisserte sich Europa neu der keltischen Wurzeln seiner Kultur.

Die keltische Großkultur zwischen Galatien und Galicien stand in dauernden Auseinandersetzungen mit der griechisch-römischen Kultur im Mittelmeerraum und der germanischen Kultur nördlich der Alpen. Im ersten christlichen Jahrhundert paßten sich die Galater in Asia minor dem Hellenismus an. Die Gallier in der Gallia Cisalpina – also in der Poebene – wurden römische Bürger. In Südgallien, in der Gallia Narbonensis, wurden die Kelten Weinbauern, Händler und römische Legionäre. Die Kelten der Raetia, der Belgica und der Gallaecia (Galicien) gingen ähnliche Wege der Anpassung an das Römische Reich. Die Briten – oder Brittonen – der Britannia waren weit von den römischen Zivilisationszentren entfernt und konnten in ihrer Randlage ihr keltisches Wesen fast unversehrt erhalten. (Markale 89, 10)

Die irischen Gälen wurden, wie wir gesehen haben, vom Römischen Reich nicht mehr erreicht. Sie wurden erst mit der Christianisierung von der Kirche, die selbst eine im Römischen Reich entstandene Institution war, nachträglich und indirekt in den Kulturnachlaß dieses Römischen Reiches hineingezogen. Die normannisch-englische Eroberung bedeutete schließlich, daß das spätkeltische Irland in eine Mischkultur eintrat, die selbst in einem langen Prozeß aus germanischen und römischen Kulturelementen entstanden war.

Eine von Viehzucht und Landwirtschaft geprägte Lebensform war allen keltischen Stämmen gemeinsam. Aus der indogermanischen Sprache, die am Anfang alle keltischen Stämme verband, entwickelten sich zwei Sprachgruppen. Gallisch, Bretonisch, Kornisch und Walisisch gehörten als ein Sprachstamm zusammen, dem das Gälische, geteilt in westliches Gälisch (Irisch) und östliches Gälisch (Schottisch und Manx), gegenüberstand (Encyclopedia 71, 117). Neben der analogen Wirtschaftsform und den eng miteinander verwandten Sprachen hatten die Kelten auch auf der Ebene ihres Wertesystems eine verbindende Klammer. Sie besaßen nämlich

> ein philosophisches, juristisches, metaphysisches und religiöses System, das alle Kelten ohne Ausnahme bis zur Christianisierung miteinander verband: ein System, das wir heute „Druidentum" nennen (Markale 89, 11).

Durch seinen Sieg über Vercingetorix bei Alesia im Jahr 52 vor Chr. leitete Caesar die endgültige Romanisierung der Kelten in Westeuropa ein (Markale 89, 7.31; Spindler 91, 21). Aus den römischen Quellen sind kaum zuverlässige Aussagen über die gallischen Druiden zu gewinnen. Dasselbe gilt auch für die irischen Quellen, die erst ab dem frühen Mittelalter, also sehr spät, entstanden (Ziegler 90, 56–58) und die keltischen Dinge aus der korrigierenden Sichtweise der irischen Kirche erzählen.

Markale dagegen schätzt die Gefahren einer kirchlichen Veränderung der keltischen Traditionen als weniger groß ein. Er sieht sogar einen Vorteil darin, daß die altirischen Traditionen in den Klöstern überhaupt aufgezeichnet und so dem Vergessen entrissen wurden.

In Irland wurden die Druiden zuerst christianisiert, so daß die Informationen, die uns die christlichen Mönche liefern, aus allerersten Quellen stammen, nämlich aus der mündlichen heidnischen Überlieferung, die in den ersten christlichen Jahrhunderten noch überaus lebendig war. (Markale 89, 17)

Markale tritt also nach der Devise „It could be worse" an die Quellen über das Druidentum heran. „Allererste Quellen", und zwar „überaus lebendig"? Es bleiben kritische Fragen an Markales Optimismus.

Drui war der umfassende Begriff für alle Angehörigen der keltischen Priesterklasse. Caesar benutzte die gallische Form *druis*, aus der später *druida* wurde. Die zunächst zweithöchste Stufe der keltischen Priester waren die *vates*, denen in Irland die *fili* (Singular: *file*) entsprachen.

Die *fili* waren in Gruppen unterschiedlicher Funktion eingeteilt. Der *sencha* war der Geschichtsschreiber, der die historischen Traditionen sammelte und für das Lob der Helden zuständig war. Der *brithem* war Richter, Gesetzgeber und auch Botschafter. Für die Epen und Mythen war der *scelaige* zuständig. *Cainte* und *gutuater* betrieben den magischen Gesang und sprachen Segens- und Fluchsprüche aus. Ein *liaig* galt als Pflanzenarzt und Chirurg. Vom Harfenspiel des *cruitire* gingen magische Wirkungen aus, während der *deogbaire* mit berauschenden Substanzen und Flüssigkeiten umging. (Markale 89, 17f.)

Diese unterschiedlichen Gruppen der fili hatten in der keltischen Gesellschaft eine Zentralfunktion inne. Aus ihrer unangefochtenen Position im geistlich-religiösen Raum steuerten sie die politischen Entscheidungen. Ohne die Druiden wäre die keltische Kultur nicht zu erklären:

... und da das Druidentum als Institution das allgemein charakterisierende Kennzeichen der keltischen Zivilisation ist, hat man das Prinzip des Keltischen begriffen, sobald man die geistige Welt des Druidentums versteht, und umgekehrt (Markale 89, 213f.).

Markales Überzeugungskraft ist von neokeltischem Pathos getragen, das die Grenzen der archäologischen Funde und der vorhandenen Texte rasch überschreitet, um ein überaus farbiges Bild der keltischen Kultur malen zu können. Spindler geht als strenger Historiker wesentlich zurückhaltender vor, wenn es um die geistlich-religiöse Welt der Kelten geht (Spindler 91, 368–385).

Auf historisch einigermaßen gesichertem Boden steht Markale allerdings, wenn er die Einheit von geistlicher und politischer Handlungsebene im Keltentum betont und für die frühe Kirchengeschichte Irlands folgert,

daß nach der Christianisierung Irlands fast nur Könige und *fili* (die Erben der Druiden) Bischöfe oder Äbte geworden sind und daß sie die weltliche und geistliche Macht in ihren Händen hatten, ist ein Beweis für diesen Monismus, der vom heutigen Standpunkt aus nur schwer zu begreifen ist (Markale 89, 13).

Aus dem schnellen Verlauf der Missionierung Irlands darf Markale berechtigterweise auf die Stellung der Druiden in der altirischen Gesellschaft zurückschließen:

Der außerordentlich schnelle Übergang Irlands vom Heidentum zum Christentum – dessen Wegbereiter in Europa es in gewisser Weise geworden ist – beweist, *daß sich schließlich die gesamte Druidenklasse zum Christentum bekannte*; die anderen Gesellschaftsklassen folgten ihrem Beispiel. Daran läßt sich ermessen, wie groß die reale Macht der Druiden in der keltischen Gesellschaft war. Eine einzelne Gesellschaftsklasse kann aber nur dann eine solche Bedeutung erlangen, wenn sie ein zusammenhängendes und organisiertes Ganzes darstellt. (Markale 89, 24)

Der schnelle und – äußerlich betrachtet – widerstandsfreie Übergang aus der Druiden- in die Mönchsreligion ließ auch die theologischen Vorstellungen aus der einen in die andere Religion übergehen. So beiläufig ein mit dem Namen Iona verbundenes Beispiel ist, so einleuchtend scheint es zu sein. Die kleine Insel Iona, auf der St. Columba im Jahr 563 sein Kloster gründete und die zum religiös-kulturellen Mittelpunkt des keltischen Raums wurde, hieß mit einem ihrer gälischen Namen „Insel der Druiden" (Celtic Connection, vol. 1, December 1992, 12). Waren die Mönche des Columba also die Druiden des christlichen Glaubens, die von Nordirland nach Iona gekommen waren?

Es galt auch, die irischen Götter der neuen Religion anzupassen. So wurde beispielsweise die keltische Göttin Brigit mit der Person der heiligen Brigitte, einer Äbtissin von Kildare und neben St. Patrick die

Schutzpatronin Irlands, verknüpft (Markale 89, 112f.). Religionsphänomenologisch gesehen war das ein christliches Zugeständnis an die keltische Vorgängerreligion.

Zwischen Keltentum und christlicher Askese bestand ein Zusammenhang, der einen Hinweis für die *rasche* Missionierung der Iren ergibt. Markale weist darauf hin, daß die Kelten ihre Heiligtümer in der wilden Natur anlegten und erst nach einer langen Zeit des Kontakts mit Griechen und Römern eigene Tempel bauten (Markale 89, 131–136). Das keltische Irland war darum ohne feste Heiligtümer geblieben. An dieses Vorverständnis der Druiden konnten die christlichen Eremiten und Mönche anknüpfen. Indem sie nämlich formal das Leben von Druiden führten, trugen sie die christliche Missionspredigt aus diesem der Bevölkerung vertrauen Kontext heraus vor. Die Folge dieser Ausgangskonstellation war, daß die *frühe irische Kirche eine Mönchskirche* wurde.

Doch wie sah es mit der Bewahrung der keltisch-druidischen Anschauungen in den von christlichen Schreibern aufgezeichneten und weitergegebenen altirischen Traditionen tatsächlich aus?

Markale macht den Übergang von keltischer zu christlicher Religion an der Figur des Tuan mac Cairill fest:

> Tuan mac Cairill, eine der seltenen Figuren in der epischen Dichtung, die ihre Gestalt vollkommen verwandeln können (und zwar so sehr, daß man an eine bestimmte Art von Metempsychose glauben könnte), ist vielleicht das beste Beispiel für diesen Druiden-Gott, der die Jahrhunderte durchwandelt, von seinen Erfahrungen berichtet, die Tradition weitergibt und damit genau die Rolle des Druiden verkörpert. Während seiner letzten Inkarnation unter den Söhnen des Mile (das heißt den Gälen) erzählt er all seine Abenteuer dem Heiligen Patrick, läßt sich taufen und stirbt schließlich als gläubiger Christ. (Markale 89, 219)

Der so beschriebene Übergang aus dem Keltentum ins Christentum ist so sehr harmonisiert und so stark geglättet, daß der Bericht von Tuan mac Cairill keinen Hinweis auf die tatsächlichen historischen Vorgänge enthält.

Die Figur des Tuan mac Cairill, der sich so vollkommen dem heiligen Patrick anvertraute, seinen Frieden mit dem neuen Gott machte und danach christlich starb, war ganz das Produkt einer frühchristlichen Bearbeitung – und bestens geeignet zur Aufnahme in die Heiligenvita Patricks. Die christlichen Quellen gaben insofern keine verläßliche Auskunft über die Inhalte der längst verdrängten keltischen Theologie. Keltische Götter – man sieht es an Tuan mac Cairill – wurden zu Heroen heruntergestuft, die einen problemlosen Anschluß an die christliche Glaubenswelt fanden. Die Nähe zwischen altirischen Heroen und Druiden, die sogar zur Identität zwischen beiden führen konnte, wiederholte sich in den Gestalten der frühchristlichen Sants, die auch Heroen und Heilige zugleich waren.

Die Stilmittel, die in der frühen irischen Kirche die Darstellungen der vorchristlichen, keltischen Helden und der frühchristlichen Heiligen sich so sehr gleichen ließen, waren schon in der altirischen Erzähltradition bereitgestellt. Darüber hinaus hat die Identität der Sprache – vor und nach der Missionierung wurde gälisch gesprochen – den bruchlosen Übergang aus der einen in die andere Weltanschauung wesentlich erleichtert.

Die irisch-christliche Kultur besaß seit ihren Anfängen in der Zeit Patricks die Funktion einer Zensurinstanz. Sie nahm die keltischen Traditionen in sich auf und bewahrte sie, indem sie sie in christlichem Sinne transformierte. Die Schwierigkeiten derjenigen, die sich mit Celtic Studies beschäftigen, liegen darin, diese Bearbeitungen, die sich in mehreren Jahrhunderten in sich selbst noch gewandelt haben, zu durchdringen. Letztendlich sind *unbeeinflußte Ansichten* des vorchristlichen Irland *nicht zu gewinnen*. Jede Information aus dem vorchristlichen Irland ist nur um den Preis zu haben, daß sie zugleich Veränderungen, Korrekturen und Mißverständnisse aus dem Kontext der irisch-christlichen Kultur in sich aufnimmt.

Die *Strukturen* des alten Irland überlebten in den Strukturen des frühchristlichen Irland. Das war deshalb möglich, weil die christliche Mission in die Strukturen der keltischen Gesellschaft eingedrungen war, ohne sie zu verändern oder gar zu zerbrechen, wie es mit den Glaubensvorstellungen der Kelten der Fall gewesen war. Die Christianisierung Irlands vollzog sich als ein von Mönchen angeleiteter geistig-religiöser Entwicklungsprozeß, nicht als eine von Eroberern ausgelöste politische Revolution. Die vorchristlichen keltischen Strukturen konnten darum bis in das 12. Jahrhundert überleben, als die von Canterbury getragene Rückholung der irischen Kirche nach Rom sich durchsetzte und Henry II. Plantagenet seinen politischen Einfluß auf Irland ausweitete.

Vom römischen Britannien zum normannischen England

Obwohl die Römer nicht in Irland waren, ist auch dieses Land indirekt von der römischen Politik beeinflußt worden. Dem direkten Zugriff des Römischen Reichs war Britannien vier Jahrhunderte lang ausgesetzt, was für die geschichtliche Entwicklung in Wales und Schottland von weitreichender Bedeutung war. Wir werfen darum einen Blick auf das Verhältnis von Rom und Britannien zwischen dem 1. und dem Anfang des 5. Jahrhunderts nach Christus.

Schon die Geschichtskarte des Römischen Reiches zeigt, daß Hibernia und der Norden von Caledonia, was den schottischen Highlands entspricht, für die römische Macht unerreichbar geblieben sind. Südschottland war durch zwei römische Grenzlinien markiert: durch das *Vallum Hadriani*, den Hadrianswall, zwischen Carlisle und Newcastle-upon-Tyne gelegen und von 122 bis 367 Reichsgrenze, und durch das *Vallum Antonini*, den Antoninuswall zwischen Glasgow und Edinburgh, der zwischen 145 und 181 Reichsgrenze war. Südschottland war demnach eine römische Einflußzone und in dem Zeitraum von 145 bis 181 ein Stück des Reichsgebiets selbst:

> Die Brücke über den Kanal bildete das Keltentum diesseits und jenseits der Meerenge. Schon Caesar hatte sich, mit Rücksicht auf die Unterwerfung Galliens, veranlaßt gesehen, nach der Insel überzusetzen. Seitdem stand das Vorhaben auf dem Programm der römischen Außenpolitik, denn die Beziehungen von Gallien nach Britannien hinüber waren sehr eng. Caligula wollte sich daraus einen Siegeskranz flechten; aber daraus wurde bei ihm nur eine Farce. Für den Nachfolger Claudius war es deshalb Ehrensache, den längst fälligen Schritt auszuführen. Ein Teil der britannischen Stämme war schon früher in nähere Berührung mit dem Römischen Reich getreten und bot der römischen Invasion eine bequeme Stütze. Unter Domitian wurde von dem durch Tacitus berühmt gewordenen Agricola das römische Gebiet erweitert; unter Hadrian erreichte es die Südgrenze Schottlands; und Antoninus Pius schob es noch ein Stück weiter nach Norden vor. Beide Grenzwälle (limites) zeigen noch heute die von den Römern erreichten Linien an. (Heuß 64, 363)

In der Regierungszeit des Kaisers Claudius (41–54 nach Chr.) eroberte Aulus Plautius im Jahr 43 mit vier Legionen und Hilfstruppen Südostengland. Claudius ging noch im gleichen Jahr selbst nach England. Während dieses Aufenthaltes unterwarfen sich ihm elf keltische Könige. Der Kaiser setzte Aulus Plautius zum ersten Statthalter ein.

Colchester wurde die Hauptstadt der neuen Provinz *Britannia* und der Mittelpunkt des Kaiserkults. In Rom erhielt Claudius den Beinamen Britannicus. In den folgenden drei Jahren wurde England im Westen bis zum Severn und in Mittelengland bis zum Trent unterworfen.

Die Eroberung von Wales wurde in den Jahren 60–61 begonnen, dann aber wegen Aufständen der keltischen Stämme unterbrochen und erst im Jahr 78 von Gnaeus Iulius Agricola, dem Schwiegervater des Tacitus, ganz besetzt. Zwischen 79 und 84 drang Agricola nach Norden vor und eroberte Nordengland und Schottland bis an den Rand der Highlands. Im Jahr 84 wurde ein Versuch zur Umseglung Schottlands unternommen. Da die Truppen wegen anderer Konflikte verringert wurden, wurde der Hauptteil der schottischen Besatzungsarmee um das Jahr 105 auf die Tyne-Solway-Linie zurückgenommen.

Aufstände in Schottland zwangen dazu, den Norden der Provinz Britannia wieder unter strengere Kontrolle zu nehmen. Kaiser Hadrian (117–138) kam auf seiner ersten Provinzreise 122 nach Britannia und ordnete den Bau des Vallum Hadriani an. Der Hadrianswall war eine 73 Meilen lange, durch Wachttürme und Kastelle gesicherte Grenzmauer zwischen Tyne und Solway Firth, die während der Auseinandersetzungen mit den nördlichen Nachbarn zur dauernd verteidigten nördlichen Grenzlinie Britannias wurde.

Unter Antoninus Pius (138–161) drangen die Römer erneut nach Südschottland vor und errichteten zwischen Firth of Forth und Firth of Clyde das Vallum Antonini. Anders als der Hadrianswall war der Limes des Antoninus nur ein Erdwall mit einer Länge von 37 Meilen, der bei Falkirk westlich von Edinburgh heute noch zu sehen ist. Den schottischen Stämmen gegenüber hatte das Römische Reich damit eine doppelte Grenzbefestigung errichtet. Der Antoninuswall mußte mehrmals aufgegeben werden, während der Hadrianswall bis zum Ende der Römerzeit in Britannia besetzt blieb.

Kaiser Septimius Severus (193–211) teilte Britannia in die Provinzen Britannia superior und Britannia inferior auf, wobei Britannia superior nördlich und westlich der Linie zwischen Humber und Severn-Mündung lag und Wales einschloß. Kaiser Diokletian (284–305) gliederte diese beiden Provinzen dann weiter auf und bildete die Provinzen Prima, Secunda, Maxima und Flavia.

Das Ende der römischen Besetzung vollzog sich am Ende des

4. Jahrhunderts. Der Hadrianswall wurde spätestens im Jahr 395 aufgegeben. Die römischen Truppen setzten 410, von einigen kleineren Verbänden abgesehen, nach Gallien über. Im gleichen Jahr trafen die Sachsen in dem militärisch entblößten Land ein. Die zivile Verwaltung löste sich 415 auf. (Kluxen 76, 6–11; Ploetz 80, 291–293)

Die römische Provinz Britannia war im Jahr 43 unter Kaiser Claudius gegründet worden. Am Anfang des 5. Jahrhunderts war die Zeit der Römer in Britannia abgelaufen. Es begann die *nachrömische*, von Angelsachsen und Normannen geprägte *Geschichte Englands*, die in veränderter Weise auf die Regionen des keltischen Raums einwirken sollte.

Die ersten Gruppen von Sachsen waren schon Ende des 4. Jahrhunderts im schwach gewordenen Britannien aufgetaucht. Ihr Eindringen in die ehemals römischen Gebiete geschah gleichsam im Zeitlupentempo:

> Die germanische Kolonisation vollzog sich nicht in Form einer großen Invasion wie 43 n. Chr. bei den Römern oder 865 n. Chr. bei den Dänen, sondern wurde von mehreren sächsischen Teilvölkern getragen, die in größeren und kleineren Wellen vordrangen, die meisten Städte außer in Kent verwüsteten und die keltische Bevölkerung unterjochten oder in den gebirgigen Westen und über die See drängten. Die Sachsen der unteren Elbe siedelten sich vorwiegend in Essex an; die binnenländischen Chauken in Sussex, Wessex und Northumbrien, während die Angeln sich in Ostanglien und Mercien und die sächsischen Jüten in Kent niederließen, wo sie um 473 n. Chr. das erste der sächsischen Königreiche errichteten. (Kluxen 76, 12)

Die schriftlichen Quellen über die germanische Ansiedlung in England stammen erst vom Ende des 9. Jahrhunderts und geben daher keinen klaren Überblick über die Ereignisse. Auf sicherem historischem Grund stehen wir dagegen bei einem Ereignis, das die Kultur der keltischen Kirchen im Lauf von fünf Jahrhunderten grundlegend verändern sollte. Gemeint ist die Ankunft des römischen Mönchs Augustin, der im Jahr 597 von Gregor dem Großen nach England gesandt wurde, um eine dem Papst direkt unterstehende Kirchenorganisation in England aufzubauen. Augustins Arbeit begann in demselben Jahr, in dem der irische Mönch Columba (Columcille), der Schottland im Geist der keltischen Kirche missioniert hatte, auf Iona starb.

Es kam Augustin zustatten, daß König Ethelbert von Kent, dessen Frau Berta aus dem fränkischen Königshaus stammte und bereits

Christin war, ihn freundlich empfing und ihm in Canterbury eine römische Kirchenruine übertrug. Ethelberts Taufe fand 597 statt. Augustin wurde der erste Bischof von Canterbury und setzte erste Bischöfe in Rochester und London ein.

Die Kirchenprovinzen London – später verlagert nach Canterbury – und York entstanden, womit die alte römische Einteilung in Britannia maior und Britannia minor auf die angelsächsische Kirchenorganisation übertragen wurde.

Von vornherein ging diese Großorganisation über die Sippen- und Stammesgrenzen hinweg und war auf einen Vorrang der neuen Bischöfe gegenüber den irischen Missionsbischöfen bedacht, deren Klosterorganisation mehr an völkerschaftlichen Zusammenhängen interessiert war. (Kluxen 76, 14)

In der katholischen Hagiographie wird Augustin von Canterbury als der Initiator eines der größten Erfolge in der Missionsgeschichte gefeiert. Er erwies sich gegenüber den schon christianisierten keltischen Briten, die aus der irisch-schottischen Tradition kamen, als kompromißlos. Augustin war das Instrument der Kirchenpolitik Gregors des Großen, und die hatte das Ziel, den Eigenweg der irischen Kirche zu beenden. Augustin starb im Jahr 605.

Durch Augustin war der Konflikt zwischen irischem und römischem Kirchenverständnis eröffnet, der die Britischen Inseln bis in das 12. Jahrhundert beschäftigen sollte. Die Umgestaltung der irischen Kirche im päpstlichen Sinne wurde letztlich von Henry II. durchgesetzt, der 1171 die Lordschaft von Irland antrat und so die Übertragung der römischen Kirchenorganisation auf Irland erleichterte. (Beckett 71, 11–13; Edwards 73, 48. 117–121) Die Ausdehnung der normannisch-englischen Macht auf Irland war die staatlich-rechtliche Voraussetzung dafür, die keltisch-irische Kirche ohne die Beteiligung der traditionellen irischen Könige in die römische Kirchenorganisation einzuschmelzen. Dieses Zusammenwirken von königlicher und päpstlicher Politik war ein Beispiel der mittelalterlichen Einheit von Thron und Altar und half beiden Seiten, ihre Interessen zu realisieren. Königliche und päpstliche Interessen traten erst nach der englischen Reformation im 16. Jahrhundert wieder auseinander.

Das Kloster Lindisfarne war 634 durch den Mönch Aedan von Iona auf einer kleinen Insel vor der Küste Northumbriens gegründet worden. Diese Tochtergründung der iroschottischen Mönche von

Iona wurde schnell zum herausragenden Zentrum der irisch-christlichen Klosterkultur (Backhouse 92, 7–11). Das *Evangeliar von Lindisfarne*, das sich in der British Library in London befindet (British Library, Cotton MS Nero D. IV), entstammte der gleichen Tradition wie das *Book of Kells*, das auf Iona geschrieben sein soll und in der Bibliothek von Trinity College Dublin aufbewahrt wird (TCD MS 58, The Book of Kells).

Lindisfarne dehnte seine Missionstätigkeit bis ins südliche Essex aus und stieß dort auf die römisch-zentralistischen Ansprüche der Erzbischöfe von Canterbury. Die Synode von Streaneshalch (Whitby) in Yorkshire entschied sich 664 für die römische Kirchenorganisation, ohne die iroschottische Tradition in den Klöstern bereits beenden zu können (Kluxen 76, 14).

Der politische Schwerpunkt der angelsächsischen Gebiete verlagerte sich im 7. und 8. Jahrhundert nach Northumbrien, von wo aus der Südosten Schottlands (Lothian) im Sinne von Canterbury christianisiert wurde. Im 9. Jahrhundert gründeten die Dänen in Ostengland eigene Staaten. Ihr Gebiet hieß das Danelaw, also das Gebiet, das nach dänischem Recht verwaltet wurde. Der Einfluß der dänischen Kleinstaaten konnte von den angelsächsischen Königen nur langsam zurückgedrängt werden. So ist es der dänische König Knut der Große (1016–1035), der die angelsächsischen Teilstaaten zu einem Königreich vereinigte. Der dänische Einfluß hatte unter Knut seine größte Ausdehnung. Der dänische König war gleichzeitig König von England und Norwegen (mit Grönland, Hebriden, Shetlands und Orkneys), außerdem mußte ihm der schottische König Malcolm II. Gefolgschaft leisten. (Kluxen 76, 20)

Erst mit Edward dem Bekenner (Edward the Confessor, 1042–1066) kam wieder ein Angelsachse auf den Thron. Edwards Nachfolger Harald Godwinson wurde jedoch schon im Jahr seiner Thronbesteigung von Herzog William of Normandy (William the Conqueror, Wilhelm der Eroberer) in der Schlacht bei Hastings (1066) besiegt und getötet. William the Conqueror ließ sich 1066 an Weihnachten vor dem Hochaltar von Westminster Abbey krönen und durch Akklamation sein Recht auf England bestätigen. Sein Sieg war einer der *Wendepunkte der englischen Geschichte.* Die traditionellen Beziehungen zum skandinavischen Norden wurden gelöst, und England trat in eine *engere Verbindung mit dem lateinischen Europa* ein. (Kluxen 76, 25)

Die Einigung der angelsächsischen Staaten hatte sich in langer Auseinandersetzung mit der skandinavisch-dänischen Invasion vollzogen. Als die politische Einheit schließlich erreicht war, traten die Normannen in die soeben erst errichteten Strukturen ein. Auf dem Umweg über die Normandie kamen damit aber sogleich wieder skandinavische Eroberer in England an die Macht. Das angelsächsische Königtum wurde ein normannisches Königtum. Dieses sollte über mehrere Jahrhunderte die Geschichte Englands und damit auch die des gesamten keltischen Raums bestimmen.

An der normannischen Eroberung Englands seit dem Jahr 1066 waren viele Bretonen beteiligt gewesen. Diese historische Beobachtung gibt Gelegenheit, einen Blick auf die *keltisch-romanische Sonderentwicklung der Bretagne* zu werfen.

Im 5. Jahrhundert, auf dem Höhepunkt der Völkerwanderungszeit, war in der Bretagne keine gallo-römische Kontinuität der Bevölkerung mehr vorhanden. Erst am Ende des 5. Jahrhunderts wanderten Inselkelten aus Britannien nach Armorica aus, wie die Bretagne im Römischen Reich hieß. Diese Auswanderung inselkeltischer Briten war selbst eine Folge der Völkerwanderung, denn die Auswanderer mußten dem Siedlungsdruck der eingewanderten Sachsen auf ihre angestammten Wohngebiete im Westen Britanniens – vor allem in Cornwall – nachgeben.

Armorica wurde zur Bretagne (Brittany), dem Land der aus Cornwall verdrängten Briten. Die Sprache der Ankömmlinge stand dem Kornischen näher als dem Walisischen (Ploetz 80, 369). In der Bretagne entstanden seit dem 6. Jahrhundert viele monastische Ansiedlungen, die durch die Verehrung walisischer und irischer Heiliger der keltischen Kultur verbunden blieben. (Bowen 77, 70–72. 96–99; zur kirchlichen Ausbreitung in Gallien seit dem 2. Jahrhundert: Gallien in der Spätantike 80, 102 f.)

Im Osten der Bretagne bestanden die Bischofssitze Rennes, Vannes und Nantes der gallo-römischen Kirche fort. Der Einfluß des erstarkenden Karolingerreichs bewirkte darüber hinaus, daß die Oberschicht der Bretagne die romanische, später die französische Sprache übernahm.

Die Karolinger errichteten an ihrem nordwestlichen Glacis die Bretonische Mark. Am Ende des 8. Jahrhunderts stieß es in die Bretagne selbst vor. Die schon seit langem bestehenden vier Fürstentümer der

Bretagne schlossen sich daraufhin zu einem einzigen Fürstentum zusammen. Im 11. Jahrhundert gewannen die Normannen – und danach die Grafen von Anjou – politischen Einfluß auf das bretonische Herzogtum. Damit war die Situation da, aus der heraus sich Bretonen an der Eroberung Englands durch William the Conqueror beteiligten.

Das Irland der heiligen Mönche

Die Christianisierung des keltischen Randes Europas begann etwa gleichzeitig mit der der germanischen Völker, die in der Völkerwanderungszeit in den Mittelmeerraum gespült wurden und im Kontakt mit der Kirche der Spätantike den neuen Glauben annahmen. Die Stämme Irlands wurden seit dem Ende des 4. Jahrhunderts christianisiert. Ihre rasche und gewaltlose Missionierung wurde in der Kirchengeschichte mit der Person Patricks verbunden, ohne daß sie aus dem Wirken dieses Mannes allein abzuleiten gewesen wäre. Einige Teile von Wales wurden unter dem Einfluß der römisch verwalteten Britannia superior christlich. Ab dem 6. Jahrhundert kam der christliche Glaube mit den irischen Mönchen nach Scotia minor, dem heutigen Schottland. (Bowen 77, 141 f.)

Die Germanen in Gallien und in dessen östlichen Grenzzonen kamen zwischen dem 4. und 6. Jahrhundert mit der Kirche in Berührung, deren frühe Gemeinden bis dahin nur in den Römerstädten Germaniens bestanden hatten. Die Angelsachsen wurden im 6. und 7. Jahrhundert missioniert (Augustin von Canterbury). Im gleichen Zeitraum drangen iroschottische Missionare in die germanischen Gebiete vor, die nicht zum Römischen Reich gehört hatten. Die Sachsen wurden im 8. Jahrhundert vom Frankenreich aus (Karl der Große) christianisiert. Die Slawenmission – von Rom und Konstantinopel mit unterschiedlichem konfessionellem Ansatz vorgetragen – begann zwischen dem 8. und 10. Jahrhundert. Die skandinavischen Völker wurden im 9. Jahrhundert in die Bemühungen der Missionare einbezogen.

Die Völker am keltischen Rand Europas gehörten also zu den ersten, die außerhalb der Grenzen der spätantiken, mediterranen Welt in den Kreis des Christentums eintraten.

Das Christentum auf den britischen Inseln wurde ein *keltisches Christentum*. In Irland entstanden Diözesen in Glendalough, Ferns,

Sletty, Emly, Kildare, Trim, Ardagh, Armagh und Clogher. In Schottland waren es Whithorn – um 400 wurde hier von St. Ninian die erste weißgetünchte Steinkirche Schottlands (darum: Candida Casa) zu Ehren des Martin von Tours gebaut (Schaff 93, 306f.) –, Abercorn, Glasgow und Lindisfarne. Walisische Diözesen wurden St. David's, Bangor und St. Asaph. Bodmin war die einzige Diözese im keltischen Cornwall. (Jedin–Latourette–Martin 87, 19)

Seit dem Jahr 597 wurde von Canterbury aus die römisch-angelsächsische Diözesanstruktur aufgebaut. Aber erst im 9. Jahrhundert übertrafen die angelsächsischen Diözesen die der keltischen Kirche auch zahlenmäßig. Die sechzehn angelsächsischen Diözesen des 9. Jahrhunderts wurden zum Grundbestand der mittelalterlichen Kirchenorganisation Englands, die sich bis in die Diözesangliederung der modernen Church of England erhalten hat.

Der heilige Patrick fragt sich in seiner *Confessio* voll Verwunderung:

> Wie kam es denn, daß die Leute in Irland, die nie Kenntnis von Gott hatten, sondern bisher immer nur Götzenbilder und Unreines verehrten, jetzt zum Volk des Herrn geworden sind und als Kinder Gottes bezeichnet werden? Söhne der Schotten und Töchter der Fürsten sind zu Mönchen und Jungfrauen Christi geworden.
>
> So habe ich auch ein begnadetes Mädchen schottischen Stammes getauft, vornehm, schön, eben erwachsen. Nach ein paar Tagen kam sie mit ihrem Anliegen zu uns und teilte uns mit, daß sie vom Willen Gottes einen Bescheid erhalten habe, durch den sie ermahnt worden sei, eine Jungfrau Christi zu werden und so in Gottes Nähe zu kommen. Gott gebührt der Dank, am sechsten Tag darauf riß sie lobenswert und voll Begierde das Reich Gottes an sich, was auch alle anderen Jungfrauen Gottes so tun. Nicht weil es der Wunsch ihrer Väter ist. Sie erleiden vielmehr Verfolgung und ungerechte Vorwürfe von ihren Eltern. Nichtsdestoweniger aber vermehrt sich ihre Zahl, und wir wissen gar nicht, wie viele von unserem Geschlecht dort geboren sind, ganz abgesehen von den Witwen und den Enthaltsamen. Das meiste aber haben die auszustehen, die im Sklavenstande leben. Selbst Einschüchterungen und Drohungen müssen sie immerfort ertragen. Aber der Herr hat vielen von meinen Mägden seine Gnade gegeben. Wenn es ihnen auch verboten wird, so bleiben sie doch standhaft bei ihrem Streben. (Schamoni 63, 85)

Das Geschehen verlief also ganz nach Patricks monastischem Ideal – Fürstenkinder wurden zu Mönchen und „Jungfrauen Christi" – und, was noch viel wichtiger war, es verlief ganz ohne Blutopfer.

Indem sich auch Sklaven und Sklavinnen zu den rigorosen Idealen des neuen Glaubens bekannten, wurde die bisherige Ordnung der altirischen Gesellschaft zwar in Frage gestellt, aber nicht aufgelöst. Sklaven hat es auch in der christlichen Zeit Irlands weiterhin gegeben.

Patricks Erfolgsbericht ist von Pathos und unbegrenztem Unfehlbarkeitsanspruch – die Iren hatten nie Kenntnis von Gott, weil sie sich immer nur mit Götzenbildern und mit Unreinem abgegeben hatten! – durchtränkt. Die *Confessio* will einen großen Missionserfolg Patricks beschreiben: „wir wissen gar nicht, wie viele von unserem Geschlecht – also potentielle Mönche – dort geboren sind.“ Darin mag ein historisch richtiger Hinweis auf die Arbeit enthalten sein, die Patrick in Nordirland (Bowen 77, 124f.) leistete. Der uneingeschränkte Erfolgsbericht muß jedoch viel eher der Welt der Heiligenlegenden zugeschrieben werden, die sich der geschichtlichen Person Patricks bemächtigten.

Vor dem 8. Jahrhundert teilt die christliche Literatur Irlands wenig über Patrick mit. Es gibt also einige Jahrhunderte, in denen Patrick noch nicht die Zentralfigur der irischen Kirche war. Auch Kolumban der Jüngere, der viele irofränkische Klöster gründete und im Jahr 615 als Abt seines Klosters Bobbio in der Poebene starb, erwähnte in seinen Briefen an die Päpste zwar andere irische Heilige, aber nie Patrick (Bowen 77, 118).

Erst das *Book of Armagh* (Liber Ardmachanus), das im Jahr 807 entstand und die Dokumente sammelte, die den Primat des Bischofs von Armagh vor den anderen irischen Bischöfen zu begründen halfen, stellte Patrick als den ersten Bischof von Armagh heraus. Bowen weist darauf hin, daß in diesem Zusammenhang die Traditionen des Palladius, der 431 in Auxerre zum Bischof für Irland geweiht wurde, und Patricks vermischt wurden. Über Palladius hatte Prosper von Aquitanien (gestorben 455) in seiner Chronik geschrieben:

> Palladius wird von Papst Coelestin zum ersten Bischof der Schotten, die schon an Christus glauben, geweiht und ausgesandt (ad Scotos in Christum credentes ordinatus a papa Caelestino Palladius primus episcopus mittitur) (Hanson 68, 53).

Ganz nebenbei heißt das auch, daß vor den ersten päpstlichen Sendboten – des Galliers Palladius und des Briten Patrick – schon vereinzelt Christen in Irland gelebt haben mußten.

Bowen zeigt auch, daß der Gallier Palladius über Südwestwales in den Südosten Irlands gekommen sein könnte (Bowen 77, 121–124). Unter dem Namen des Patrick wurden dann die Missionserfolge beider – Patricks Erfolg in Nordirland und der des Palladius im Südosten – dem Bischofssitz von Armagh zugeordnet. Die überlieferte Meinung, daß Patrick der Gründer Armaghs gewesen sei, wurde so gestützt und zugleich ausgeschmückt (Doherty 89, 30.32).

Die weitreichenden Folgen sind bekannt: „a national hero – the founder of the Christian Ireland was born“ (Bowen 77, 118). Wer in aller Welt – um die Probleme wissend oder auch nicht – wollte heute noch darauf verzichten, mit den Iren am 17. März den St. Patrick's Day zu feiern? Und welchem frommen Iren, der am letzten Julisonntag barfuß den Croagh Patrick in Connemara besteigt, weil der Heilige dort oben einmal vierzig Tage und Nächte gefastet haben soll, ginge es in den Kopf hinein, daß die Ehre für diese schönste Wallfahrt Irlands auch einem ganz anderen gehören könnte? Who is Palladius, who? Um Palladius, der schon ein Jahr nach seiner Bischofsweihe starb, wissen mit den wenigen Spezialisten jetzt auch die Leser dieses Buches.

Auch ohne Patrick als die Kultfigur, die alle anderen Heiligen überragte, war die frühe irische Kirche ein besonderes Phänomen unter den anderen Kirchen. In einem war sie eine Bischofskirche und eine monastisch geprägte Glaubensgemeinschaft:

> Das Mönchtum in Irland nahm im 6. Jahrhundert einen raschen Aufschwung, doch die großen Klöster, die damals entstanden, beriefen sich nicht auf Patrick oder die gallischen Missionare als ihre Gründer. Sie richteten den Blick auf die britannische Kirche – auf Ninian und den hl. David, die als die Lehrer der Gründerväter der monastischen Bewegung gelten. Kolumba, Ciarán von Clonmacnoise, Brendan von Clonfert, Comgall von Bangor und Finian von Clonard gehören zu den großen Führern dieser Bewegung. Die Klöster, ursprünglich Stätten asketischen Rückzugs von der Welt, wurden zu einflußreichen, vielfältig wirksamen Institutionen ... und gewannen den Schutz der Mächtigen. Sie wurden seit dem Beginn des 7. Jahrhunderts von Geistlichen adeliger Abkunft geleitet; manche der Gründer waren offensichtlich Männer von hohem gesellschaftlichem Rang. Diese großen, autonomen Klöster (und Klosterverbände), deren jedes seine eigene Regel, eigene Struktur und Organisation, seine eigenen Einkünfte besaß und über ausgedehnte Ländereien verfügte, wurden mit der Zeit zu Trägern einer reichen literarischen und künstlerischen Kultur. (Ó Corráin 89, 39)

Große Klöster wie Armagh und Kildare bildeten eine *paruchia*, einen Kirchensprengel, der durch seinen Zusammenhang mit adeligen Geschlechtern in eine politisch hervorgehobene Stellung eintrat. Konflikte ergaben sich zwischen den großen Klöstern dadurch, daß selbständige, jedoch schwächere Klostergründungen jeweils dem eigenen Einflußbereich eingegliedert werden sollten. Die starken Klosterbezirke entwickelten sich zu volkreichen Siedlungszentren.

Der Klosterbereich galt als Sanktuarium (civitas refugii), in dem sich Pilger, Kranke, Verfemte, Totschläger, Witwen, Kinder und Alte aufhielten. Die Klosterbevölkerung lebte nach Jungfrauen, Büßern und Familien, die im Dienst des Klosters standen, getrennt. Ihnen stand eine für die Laien bestimmte Kirche zur Verfügung, während die Bischöfe, Priester und Mönche eine eigene Kirche – in Armagh und Kildare als *basilica* bezeichnet – besaßen.

Der Klosterbezirk, die paruchia, war den Teilkönigtümern bei weitem überlegen. Die paruchia verfügte über das Bildungsmonopol, besaß viele Arbeitskräfte und erwirtschaftete landwirtschaftliche Überschüsse. In den Klöstern wurden die Metallverarbeitung, die Buchmalerei und die Kalligraphie gepflegt. (Doherty 89, 32–34) Ó Corráin schildert die klösterlichen *civitates*, zu denen auch Clonmacnoise am mittleren Shannon gehörte:

Diese wohlhabenden Klosterstädte waren vollständig in die gesellschaftliche Hierarchie integriert; sie wurden meist von Adeligen regiert und waren politisch einflußreiche, bedeutende Wirtschaftszentren. Es lebten dort eine Vielzahl von Geistlichen, ein Bischof und Priester ebenso wie Mönche (die zumeist keine Weihen besaßen), Nonnen, Jungfrauen, Witwen, fromme, verheiratete Laien, Gefolgsleute der Klöster, Handwerker und Mitläufer aller Art (einschließlich einiger sehr unerwünschter). (Ó Corráin 89, 41)

Die Vielzahl der Klöster scheint anfangs des 8. Jahrhunderts begrenzt worden zu sein. Das mag praktische Gründe gehabt haben: Holzbauten wurden durch Steinbauten ersetzt. Es entstanden Märkte, offene Flächen im Kloster wurden durch Mauern abgetrennt, die Arbeitsflächen wurden gepflastert, Straßen und Höfe wurden befestigt. Diese Reorganisation im Sinn eines vereinheitlichten Klostertyps hat nach Doherty jedoch auch einen spirituellen Hintergrund:

Es ist aber nicht zu übersehen, daß der irische Klerus ein ideales Schema für die Anlage seiner heiligen Stätten entworfen hat, das sich an die Vorstellung vom himmlischen Jerusalem anlehnte. Er verband dabei Vorstellungen aus der heidnischen Vergangenheit des Landes mit Gedanken aus der Heiligen Schrift und den Werken frühchristlicher Autoren. So erhielten heilige Bäume, Grabhügel, Haine, Brunnen und Einfriedungen eine christliche Symbolik unterlegt, insbesondere wenn sie auf vorchristliche Kultstätten zurückgingen. (Doherty 89, 34f.)

Die großen civitates der irischen Klöster, die selbst noch im Zustand des Zerfalls den Eindruck einer gewissen Gigantomanie vermitteln, setzten im 8. Jahrhundert einen *Prozeß kritischer Selbstkorrektur* in Gang, der zur *Gründung vieler kleiner Einsiedeleien* führte, in die sich die wieder verstärkt asketisch denkende Mönche zurückzogen. Diese Eremiten hielten sich von der zunehmenden Verweltlichung der reichen Klosterstädte fern. Mönche der etablierten Klöster, selbst Äbte und Bischöfe schlossen sich phasenweise den Einsiedlern an.

Die *Orte der Eremiten* sind seit dem 8. Jahrhundert oft an den Namensbestandteilen diseart (nach lat. desertum: Wüste, einsamer Ort) zu erkennen. Die Niederlassungen der Eremiten wurden gelegentlich zu kleinen Kirchen und Oratorien, die die Namen ihrer Gründer trugen. Sie konnten sich jedoch auch wieder zu großen Klöstern einer späteren Zeit weiterentwickeln (so Dysert O'Dea) und damit gerade das wiederholen, was die Gründereremiten hatten ausschließen wollen. (Doherty 89, 36)

Neben diseart weist auch die Vorsilbe cill/ceall oder kill/kil an vielen Orten Irlands auf das ehemalige Vorhandensein einer Eremitenzelle hin. Icolmkill, die „Insel der Zelle des Columba", ist der gälische Name für Iona und gehört in diesen Zusammenhang hinein. Auch teampall (Tempel, Kirche), uaimh (Höhle, Grotte) und inis (Insel; beispielsweise Inishmurray, Inishmore, Inishcaltra, Inishglora, Inishmaine, Inishtooskert, Inishvickillane: die irische Westküste ist dicht besetzt mit den Ruinen von Oratorien, die auf winzigen Inseln liegen) weisen auch auf ehemalige Eremitenplätze hin. (Bowen 77, 131–134)

Diseart, cill und inis sind lediglich Metaphern für das große Verlangen nach Einsamkeit im irischen Mönchtum. Wenn sich Einsamkeit jedoch noch einmal steigern läßt, dann trägt sie den Namen Skellig Michael (irisch Sceilg Mhichíl). Die Einsamkeit auf Sceilg Mhichíl muß während der Jahrhunderte, in denen die Mönche auf diesem Felsen, acht Meilen vor der Küste von Kerry, den Stürmen des Atlantik trotzten, übergroß gewesen sein.

Sceilg Mhichíl ist ein im 7. oder 8. Jahrhundert entstandenes Eremitenkloster auf einer engen Felsterrasse unterhalb des Gipfels. Das winzige Kloster – darf Sceilg Mhichíl überhaupt schon Kloster genannt werden? – an der Südwestspitze Irlands soll auf St. Finan zurückgehen. Die sechs Bienenkorbzellen mit den zwei Oratorien wurden 823 von den Wikingern geplündert. In den Jahren 823, 950 und 1044 wurde über den Tod von Mönchen berichtet. Doch blieb das Kloster auf Skellig Michael bis zum 13. Jahrhundert besetzt, als die letzten Mönche nach Ballinskelligs auf das Festland zurückkehrten. Von da an war die verlassene Klostersiedlung nur noch das Ziel büßender Pilger. (Wagner 91, 183–188; Harbison 92, 184 f.; Bowen 77, 196–200; über eine neue archäologische Untersuchung von Skellig Michael: Horn-Marshall-Rourke 90)

George Bernard Shaw empfand nach einem Besuch von Skellig Michael einen Zauber, der ihn der Welt entrückt habe: „magic that takes you out, far out, of this time and this world" (Hänel-Gerold 91, 314). An anderen Orten, wo sich Asketen in die Einsamkeit zurückgezogen hatten, waren die Zellen aus Holz errichtet und mit Reet gedeckt. Nicht so auf Skellig Michael. Den Mönchen standen nur die Steine zur Verfügung, und darum bauten sie ihre Bienenkorbzellen von Anfang an mörtellos aus Steinen (Bowen 77, 199).

Die Aura von Sceilg Mhichíl materialisiert sich – durch die menschliche Wahrnehmung rezipiert – in weitergegebenen Eindrücken. Für Shaw war Sceilg Mhichíl eine Faszination, die ihn aus Zeit und Welt herauslöste. Sind also Zeitlosigkeit und Weltentrücktsein die Erfahrungen, die sich auf der Skellig, den Blick auf die Berge von Kerry im Südosten gerichtet, einstellen? Diese Frage kann nicht allgemein beantwortet werden.

Ist die Frage mit einem Zitat von Margit Wagner zu beantworten?

Im Bienenkorb, der Zelle, war es dunkel und warm. Meine Augen maßen den Raum aus. Sein Grundriß ist quadratisch. Vor dem Türspalt blühte Kamille. Es gab ein Steinbord und Nischen – vielleicht für Manuskripte mit schön geformten Buchstaben. Über mir: die enger und enger werdenden Kreise der Steine, die ohne Mörtel kunstvoll aneinandergefügt sind, so daß der Regen außen abläuft. Ein durchbohrter Schlußstein in der Mitte. Stille. Hier wurde gebetet, meditiert, vielleicht auch gezweifelt und gegen Sinnestäuschungen und Wahnideen gekämpft; und wieder gebetet. Die Gräber der Mönche, draußen am Rand des Kliffs, kamen mir in den Sinn, für die es so wenig Erde gab und die noch durch kleine, verwitterte Kreuze gezeichnet sind. Wer hier aushielt, hatte die Wüste gewählt. Aber er erreichte eine höhere Form der Glückseligkeit, die in unseren Tagen vergeblich gesucht wird. (Wagner 91, 187)

Auf Skellig Michael fallen diseart, cill und inis an einem einzigen Ort zusammen. Ob die Mönche vor tausend Jahren diese höhere Form der Glückseligkeit erlebten, die Margit Wagner auf sie projiziert, können wir Nachgeborenen nicht überprüfen. Oder nur ganz selten erahnen? Daß sich eine Autorin überhaupt auf den Gedanken einläßt, die auf Skellig Michael gestorbenen Menschen seien beneidenswert, nämlich glückselig gewesen – ist das nicht ein heutiger Wunsch, der Hauch von einer Hoffnung an diesem Ort, wo Europa im Atlantik endet, die Glückseligkeit hätte sich uns doch noch nicht ganz entzogen?

2. Die Eroberung des keltischen Randes Europas

Irland, Wales und Schottland wurden in jeweils verschiedenen geschichtlichen Phasen durch englische Könige erobert und in die viel größere politische Welt Großbritanniens hineingerissen. Die Durchdringung der eroberten Gebiete blieb jedoch meistens auf militärische und politisch-administrative Strukturen beschränkt. Die selbständigen Kulturen der keltischen Teilregionen wurden durch die Interventionen Englands nicht ganz zerstört, weil diese in dem unerreichbar bleibenden Bereich der eigenen keltischen Sprachen und der je eigenen Konfession – in Irland die katholische Kirche, in Schottland die presbyterianische Kirche – zumindest Teile ihrer Identität und Eigenständigkeit bewahren konnten.

Angleichungen zwischen der englischen Kultur und den postkeltischen Teilkulturen setzten erst dann ein, als infolge langfristiger Veränderungen die traditionelle Wirtschaft in den Randzonen sich öffnen mußte und dabei die keltischen Sprachen immer mehr zurückgedrängt wurden. Dazu trug auch bei, daß die Konfessionszugehörigkeiten in einer sich modernisierenden Großgesellschaft ihre trennende Wirkung verloren. Und doch ist es so, daß die postkeltischen Teilgesellschaften trotz neuzeitlicher Liberalisierung, Demokratisierung und Säkularisierung ihre eigene, nicht-englische Einfärbung bewahrt haben. Ihre gern besuchte Randlage hat Reste postkeltischer Sonderkulturen bis in die Gegenwart erhalten.

Die neuen Eroberer kommen aus England

Wenn auch die entlegenen Oratorien und die von Eremiten bewohnten Bienenkorbzellen ein wichtiges Element der irischen Kirche darstellten, so fand die kulturelle Weiterentwicklung des Landes dennoch in den großen Klosterstädten statt. Bildung und Wissenschaft,

Kunst, Kalligraphie und Buchmalerei, Metallbearbeitung und verfeinerte Steinmetzkunst, Architektur, Beschäftigung mit Theologie und Recht: das alles fand seinen Platz in den großen, reichen civitates der Klöster. Die Einsamkeit der Asketen auf den weltabgeschiedenen Inseln stellte nur die spirituell-rigoristische Alternative zu der klösterlichen Hochkultur dar. Die selbstgewisse Kultur des christlichen Irland war in Klöstern wie Monasterboice und Kells, Glendalough und Clonmacnoise gegenwärtig.

Irland trug seine Oghamschrift nach Wales, Cornwall, Schottland und auf die Isle of Man – eine andere Facette der keltischen Thalassokratie rund um die Irische See. Bei der *Oghamschrift* handelt es sich um ein Alphabet, das Konsonanten und Vokale der gälischen und dann der altirischen Sprache in Strichen ausdrückt, die senkrecht auf einer Mittellinie stehen, diagonal über ihr liegen oder auf einer Seite dieser Mittellinie gesetzt sind. Die Kanten aufrecht stehender Steinsäulen wurden als die Mittellinien angenommen, auf denen die Kerbzeichen der Oghamschrift angebracht sind. Die behauenen Steinsäulen waren Gedenksteine, auf denen in knappster Form an einen Toten erinnert wurde.

Ogham ist nach Harbison um das Jahr 300 nach Chr. im keltischen Irland aufgetaucht (Harbison 92, 11f.). Es verband sich später mit Motiven des christlichen Glaubens wie Kreuzformen der Steine. Es gibt Oghamsteine, die auch lateinische Inschriften tragen. Für die Archäologie ist Ogham von großer Bedeutung, weil anhand seiner Verbreitung erkennbar wird, wie weit die Einflüsse der irischen Kultur reichten. (Bowen 77, 45–49. 55–57; Evans 86, 23f.; Encyclopedia 71, 115)

Die Einheit des keltischen Raums vor der normannisch-englischen Eroberung wird in der Ausbreitung der *irischen Hochkreuze* (Seaborne 89, 43–58) und in der *grenzüberschreitenden Heiligenverehrung* zwischen Irland, Wales, Schottland, Cornwall und der Bretagne (Bowen 77, 71. 74f. 81–111) erkennbar. Die Predigttätigkeit der *iroschottischen Missionare* auf dem Kontinent waren der zeitlich letzte und größte Beitrag des keltischen Raums zur Entwicklung Mitteleuropas, ehe er von der normannisch-englischen Eroberung langsam zersetzt wurde.

Am Leben zweier iroschottischer Missionare soll die geschichtliche Nähe von keltischem und germanischem Raum etwas genauer beleuchtet werden.

Stadt, Kanton und Kloster St. Gallen gehen auf die Zelle des irischen Mönchs Gallus (Gall) zurück, der um das Jahr 555 in Irland geboren wurde und mit Kolumban dem Jüngeren aus dem nordirischen Großkloster Bangor zum Festland aufbrach. Kolumban gründete 591/592 am Westrand der Vogesen die irofränkischen Klöster Annegray, Luxeuil und Fontaines und unterstellte sie seiner strengen Regula monachorum. Die Klöster füllten sich mit Mönchen aus dem fränkischen Adel, und Kolumban wußte ihre Selbständigkeit gegen die fränkischen Bischöfe und Könige sowie gegenüber den Päpsten wohl zu verteidigen.

Als Kolumban 609/610 aus seinem Hauptkloster Luxeil verdrängt wurde, begleitete ihn Gallus in das fränkisch-alamannische Voralpengebiet zwischen Bodensee und Zürcher See, wo beide missionierten. (Schwaiger 93, 295) Als Kolumban über die Alpen in das Langobardenreich weiterzog, wo er 615 in seinem Kloster Bobbio (bei Piacenza) starb, blieb Gallus krank bei Bregenz zurück.

An diesem Punkt trennten sich die Heiligenviten von Kolumban und Gallus, und die Regionalgeschichte von St. Gallen begann.

Im Stil einer alten Heiligenlegende hat Möking nacherzählt:

Eines Tages, als der heilige Gallus in Arbon durch die Gnade Christi wieder genesen war, wandte er sich einmal an seinen Gefährten Hiltibold, der die Gegend um den See gut kannte, und fragte ihn: „Mein Sohn, hast du jemals in dieser Wildnis einen Ort gefunden, der geeignet wäre, darauf ein Bethaus und eine Wohnung für mich zu bauen? Mein Herz sehnt sich nach Einsamkeit." Da versetzte Hiltibold: „Mein Vater, rauh und voll starker Gewässer ist diese Wildnis. Hohe Berge und enge Täler hat sie in Menge und mancherlei Getier, sehr viele Bären, Wölfe und Wildschweine. Ich fürchte, sie möchten über mich herfallen, wenn ich dich dorthin geleite." Der Mann Gottes aber antwortet: „Ist Gott für uns, wer mag gegen uns sein?" (...)

Siehe, da stieg ein Bär aus dem Waldgebirge herab, trabte heran und verschlang die Überreste der Mahlzeit. Mit Furcht und Bangen lag Hiltibold auf seinem Lager, ohne sich zu rühren. Gallus aber stand auf vom Gebet, trat vor den Bären hin und sprach zu ihm: „Untier, im Namen Jesu Christi befehle ich dir, nimm Holz und wirf es ins Feuer!" Da kehrte der Bär sogleich um, (...) brachte einen gewaltigen Klotz geschleppt und legte ihn ins Feuer. Zum Lohn dafür reichte ihm der Gottesmann ein Stück Brot (...) „Im Namen Jesu Christi, meines Herrn, weiche aus diesem Tale! Die Wildnis der freien Berge und Hügel mag dein Gebiet sein; hier aber sollst du weder Vieh noch Menschen verletzen!" Bei diesen Worten lief der Bär von dannen; er verschwand im Wald und kehrte nicht wieder. (...)

Zum Gedächtnis an dieses Geschehen führte St. Gallen seitdem einen aufrechtstehenden Bär im Wappen. (Jost 93, 177–180)

In diesem Text ist alles beisammen, was den logikfernen Kern einer Heiligenlegende ausmacht. Gallus nimmt Hiltibold die Angst und handelt durch ein Wunder. Jesusgeschichten werden neu inszeniert. Ein Bär als Repräsentant der bösen Gegenwelt bringt Holz und heizt das erkaltende Feuer neu an. Der Bär empfängt ein Stück Brot und wird in die Berge verbannt. Alles ist darauf ausgerichtet, den heldenhaften Heiligen in hellstem Licht strahlen zu lassen. Und schließlich: Kloster und Gemeinde St. Gallen gewinnen ein unverwechselbares Motiv für ihr Wappen.

Wie es immer ist: die Galluslegende enthält wenig Historisches. Sie deutet nur an, daß der wiedergenesene Gallus sich von Arbon aus, wo er sich als Kranker von dem weiterreisenden Kolumban trennen mußte, um eine permanente Bleibe bemühte. Ein „Bethaus" und eine „Wohnung" sollten es sein. Für den irischen Mönch Gallus konnte das nur Oratorium und Zelle sein. Würde nicht etwas später auch auf der fernen Skellig Michael ebenso gebaut werden?

Das Kloster, das aus der Zelle des Gallus entstanden war, gewann, indem es seinem liturgischen Auftrag folgte, auch eine Bedeutung für die deutsche Literatur. Das *St. Galler Paternoster* aus dem *Codex Sangallensis 911* ist ein althochdeutscher Text, der um das Jahr 790 geschrieben wurde:

Fater unseer thu pist in himile
uuihi namun dinan
qhueme rihhi din
uuerde uuillo diin so in himile sosa in erdu
prooth unseer emezzihic kip uns hiutu
oblaz uns sculdi unseero
so uuir oblazem uns sculdikem
enti ni unsih firleiti in khorunka
uzzer losi unsih fona ubile
(Jost 93, 200)

Die Verbindung zur Heimat des Patrons ist noch in der Klosterbibliothek St. Gallen zu erkennen. Sie beherbergt fünfzehn zugewanderte irische Handschriften aus dem 8. und 9. Jahrhundert, die ihren

Weg nicht unbedingt nach St. Gallen gefunden hätten, wenn da nicht die Tradition der irischen Mönche gepflegt worden wäre. (Ochsenbein-Schmuki 89, 34f. 53–55)

Es ist überliefert, daß Gallus um das Jahr 635 in seinem Kloster gestorben ist. Er hat seinen Platz unter dem 16. Oktober im Römischen Martyrologium gefunden: „Bei Arbon in der deutschen Schweiz der heilige Abt Gallus, ein Schüler des heiligen Columbanus" (Martyrologium 62, 268).

Drei andere Iren, die auch im Römischen Martyrologium erscheinen, erlitten dagegen einen gewaltsamen Tod. Unter dem 8. Juli ist zu lesen:

> Zu Würzburg in Deutschland der heilige Bischof Kilian. Er wurde vom Papst mit der Predigt des Evangeliums betraut und bekehrte viele zu Christus. Er wurde mit seinen Gefährten, dem Priester Kolomann und dem Diakon Totnan, in der genannten Stadt ermordet. (Martyrologium 62, 169)

Kilian, Kolonat (nicht Kolomann) und Totnan waren die ersten Märtyrer im rechtsrheinischen Frankenreich. Sie waren um das Jahr 686 in Mainfranken angekommen und schon drei Jahre später getötet worden.

Dem *Evangelistar des Godescalc*, das sich Karl der Große für den Gebrauch in der Aachener Hofkapelle zwischen 781 und 783 schreiben ließ, war ein Kalender der von Karl gefeierten Heiligenfeste beigegeben. Von den etwa hundert Heiligen stammten nur drei aus Deutschland. Zwei von diesen, die nach dem Jahr ihres Martyriums zugleich auch die jüngsten waren, stammten aus den rechtsrheinischen Gebieten des Königs: Kilian – Kolonat und Totnan werden wegen ihrer niedrigeren hierarchischen Position nicht genannt – und Bonifatius (Kilian 89, 215).

Es mögen gleich zwei Gründe gewesen sein, diese beiden „deutschen" Heiligen aus den östlichen Grenzgebieten – Kilian war Ire, Bonifatius war Angelsachse – verehren zu lassen. Karl wollte einmal alle Reichsteile im Heiligenkalender präsent haben. Zum anderen wollte er sicher Heilige bereitstellen, die bei den noch heidnischen Sachsen und Slawen als Patrone zum Zug kommen könnten. Die Bistümer Fulda und Würzburg missionierten die Sachsen, und schon vor dem Jahr 800 hatte Würzburg den Auftrag, bei den Slawen zwischen Main und Regnitz Pfarrkirchen zu bauen. Waren es also Eintragungen in den Heiligenkalender der Aachener Hofkapelle, die zu brauchbaren Zukunftsinvestitionen in die künftigen Eroberungs- und Missionierungsstrategien im Osten werden sollten?

Zu jedem Heiligen gehören seine Heiligenlegenden. Im Fall von Kilian, Kolonat und Totnan entstand etwa um 840 die *Passio sancti Kiliani*. In dieser Märtyrerlegende, die auch als *Passio minor* bekannt wurde, wird der Weg der drei Männer von Irland nach Mainfranken nachgezeichnet:

Es lebte ein Mann von ehrwürdigem Leben, Killena mit Namen. Das schottische Land hat ihn, aus bedeutendem Geschlecht stammend, geboren. Von früher Jugendzeit an trug er in sich ein starkes Verlangen, die heiligen Schriften kennenzulernen, und so vollständig waren darin seine Fortschritte, daß er aus ihnen lernte, das hohe Amt eines Bischofs zu verwalten. Er wurde schon damals auch mit dem anderen Namen Kilian genannt. (...)

... Und er sammelte seine Gefährten und Schüler um sich, nämlich die Presbyter Colonat und Gallo und Arnuval und den Diakon Totnan, denen sich noch sieben andere anschlossen, und begann sie dafür zu gewinnen, das Eigentum zu verachten, nach dem Evangelium des Herrn Vaterland und Eltern zu verlassen und völlig arm Christus nachzufolgen. (...)

Sie brachen nunmehr auf, trennten sich aber auf der Reise; doch nur dem Leibe nach, nicht dem Geiste. Ihrem Bischof Kilian schlossen sich an der Priester Kolonat und der Diakon Totnan. Und sie kamen in das Gebiet der östlichen Franken zu dem Kastell, das Wirziburc genannt wird (venerunt in partem australium Francorum ad castellum, quod dicitur Wirciburc). Und dort vornehmlich predigten sie das Wort Gottes. (Kilian 89, 18f.)

Noch im 9. Jahrhundert entstand auch die *Passio maior* (Kilian 89, 32f.), in der die Legenden der *Passio sancti Kiliani* noch weiter ausgeschmückt wurden. Im Vordergrund stand jedesmal die Erbauung der Leser und Hörer, weniger die literarische Weitergabe zuverlässiger Daten. Dennoch überrascht die *Passio maior* durch einige genaue Angaben zur Missionstätigkeit irischer Peregrini:

Der selige Kylian entstammte der Nation der Schotten als Sohn adeliger Eltern, wurde aber besonders berühmt durch den Adel göttlicher Gnade. Scotia, das auch Hibernia genannt wird, ist eine Insel im Ozean, fruchtbar durch seine Ackerböden, berühmter aber durch seine heiligen Männer. Zu ihnen gehört Columban, über den sich Italien freut. Zu ihnen gehört Gallus, der Alemannien geschenkt ward. Zu ihnen gehört Kylian, durch den das deutsche Franken verherrlicht wird. (Kilian 89, 20)

Auch die Angaben der *Passio maior* über Kilians Reiseweg von Irland nach Würzburg sind zuverlässig:

> ... und er kam nach Britannien, das Irland benachbart ist, zog in nicht langer Schiffahrt daran vorüber und landete in Gallien. Er durchwanderte das Land und gelangte in die Provinz Germaniens, die von ihren eigenen Bewohnern Ostfranken genannt wird, und entschied sich, in einer dortigen Stadt Halt zu machen, die in der dortigen Sprache Wirziburg heißt, in lateinischer Sprache als Burg der Kräuter übersetzt werden kann. (Kilian 89, 21)

Gallus und Kilian gestalteten ihre *peregrinatio pro Dei amore* – oder: *peregrinatio pro Christo* – ganz im Sinne des irischen Mönchtums. Bei den irischen Mönchen wurden drei Formen des Martyriums unterschieden: ein *grünes*, ein *weißes* und ein *rotes* Martyrium. Im erstgenannten Fall war das Essen auf vegetarische Kost reduziert. Das „weiße Martyrium" bestand in der Entscheidung, Irland auf der Suche nach Einsamkeit zu verlassen. Das rote Martyrium war erreicht, wenn der Missionar als Märtyrer starb. So stehen sie nebeneinander vor uns: Gallus, der sein weißes Martyrium in seinem Kloster lebte, und Kilian, für den weißes und rotes Martyrium in Würzburg zusammenfielen.

Die extrovertierte, bis in das Herz Europas ausgreifende Phase der irischen Geschichte, war mit dem Auftreten der normannisch-englischen Eroberer endgültig vorbei. *Mit dem Jahr 1171 kehrte sich die Richtung des geschichtlichen Prozesses um.*

Seit dem 9. Jahrhundert hatten sich schon die Wikinger an der Ostküste festgesetzt und die ersten Städte – darunter auch Dublin – gegründet. Die Wikinger waren im 10. Jahrhundert christianisiert. Ihre neugebildeten Bistümer in Dublin, Waterford und Limerick wurden dem Erzbischof von Canterbury unterstellt, was der Beginn der Auflösung der keltisch-irischen Kirchenorganisation in Irland war. Das Hochkönigtum litt an inneren Auseinandersetzungen. Es konnte den im Land existierenden Wikingerkolonien und den kommenden Auseinandersetzungen mit den normannisch-englischen Eroberern nicht mehr wirkungsvoll begegnen.

Im 11. Jahrhundert entstand in der irischen Kirche eine innengeleitete Reformbewegung, die von Canterbury zwar formal unbeeinflußt blieb, sich aber dennoch der kirchenpolitischen Gesamtsituation anzupassen begann. Die Synoden von Cashel (1101) und Rathbresail

(1111) führten zu der Synode von Kells (1152). Davor schon war Bischof Malachias im Jahr 1139 nach Rom gereist, um das Pallium für die beiden Erzbischöfe von Armagh und Cashel, deren Erzbistümer auf der Synode von Rathbresail bestätigt worden waren, zu erlangen. Der Papst stimmte den Strukturreformen von Rathbresail zwar zu, machte die Verleihung der Pallia jedoch von den Ergebnissen einer weiteren Synode abhängig.

Diese Synode war die Synode von Kells. Ihr wohnte als päpstlicher Legat der Kardinal Paparo bei. Irland sollte in die vier Erzbistümer Armagh, Cashel, Dublin und Tuam gegliedert werden. Der Erzbischof von Armagh wurde zum Primas von Irland. Die Pallia wurden den Erzbischöfen noch auf der Synode von Kells durch den Legaten überreicht. (MacGearailt 69, 87f.)

Auf seiner ersten Romreise hatte sich Malachias 1139 bei Bernhard von Clairvaux, dem von ihm verehrten Gründer des Zisterzienserordens, aufgehalten. Der Einfluß Bernhards veranlaßte ihn, einige der mitreisenden irischen Mönche zur Weiterbildung in Clairvaux zurückzulassen – es begann die Vermischung von altem irischem und mittelalterlichem Mönchtum. Die Iren kamen zusammen mit einigen französischen Zisterziensern zwei Jahre später nach Irland zurück. Sie gründeten 1141 Mellifont, die erste irische Zisterzienserabtei.

An dieser Stelle soll die Information nicht unterschlagen werden, daß Malachias – sich immer noch um die endgültige Anerkennung der irischen Kirchenorganisation durch den Papst bemühend – 1148 ein zweites Mal über Clairvaux nach Rom reisen wollte und bei seinem Zwischenaufenthalt im Kloster des Bernhard von Clairvaux starb.

Die Anbindung der irischen Kirche an Rom hätte nach der Synode von Kells eigentlich nicht besser sein können. War es denn ein Problem, daß die irischen Bischöfe sich aus eigener Initiative dem Papst unterstellt hatten und nicht den Weg über die kirchliche Substruktur von Canterbury gegangen waren? Kirchenrechtlich wäre das sicher keine Schwierigkeit gewesen, war doch auf der Synode von Kells dem päpstlichen Zentralismus in Irland endgültig zum Erfolg verholfen worden.

Die Besonderheit der Situation lag jedoch darin, daß zwischen dem Papst und den normannischen Königen Englands eine kirchlich-politische Interessenkonvergenz bestand, die über den kirchenpolitischen Erfolg des Papstes in Irland hinausging. Die Dynamik der normannisch-englischen Eroberung Irlands ergab sich aus den imperialen Plänen des weltlichen Herrschers, der sich beim Papst rückversichert hatte.

Die Bulle *Laudabiliter* gab Henry II. Plantagenet die päpstliche Erlaubnis, die irische Kirche zu reformieren und in Irland einzugreifen. Doch was war da noch zu reformieren, wo Malachias bereits alles auf einen Weg gebracht hatte, der Rom gefallen mußte? Beide Seiten erwarteten sich Vorteile aus der Eroberung Irlands: der Papst blieb im politischen Spiel, wenn der König handelte, und der König konnte seine Expansion mit der päpstlichen Zustimmung scheinbar legitimieren.

Henry II. (1133–1189) aus dem Haus Anjou-Plantagenet kam 1171 nach Irland. Der äußerliche Anlaß war, daß er die normannischen Barone aus Wales – die „Kambro-Normannen" – unter seine Kontrolle bringen wollte, die seit 1169 im Osten Irlands unabhängige Fürstentümer zu errichten versuchten (Beckett 71, 12f.). Auf einer weiteren Synode von Cashel im Jahr 1172 wurde die königliche Herrschaft über Irland kirchlich anerkannt, was die Zustimmung der irischen Diözesanbischöfe zu der vorausgegangenen Bulle *Laudabiliter* bedeutete. Hätte der römische Zentralismus noch eines anderen Beweises bedurft? Der Vertrag von Windsor (1175) zwischen Henry II. und dem Hochkönig Rory O'Connor machte Henry zum Lord of Ireland und erkannte Rory als König von Connacht an. Zwei Jahre später wurde Henrys Sohn John – von 1199–1216 König John (Lackland) – zum Dominus Hiberniae, Lord of Ireland, erklärt (Beckett 71, 14; Edwards 73, 51).

Es begann ein langsamer Durchsetzungsprozeß von der Ostküste her, der noch nicht als systematische Eroberung Irlands verstanden werden kann. Am Ende des 12. Jahrhunderts standen die weltanschaulichen, politischen und wirtschaftlichen Perspektiven für die totale Niederwerfung Irlands noch nicht zur Verfügung. Erste Widerstände gegen die neue Abhängigkeit von einem fremden König wurden artikuliert. Teile des irischen Klerus wurden benachteiligt, und die Eingriffe des Königs in die irische Kirche führten zu Erfahrungen, die man bisher nicht gekannt hatte. Der nationale Gegensatz zwischen Iren und Engländern trat unter der Oberfläche einer vereinheitlichten Kirchenstruktur, die den Interessen von Rom und Canterbury entsprach und vom normannisch-englischen König exekutiert wurde, immer klarer in Erscheinung. Der irisch-englische Gegensatz wurde zum Dauerkonflikt, der die Geschichte fortan belastete, wenn auch in der engeren zeitgeschichtlichen Perspektive am Ende des 12. Jahrhunderts nur sichtbar wurde, daß der Papst die traditionsreiche keltische Kirche endgültig „katholisiert" hatte.

Der irisch-englische Gegensatz war bis ins 16. Jahrhundert hinein lediglich der Bestandteil einer endemischen Situation, an die man sich gewöhnte, in der die Beteiligten ihre gesellschaftlichen Positionen aufgeben und verändern konnten und aus der heraus immer wieder neue innerirische Konstellationen eintraten.

Es bedurfte erst der Reformationen in England und Schottland, damit dieser latente irisch-englische Gegensatz zu einem geschichtsmächtigen Konflikt werden konnte. Denn erst der Konfessionsgegensatz zwischen anglikanischer und reformierter Konfession einerseits und der Romtreue der irischen Katholiken andererseits schufen im 16. Jahrhundert einander ausschließende, unvereinbare religiöse Identifikationsmöglichkeiten. Sie lieferten die Folie für den bis in die Gegenwart reichenden *irischen Konflikt*, der wegen seiner geschichtlichen Tiefendimension nicht auf einen „Konflikt in Nordirland" reduziert werden darf.

Die irische Bevölkerung wurde von der normannisch-irischen Eroberung nicht ausgerottet, da den im Spätmittelalter Handelnden wegen ihrer religiösen Einbindung dafür die kriminelle Disposition fehlte. Es setzte statt dessen der in der irischen Geschichte typische Prozeß ein, der die keltischstämmige Bevölkerung immer mehr nach Westen verdrängte:

Trotz ihres Drangs nach territorialer Ausdehnung versuchten die Normannen nicht, die irische Bevölkerung auszurotten. Sie waren damit zufrieden, das wertvolle Land an sich zu reißen und dafür den enteigneten Iren zu erlauben, auf dem armen Land zu bleiben oder sich auf ihm niederzulassen. Deshalb blieben viele gälische Familien in ihren alten Wohngebieten, auch wenn sie nur noch Teile davon behalten durften. Viele andere Familien wurden hingegen in angrenzende Regionen verdrängt, wobei sie ihrerseits oft die da ansässigen gälischen Bewohner verdrängten. (Edwards 73, 87; Übersetzung Vogt)

Im 13. Jahrhundert machte das Gebiet der englischen Lordschaft einen allmählichen Niedergang durch, während die irische Oberschicht in ihrem gälischen Selbstbewußtsein ihre Position neu stabilisierte. In dem Maß, wie sich die als Lehnsherren eingesetzten Eroberer dem englischen Königtum entfremdeten, wechselten sie die Front und assimilierten sich zunehmend an die keltische Gesellschaft. Eine neue Teilgruppe der irischen Oberschicht entstand: die kleine Schicht der Anglo-Iren.

Die begrenzten Versuche einer gälischen Erneuerung reichten sogar so weit, daß irische Sippenhäuptlinge sich infolge der jahrelangen Abwesenheit der englischen Lords (absenteeism) wieder als irische Könige verstanden (Beckett 71, 26).

Nachdem der schottische König Robert Bruce die Engländer 1314 bei Bannockburn besiegt hatte, dachte er an ein vereinigtes keltisches Königreich, das aus Schottland und Irland bestehen sollte. Für seinen Bruder Edward sah er ein irisches Teilkönigreich vor. Im Jahr 1315 begann Edward Bruce die schottische Invasion in Irland. Er eroberte 1315/16 Ulster und Connacht, scheiterte jedoch in Leinster. Edward wurde 1316 zum Hochkönig erklärt. Als Verstärkung kam Robert Bruce mit einer schottischen Streitmacht nach Irland und unternahm 1317 einen zerstörerischen Invasionszug durch den Osten Irlands, ohne daß er das befestigte Dublin anzugreifen wagte. Robert kehrte noch im gleichen Jahr nach Schottland zurück. Edward Bruce hielt sich in Nordirland auf, um 1318 zu einem neuen Zug nach Süden anzusetzen, bei dem er jedoch geschlagen wurde und fiel. (Beckett 71, 21–24; Edwards 73, 52–55)

Der erste Versuch einer schottisch-irischen Allianz gegen die englische Krone war gescheitert, wenn er auch die Schwäche der Lordschaft offengelegt hatte. Es blieb auch der einzige Versuch, weil die im 16. Jahrhundert erfolgende Konfessionsspaltung ein nochmaliges Zusammengehen von Schottland und Irland ausschloß. Die Irlandpolitik in Schottland und England war seit der Reformation gleichgerichtet.

Die Unsicherheiten der englischen Innenpolitik – so vor allem nach der Usurpation des Throns durch das Haus Lancaster, einer Nebenlinie der Plantagenets, im Jahr 1399 und während der Rosenkriege zwischen den Häusern Lancaster und York (1455–1488) – verhinderten eine starke Irlandpolitik der Krone. Seit 1446 war der Einflußbereich der Lordschaft von Irland auf eine 20-Meilen-Zone rund um Dublin eingeengt. Dieses Gebiet – in Irland Pale genannt – war zwar gut befestigt und somit auch uneinnehmbar, es war aber andererseits vollständig ausgegrenzt und ohne Einfluß auf das Geschehen in Irland. Die englischstämmigen Siedler außerhalb des Pale hatten sich der keltisch-irischen Gesellschaft angenähert. Die Anglo-Iren waren Iren geworden.

Der englische Einflußbereich hatte sich auf einen Brückenkopf reduziert, der erst unter den Tudorkönigen zum Ausgangspunkt einer massiven Eroberungspolitik werden sollte. Irland verharrte bis dahin in einem Machtvakuum.

Die Häfen von Dublin, Drogheda, Dundalk und Waterford standen der englischen Schiffahrt offen und boten freien Zugang für jeden englischen König, der bereit war, zur Wiederherstellung seiner Macht in Irland Truppen zu entsenden. Der Weg war frei für eine erneute Eroberung Irlands durch die Engländer – frei sowohl rechtlich als auch politisch. Aber die Bedeutung dieser Möglichkeiten wurde erst im 16. Jahrhundert erkannt. (Beckett 71, 35f.)

Das Jahr 1534 war der Wendepunkt der irischen Geschichte. Der Wandel der englischen Irlandpolitik unter Henry VIII. bedeutete,

daß die englische Krone von diesem Zeitpunkt an das Ziel verfolgte, ihren Machteinfluß auf die gesamte Insel auszudehnen. Dieser Prozeß wurde mit unterschiedlichem Einsatz und auf diplomatischem wie militärischem Wege in Gang gehalten; sein Hauptzweck war eher Verteidigung als Angriff, und doch wurde Irland gegen Ende der Herrschaft Elisabeths unterworfen. (Beckett 71, 46)

Der kommende Eingriff der Krone in Irland hatte seine machtlogische Voraussetzung im familiären Bereich des Königs. Hätte Henry VIII. sich nicht gegen geltende kirchliche Lehre scheiden lassen und gegen den Willen des Papstes Anne Boleyn zur zweiten Frau genommen, wäre die englische Reformation nie – oder jedenfalls nicht auf diese Weise – durchgeführt worden; hatte der König doch im Jahr 1521, also vier Jahre nach dem Beginn der lutherischen Reformation in Wittenberg, mit einer katholischen Verteidigungsschrift gegen Luther brilliert *(Assertio septem sacramentorum)* und dafür von Leo X. den Ehrentitel defensor fidei, Verteidiger des Glaubens, für ewige Zeiten verliehen bekommen. Der päpstliche Ehrentitel ist immer noch als „Fid. Def." oder kürzer als „F. D." auf den englischen Münzen nachzulesen.

So aber ließ sich Henry VIII. scheiden, heiratete Anne Boleyn und versuchte, diesen Bruch des Sakramentsrechts durch die Ausrufung seiner eigenen Nationalkirche, der *Church of England*, für sich folgenlos zu machen. Am 7. September 1534 gebar die neue Königin die zweite Tochter des Königs: Elizabeth. Der *Act of Supremacy* (Suprematsakte) legte im November 1534 fest, daß dem König als dem Oberhaupt der Church of England von allen Geistlichen und Beamten der Suprematseid als Anerkennung der umfassenden königlichen Oberhoheit zu leisten sei. Wer das nicht wollte oder konnte, verlor seine Ämter und durfte sich auch sonst nicht mehr sicher fühlen.

Die englische Reformation wurde aus privaten Gründen, die in der Person des Königs lagen, herbeigeführt. Aber was war schon im Leben eines Tudorkönigs des 16. Jahrhunderts „privat"? Die Reform der Kirche war ein staatsrechtlicher Akt, der den Bereich des Kirchlich-Religiösen politisch materialisierte. Der Act of Supremacy war ein königliches Machtinstrument, das seit 1534 tief in das Leben der Kirchen – katholische Kirche, anglikanische Church of England und calvinistische Church of Scotland – hineinreichte, weil er nach mittelalterlichem Weltbild Staat und Kirche als Einheit voraussetzte. Weitere kirchenpolitische Machtinstrumente der Krone wurden die beiden Fassungen des anglikanischen *Book of Common Prayer* von 1549 und 1552 und der *Act of Uniformity* von 1552, der die Form des anglikanischen Gottesdienstes verbindlich festlegte. Book of Common Prayer und Act of Uniformity wurden unter Henry's Sohn Edward VI. (1547–1553) erlassen (Kluxen 76, 208).

Die im englischen Parlament beschlossene Auflösung der Klöster galt auch für Irland. Die Landbesitzer irischer und anglo-irischer Herkunft stimmten dem gern zu, da sie als Folge dieser Enteignungspolitik ihren eigenen Landbesitz vergrößern durften. Unter der Formel „Unterwerfung und Belehnung" (Surrender and Regrant) wurde den irischen Führern vorgeschlagen, ihre Herrschaftsgebiete an Henry VIII. zu übertragen und sie im Gegenzug wieder als Lehen von ihm entgegenzunehmen. Denen, die sich auf das Angebot einließen, wurde ein königlicher Pardon gewährt. Im Fall der Unterwerfung sollten die irischen Führer versprechen, die englischen Gesetze anzuerkennen, dem Papst abzuschwören sowie englische Sprache und Sitten anzunehmen.

Die Annahme des englischen Rechts würde den irischen Fürsten mehrere Vorteile bringen. Der *ganze* Lehnsbesitz gehörte nach der neuen Ordnung dem Lord, während nach dem bisherigen irischen

Landrecht nur der wesentlich kleinere Familienbesitz das Eigentum der adligen Familie war. Auch konnte der englische Lord den Gesamtbesitz an seinen ältesten Sohn vererben, während nach irischem Recht der Nachfolger von der Stammesgemeinschaft zu wählen war. Wenn sich die irischen Fürsten also der Krone unterwarfen, dann hatten sie die Ausweitung des Einflusses der eigenen Familie im Sinn.

Der Nachteil des neuen Landrechts war, daß die Krone im Fall einer Rebellion den ganzen Besitz eines Fürsten konfiszieren konnte – und Aufstände gegen die englische Herrschaft gehörten in Irland zur Tagesordnung. Eine weitere, allerdings inner-irische Komplikation bestand darin, daß einige Großstämme ihren obersten Führer weiterhin nach dem alten Recht wählten, daß aber die Teilführer, die schon nach englischem Recht belehnt worden waren, gegen diese Wahlergebnisse ankämpften und die irischen Stämme so in lähmende Auseinandersetzungen über ihren rechtmäßigen Führer hineingezogen wurden.

Doch wer dachte schon zu einem Zeitpunkt, in dem das königliche Angebot gemacht wurde, an die nachteiligen Folgen, die sich aus dem Übergang von einer in die andere Rechtsordnung ergaben? Was zunächst allein zählte, war die Bestätigung der eigenen Familie in ihrem Besitz. Um ein Beispiel zu nennen: Conn O'Neill, der wichtigste Führer in Ulster, reiste nach London und kam als Earl of Tyrone zurück. (Beckett 71, 50; Collins 69, 20f.) Als Henry VIII. starb, waren vierzig irische Führer den Weg des Surrender and Regrant gegangen.

Auch Henry VIII. kam zu einem neuen irischen Titel, der die Rechtsgrundlage für die endgültige Eroberung Irlands schaffen sollte. Um die neue Stärke der Krone zu demonstrieren, wurde 1541 in Dublin ein Parlament einberufen, das den englischen König zum König von Irland wählte. Anwesend waren zwei Earls, drei Viscounts, sechzehn Barone, zwei Erzbischöfe, zwölf Bischöfe, weitere Abgesandte und viele andere Adelige, die ihre Zustimmung zum Ausdruck brachten. Dem Ganzen mußte nur noch ein öffentlicher und religiöser – allerdings papstfreier – Rahmen gegeben werden:

Am nächsten Tag wurde der neue Herrschaftstitel öffentlich in der St. Patricks-Kathedrale verkündet, nachdem der Erzbischof von Dublin eine feierliche Messe gelesen hatte. Auf diese Weise hatte Heinrich allen klar vor Augen geführt, daß sein Anrecht auf Irland von päpstlichen Konzessionen nicht abhängig war – in Anbetracht seiner Kirchenreformen war ja eine Berufung auf den Papst so wenig logisch wie ratsam. (Beckett 71, 51)

An der englischen Reformation, die auf dem Act of Supremacy aufbaute und in den Beschlüssen des Dubliner Parlaments von 1541 auf Irland übertragen worden war, waren die Iren weder ihrem Zustandekommen noch ihrem Verlauf nach beteiligt gewesen. Die irische Kirche war auch noch nicht reich und volksfern genug, als daß sie bei der Bevölkerung bereits unüberwindliche Ressentiments ausgelöst gehabt hätte.

In Irland war am Anfang überhaupt keine besondere Verbundenheit mit der Politik des Papstes zu erkennen, da das Papsttum in der Vergangenheit stets auf seiten der Krone gestanden hatte, wenn es um die englische Irlandpolitik ging. Erst der Versuch, die kirchliche Lehre und Liturgie in Irland durch den Rückgriff auf den Act of Supremacy zu verändern, löste entschiedene Abwehrreaktionen aus. Hier bildete sich bereits das Unterscheidungsmerkmal ab, das in den kommenden Jahrhunderten den Konflikt zwischen Irland und England/Großbritannien stabilisieren und in einer starren Struktur konservieren sollte: die Iren als die von England Unterdrückten blieben katholisch, und ihre Zwingherren waren protestantisch.

Edward VI. wollte die kirchliche Neuordnung ohne Parlament – wie es noch sein Vater 1541 getan hatte – und ohne kirchliche Synode durchsetzen. Er ließ das *Book of Common Prayer* 1549 in Dublin drucken – das erste in Irland gedruckte Buch überhaupt – und seine kirchliche Verwendung anordnen. Der Erfolg dieser Maßnahme überzeugte nicht:

Außer in den Städten und Dörfern des englischen Siedlungsbezirks und einigen Gemeinden auf irischem Territorium hatte diese Verordnung kaum eine Wirkung. Im größten Teil des Landes verliefen die Gottesdienste auf herkömmliche Weise. Selbst innerhalb des englischen Siedlungsbezirks fand man sich mit diesen Änderungen keineswegs überall ab. Unter vielen Iren und Anglo-Iren breitete sich Widerspruchsgeist aus, und die wenigen begeisterten Reformer unter den Bischöfen fanden kaum Unterstützung. Viele der Bischöfe und weltlichen Fürsten, die den königlichen Supremat unter Heinrich VIII. anerkannt hatten, waren nun – wie auch in England – dazu bereit, die Autorität des Papstes erneut zu respektieren, um sich auf diese Weise gegen die vermeintlich frevelhafte Veränderung der Kirchenlehre zur Wehr zu setzen. (Beckett 71, 56)

Eine neue Wende ergab sich in der Regierungszeit der Königin Mary Tudor (1553–1558). Sie war die Tochter der Katharina von Arragon, der ersten Gemahlin von Henry VIII. Katholisch erzogen, heiratete sie 1554 Philipp II. von Spanien, blieb jedoch kinderlos (Kluxen 76, 204f.).

In England vertrat Mary Tudor eine rigorose Politik der katholischen Restauration. Etwa dreihundert Protestanten – zumeist einfache Leute aus der Gegend um London – wurden als Häretiker verbrannt, was Mary den unrühmlichen Namen Maria die Blutige, Bloody Mary, eintrug.

Ganz anders verlief die Irlandpolitik der Bloody Mary. In Irland wurden nämlich keine Scheiterhaufen angezündet – allein schon aus dem Grund, daß die Zahl der Protestanten in Irland viel zu gering war. Mary Tudor war dauernd mit Kämpfen gegen die aufständischen Iren befaßt, obwohl mit der neuen Königin die Phase der Konfessionsspaltung einstweilen noch einmal aufgeschoben war. Der irische Widerstand gegen die katholische Königin war ein Beweis dafür, daß die konfessionelle Spaltung nicht der entscheidende Grund für den irisch-englischen Konflikt war. Dessen wahren Ursachen lagen stets in den nationalen und politischen, später dann in den wirtschaftlichen Gegensätzen zwischen den Konfliktpartnern.

Der frühe Tod von Mary Tudor brachte ihre Halbschwester Elizabeth auf den englischen Thron (1558–1603). Elizabeth kehrte sogleich wieder zu der protestantischen Kirchen- und Irlandpolitik ihres Vaters zurück.

1560 wurde in Dublin ein Parlament einberufen, das den Act of Supremacy und den Act of Uniformity gegen große irische Widerstände erneut in Kraft setzte (Beckett 71, 57). Die konfessionelle Situation Irlands blieb diffus, und Elizabeth ging sogar im Pale, dem englischen Siedlungsbezirk, nicht das Wagnis ein, sich die königstreuen Anglo-Iren durch eine harte Kirchenpolitik zu entfremden. Im Ergebnis war der Versuch gescheitert, die anglikanische Reformation in Irland einzuführen:

Die Bischöfe und die niedere Geistlichkeit legten im allgemeinen keinen überwältigenden missionarischen Eifer an den Tag, und zahlreiche Pläne, die Bibel und das Gebetbuch auf irisch zu veröffentlichen, wurden solange hinausgezögert, bis es zu spät war. Denn da die reformierte Geistlichkeit so wenig Unternehmungsgeist zeigte, traten an ihre Stelle Jesuiten und Missionspriester vom Festland, die in Zusammenarbeit mit den Bettelmönchen die religiösen Bindungen der katholischen Gläubigen so verstärkten, daß der Katholizismus seither ein wesentliches Merkmal der Bevölkerungsmehrheit in Irland darstellte. (Beckett 71, 58)

Beckett formuliert dabei noch überaus zurückhaltend, wenn er den Katholizismus lediglich als ein „wesentliches Merkmal" der irischen Bevölkerungsmehrheit bezeichnet. Am Ende des 20. Jahrhunderts gehören immer noch 93 Prozent der Bevölkerung dem südirischen Katholizismus an.

In der St. Patrick's Cathedral war der englische König 1541 in einer feierlichen Messe vom Erzbischof von Dublin in seinen neuen Titel des Königs von Irland eingewiesen worden. Vierhundert Jahre danach ist dieselbe Kirche für Böll – im „Irischen Tagebuch" – nur noch ein abweisender, leerer Raum, der den Moder von Jahrhunderten umschließt. Der Bettler vor der Tür von St. Patrick beeindruckt Böll viel mehr, der Bettler aber war katholisch:

An Swifts Grab hatte ich mir das Herz erkältet, so sauber war St. Patrick's Cathedral, so menschenleer und so voll patriotischer Marmorfiguren ... Regimentsfahnen hingen nebeneinander, halbgesenkt: rochen sie wirklich nach Pulver? Sie sahen so aus, als röchen sie danach, aber es roch nur nach Moder, wie in allen Kirchen, in denen seit Jahrhunderten kein Weihrauch mehr verbrannt wird; es war mir, als würde mit Eisnadeln auf mich geschossen, ich floh ... Vor der Kathedrale stand ein irischer Bettler, der erste, dem ich begegnete ...

Der irische Machiavelli von Cashel

Auf dem Weg zwischen Dublin und Cork trifft der Reisende in County Tipperary auf eine hochliegende Ruinenstadt. Sie ist auf einen Felsen gepackt, von einem Rundturm überragt und weithin sichtbar wie das himmlische Jerusalem. Das ist Cashel auf dem St. Patrick's Rock – wo in Irland geht es nicht um St. Patrick? – mit der zwischen 1235 und 1270 gebauten gewaltigen Kathedrale der Erzbischöfe von Cashel. Schon seit dem 4. Jahrhundert lebten in Cashel die Könige von Eoghanacht, die die Oberlordschaft über die südliche Hälfte Irlands beanspruchten und mit den Uí Néill in Konkurrenz standen, die von Tara aus die Oberlords des Nordens Irlands waren.

Hundert Jahre älter als die Kathedrale ist die kleine Cormac's

Chapel, die von König Cormac MacCárthaigh 1127 begonnen und 1134 geweiht wurde. Cormac's Chapel ist die *älteste romanische Kirche Irlands*, versehen mit normannischen Stilelementen und geschmückt mit alten Fresken. Cashel Rock ist ein wunderbarer Ort.

Während des Baus waren vier Mönche des Regensburger Schottenklosters St. Jakob in Cashel, die für ihr bayerisches Kloster in Irland Spenden auftreiben wollten, war doch St. Jakob im 12. Jahrhundert das Zentrum der irischen Mönche auf dem Kontinent geworden (Schwaiger 93, 406). Dirmicius, der irische Abt von St. Jakob in Regensburg, hatte die vier Mönche auch deshalb geschickt, damit sie beim Bau der Cormac's Chapel mithelfen sollten. Manche Bauteile der Cormac's Chapel – etwa die romanischen Lisenen der Außenwände – erinnern an die aufgesetzten Bogenmuster am Außenwerk von Kaiserpfalzen. Ihr Inneres könnte auch in einer Kirche der rheinischen Romanik auftauchen, was sich wiederum aus den bayerischen Anregungen während ihres Baus gut verstehen läßt.

Der Sitz der Erzbischöfe von Cashel liegt in einem fruchtbaren Landstrich Irlands. Reisende des 18. Jahrhunderts nannten Cashel „a fair town, but a poor city", obwohl die Bevölkerungszahl von Cashel damals so groß war wie die von Winchester, der alten englischen Hauptstadt. In der Tudorzeit hatte man in England sogar Angst vor Irland, weil die irische Bevölkerungszahl nur wenig niedriger war als die Englands. (Jackson 74, 30)

Beim Übergang von den Tudors zu den Stuarts lebte auf St. Patrick's Rock der Erzbischof Miler MacGrath (oder Magrath), den sie bis heute – die wenigen Protestanten und die vielen Katholiken – den „scoundrel of Cashel", den „Schurken von Cashel" nennen. Warum dieser Name? Weil dieser Erzbischof, der von 1522 bis 1622 lebte, ein Mann irgendwo zwischen Machiavelli und den Borgias war? Auf Machiavellis klassizistischem Sarkophag in Santa Croce in Florenz steht zu lesen: „Tanto nomini nullum par elogium" (Einem solchen Mann wird kein Lob gerecht). Ein ähnlicher Satz könnte auch auf Miler MacGraths Grabstein stehen, wenn der alte Erzbischof sich nicht einen anderen Text ausgedacht hätte. Ein Grenzgänger war er zwischen katholischer und anglikanischer Hierarchie, der ohne Parallele ist. Miler MacGrath ist die schillerndste Figur der irischen Kirchengeschichte und das Produkt ihrer Dilemmata.

Milers Vater war ein niedriger Häuptling in Nordwestirland gewesen, und er war der erenach des St. Patrick's Purgatory auf einer kleinen Insel in Lough Derg, nahe bei Donegal. Das St. Patrick's Purgatory war seit dem 12. Jahrhundert das Ziel einer europaweit bekannten Wallfahrt. Der heilige Ort lag in einer Höhle, in der St. Patrick die Erscheinung des Fegfeuers gehabt haben soll, nachdem er – wie schon einmal auf dem Croagh Patrick – vierzig Tage lang gefastet hatte. Die Gründungslegende des Purgatoriums in Lough Derg soll Dante zu der Darstellung seines *inferno* angeregt haben. Die Höhle auf der Insel ist im 17. Jahrhundert zwar zugeschüttet worden, was fromme Iren jedoch nicht daran hindert, sommers immer noch zu den dort abgehaltenen harten Fastenritualen zu reisen.

Der *erenach* war ein unbedeutendes kirchliches Laienamt. Daß Milers Vater dieses Amt innehatte, war die Voraussetzung dafür, daß Miler MacGrath in kirchlichem Sinne sozialisiert war (Jackson 74, 2f.). Miler wurde konsequenterweise Franziskaner und verbrachte Abschnitte seines Ordenslebens in Spanien und den Niederlanden. Erst am 12. Oktober 1565 tauchte er aus seiner franziskanischen Anonymität auf: Miler wurde in Rom durch Papst Pius IV., genau zwei Monate vor dem Tod dieses Papstes, zum Bischof der Diözesen von Down and Connor geweiht.

Der Anfang des Bischofs Miler MacGrath reflektiert die einzigartige kirchenrechtliche und politische Situation, die unter den Tudorkönigen für Irland eingetreten war.

MacGrath wurde in die Verwaltung eines verarmten Kirchengebiets eingesetzt, über das Erzbischof George Dowdall von Armagh kurz vor seinem Tod im Jahr 1558 geschrieben hatte:

> A man may ryde southe, weste, and northe for miles and see neither house corne ne cattell ... many hundreds of men wymen and chilldren are dedde of famyne.
> (Ein Mann kann viele Meilen nach Süden, Westen und Norden reiten, ohne je ein Haus, Getreide und Vieh zu finden. ... viele Hunderte Männer, Frauen und Kinder sind Hungers gestorben.) (Jackson 74, 12)

Erzbischof Dowdall war aus seinem französischen Exil zurückgerufen worden und von Königin Mary Tudor bei ihrem Regierungsantritt 1553 wieder in das Erzbistum Armagh eingesetzt worden. Kurz vor seinem Tod hatte er sich in einem Brief an die Königin darüber beklagt, daß die Truppen des Lord Deputy, der die Krone in Irland vertrat, in gotteslästerlicher, bilderstürmerischer Weise – und ganz sicher gegen die erklärte Kirchenpolitik der katholischen Königin – Armagh angegriffen hätten:

They have latly burned and spoyld my poor see of Ardmachan with three churches and certain Imags in the same beside books and westmts (vestments).
(Vor kurzem haben sie meinen armen Sitz von Armagh verbrannt und zerstört, nämlich drei Kirchen und Heiligenbilder nebst Büchern und Gewändern.) (Jackson, ebd.)

Mary Tudor lud den Lord Deputy und Dowdall nach London, um die Angelegenheit zu klären, doch vor dem Treffen starben die Königin und der Erzbischof. Damit waren die Probleme noch verwikkelter als zuvor. Jetzt war nämlich auf einmal die anti-katholische Elizabeth auf dem Thron und schickte sich an, die Politik ihrer glücklosen Vorgängerin und Halbschwester wieder in die protestantisierende Richtung umzudirigieren.

Wer war in dieser merkwürdigen Übergangsphase dafür zuständig, den nächsten Erzbischof von Armagh und die anderen Bischöfe einzusetzen: der Papst oder Elizabeth? Oder würden beide ihre je eigenen Kandidaten einsetzen, so daß sich konfessionell gespaltene Bischofslinien ergeben würden? Das letztere war der Fall.

Am 23. März 1564 ernannte der Papst den Richard Creagh, der aus Limerick stammte, zum Erzbischof von Armagh. Bereits 1562 hatte Königin Elizabeth den Adam Loftus zu ihrem Erzbischof erhoben. Zwei Jahre vor dem Papst – war der Dienstweg zwischen London und Armagh kürzer gewesen?

Genau in dieser Zeit hatte der national-irische Führer Shane O'Neill – „John O Nelle the wyld Yrishman, the grette O Nelle of Yrland" – den Papst gebeten, seinen dreiundzwanzigjährigen – und ungebildeten – Bruder zum Bischof von Down and Connor zu ernennen. Pius IV. kam diesem Ansinnen nicht nach, denn am 12. Oktober 1565 bekam die vakante Diözese den in Europa erprobten Franziskaner zum Bischof. (Jackson 74, 13) In Rom wurde Miler MacGrath auf „eigene Kosten des Papstes" geweiht. Er war mit seinen dreiundvierzig Lebensjahren fast doppelt so alt wie der Bewerber aus dem Stamm der O'Neills, und er sollte noch siebenundfünfzig Jahre vor sich haben, um sich allmählich zum „Schurken von Cashel" zu entwickeln.

Noch nicht zwei Jahre später schrieb Thomas Lancaster, der anglikanische Primas von Irland und Erzbischof von Armagh, an Elizabeths Lord Treasurer, daß sich der Bischof von Down, der erst kürzlich aus Rom gekommen sei, demütig der Krone unterworfen habe. Es ist nicht aufklärbar, wie es zu Milers schneller Hinwendung zu dem neuen Glauben kam. Gleich zu Beginn der bischöflichen Karriere ein „Verrat“, der das scharfe Urteil „scoundrel“ als richtig erscheinen läßt? Oder kluge Einsicht in die kommende Entwicklung, nachdem der Supremat der Königin seit 1560 wieder bestand? Ein früher Ökumeniker in einem von konfessioneller Auseinandersetzung geprägten Land, der gleicherweise katholisch und anglikanisch ein Bischof sein wollte? Oder bloß ein Karrierist, der stets auf den eigenen Vorteil sann und zum Märtyrer nicht geboren war? Also doch nur ein „scoundrel“?

Miler mußte warten, denn in London war lange nicht klar, was aus ihm werden sollte. Er reiste selbst nach London und wartete da auf eine Entscheidung. Er wohnte bei dem Bischof von London – und fiel diesem allmählich zur Last. In den Papieren von Sir William Cecil Lord Burghley, dem Lord Treasurer der Königin, steht unter dem 20. Februar 1570: „Irland: der irische Bischof soll wieder nach Irland geschickt und dort irgendwo eingesetzt werden.“

Miler hatte noch manches zu unternehmen, ehe seine Angelegenheiten geklärt waren. Von der Königin erbat er sich über den Privy Council, daß ihm die kleineren Pfründen, die er vom Papst erhalten hatte, belassen werden mochten. Er sei

> in diesem großartigen (glorious) Königreich jeder menschlichen Hilfe verlustig gegangen, so sehr, daß ich niemanden habe, von dem ich eine Gabe oder einen Geldbetrag erhalten kann, noch kann ich nach Hause reisen, wenn nicht mit einer Zuwendung von Ihrer Majestät Güte und Großmut.

Am 13. September 1570 wurde Miler MacGrath, ohne daß er beim zweiten Mal den Umweg über Rom machen mußte, vom Bischof von Clogher berufen. Diese Diözese lag zwischen der Mitte und dem Nordwesten Irlands, umfaßte ein verhältnismäßig großes Gebiet und war sogar für das St. Patrick's Purgatory im Lough Derg zuständig, wo Miler MacGrath seinen spirituellen Weg begonnen hatte. (Jackson 74, 16–19)

Weil kulturelle Umbrüche, gesellschaftliche Revolutionen und neuentstandene Institutionen auch stets die Voraussetzung für steile

Karrieren sind, war Miler MacGrath's Aufstieg in der anglikanischen Hierarchie geradezu vorprogrammiert. Die Anwendung dieser allgemeinen Einsicht bedeutete in seinem Fall: 1571 wurde der Bischof von Clogher zum Erzbischof von Cashel.

Das erste, was Miler in Szene setzen mußte, war ein gewisses Maß an Eifer und Loyalität gegenüber der neuen Herrin und den neuen Herren, würden doch diese in Irland wie im fernen London darauf sehen, was sich auf und um Cashel Rock hinfort täte. Ein wenig Hexenjagd auf arme Katholiken gehörte sicher dazu. Also fand Miler auch zwei harmlose Mönche, die zufällig im Städtchen Cashel lebten. An ihnen wollte er seine loyale englische und anglikanische Gesinnung demonstrieren.

Er schrieb an den Lordkanzler Weston nach London – denn bis dorthin mußte die Tatkraft des neuen Erzbischofs ja vernommen werden! – und berichtete von der erfolgreichen Inhaftierung der beiden Ordensbrüder. Der eine habe gegen die Königin gepredigt, und der andere habe päpstliche Bullen und andere aufrührerische Schriften aus Rom importiert. Das konnte wahr sein; aber wahrscheinlich war es um der Wirkung willen erfunden.

Kurz danach erhielt Miler am 19. Juli 1571 einen flammenden Protestbrief des James Fitzmaurice Fitzgerald, der ein niedriges politisches Amt unter den lokalen Iren – er war Captain of Desmond – innehatte und ein paar Meilen vom Sitz des Erzbischofs im Tal von Atherlow lebte. Fitzgerald forderte die sofortige Freilassung der beiden Mönche, weil sie wegen des Mangels an guten Pfarrern dringend benötigt wurden, und drohte dem Erzbischof üble Folgen an:

> Tust Du es nicht, dann passe nicht nur auf Deinen eigenen Leib auf, sondern auch auf Dein Eigentum, auf Deine Anhänger und auf alle, die Dir aus Gehorsamspflicht Pachten und andere Gebühren zahlen. Rücksichtslos will ich brennende Kohlen in ihre Wohnhäuser und sonstigen Gebäude schleudern und, mit Gottes Willen, sie alle zu Ruinen machen und zerstören. ... Nimm darum klugen und nüchternen Rat an für das, was Du tust. (Jackson 74, 20f.; Übersetzung Vogt)

Das war ein starker, das war ein harter Brief, der einem furchtsamen Erzbischof, der erst kurz im Amt war, schon Angst einjagen konnte. Nicht so dem Miler MacGrath, zumal es in dieser Sache auch keinen show-down gab.

Die Sache verlief ganz anders als erwartet – und nach dem Muster, das sich im Leben Milers immer einstellte. Im nächsten Schritt wurde Cashel Rock von Edward Butler, der zu den mit Fitzgerald verbündeten Iren gehörte, überfallen. Die beiden Mönche wurden befreit und weggebracht. Fitzgerald hätte über die Folge seines Brandbriefes zufrieden sein können, wenn die Angelegenheit sich nicht überraschend weiterentwickelt hätte.

Miler MacGrath schrieb jetzt dem Lord Deputy in Dublin einen Brief, den er gar nicht mehr in London gelesen haben mochte. Die unter Anwendung von Gewalt befreiten Mönche waren, wie sich herausstellte, unschuldig und ohne jeden politischen Einfluß. Butler hingegen hatte den Überfall nur als Vorwand benutzt, um mit dem Erzbischof zusammenzutreffen. Er bat Miler, sich bei den Autoritäten in Dublin für ihn einzusetzen. Butler wollte nämlich die Seiten wechseln. Er bat um den Pardon der Königin und um ihren Schutz. Als Gegengeschäft wollte er Fitzgerald als Gefangenen einliefern oder ihn – wenn das besser gefiele – binnen eines Monats ermorden.

Wie stand die Angelegenheit – so verwirrend sie war – inzwischen? Die Mönche waren wieder frei. Ein Überläufer war in den Schutz der Königin geflüchtet. Der Drohbrief Fitzgeralds hatte für den Erzbischof keine negativen Folgen, und der Erpresser selbst wurde nicht ermordet. Alle waren auf ihre Kosten gekommen, und der Erzbischof von Cashel konnte sein hohes Amt in der Gewißheit fortsetzen, sich in den Augen der vorgesetzten kirchlichen und königlichen Stellen bewährt zu haben.

Miler MacGrath widmete sich daraufhin zunächst seinen privaten Dingen. Er heiratete 1575, als er gerade dreiundfünfzig war, eine Ane (oder Anne, Annie, Amy) O Meara von Lissinskey. Aus der Ehe entstammten neun Kinder: Turlogh, Redmond, Bryan, Marcus und James einerseits, Mary, Cecilia, Ann und Ellice andererseits. Ihre Mutter blieb zeitlebens eine fromme Katholikin und ließ sich von Eugene O'Duffy, einem Franziskaner, seelsorgerlich betreuen.

Dieser Franziskaner im engen Umfeld der erzbischöflichen Familie schrieb wiederum eine Sammlung von Spottgedichten. Darin setzte er sich genüßlich mit dem Familienstand Milers auseinander. In einer Strophe hieß es:

> Er ist nicht der Miler der Maria, sondern der Miler von Annie, der seinen Glauben gegen Fleisch am Freitag tauschte. (Jackson 74, 24)

Auf englisch klang das Wortspiel noch pikanter:

He is not the Myler of Mary but the Myler of Annie.

Wie O'Duffys Liedchen von 1577 auf irisch geklungen haben mag, entzieht sich unserer Kenntnis. Aber wir können gut begreifen, daß Miler MacGrath eigentlich erst die Negativbeispiele lieferte, an denen sich die irisch-katholischen Denkkategorien über die Priesterehe formten. In neuester Zeit hat sich der diesbezügliche Rigorismus etwas gemildert, zumal es irische Beispiele gibt, die sich der Praxis Milers wieder annähern.

Die Kampfargumente – er wende sich von der Jungfrau Maria ab und einer weltlichen Annie zu, das Fleischverbot an Freitagen mißachte er – haben dazu beigetragen, daß Erzbischof MacGrath im Volksmund und in der Kontroverstheologie seiner Zeit zum „Schurken" hochstilisiert wurde. Man kann die Dinge aber auch ganz anders sehen. Bewies Miler nicht gerade einen gelassenen Antidogmatismus, der einem „Schurken" gar nicht anstand, wenn er den bissigen Verseschreiber O'Duffy als Beichtvater Annies ertrug?

Im Jahr 1582 war ein Verwandter Milers, Dermod MacGrath, der päpstliche Bischof in Cork geworden. Dermod blieb auf seinem Bischofssitz, der nicht weit von Cashel entfernt lag, bis nach dem Tode Elizabeths. In offiziellen Schreiben betonte Miler stets, daß er dem illegalen Bischof von Cork nachstelle und ihn dingfest zu machen suche. Doch was konnte er daran ändern, daß die englische Macht im Lande so schwach war, und er selbst sich durch die Präsenz der päpstlichen Sendboten dauernd gefährdet fühlte? Auf jeden Fall hatte Dermod MacGrath nie unter den Nachstellungen des anglikanischen Erzbischofs von Cashel zu leiden.

Das Gefühl der Bedrohung, das Miler äußerte, scheint plausibel zu sein, und auch wieder nicht. Der Papst enthob Miler im März 1580 endlich seiner alten Diözese Down and Connor, die er 1565 in Rom erhalten hatte. Der Papst begründete das mit „Häresie und vielen anderen Verbrechen". Eine kirchenrechtliche Drohung stand schon hinter dieser Wendung, ohne daß jemand mit Milers Natur übermäßig besorgt sein mußte. Wer war also Miler MacGrath? „Schurke", gerissener Taktiker, heimlicher Papist oder Spieler, der sich in den vielen Wirren der Zeit geschickt zurechtfand?

Im August 1591 – das war bis auf den Monat genau drei Jahre nach der Niederlage der Armada – trugen der Dekan, der Erzdekan und der Kanzler der Kathedrale von Cashel in Dublin Klagen gegen den Erzbischof vor. Der habe einen Wald abgeholzt, der dem Kathedralkapitel und dem Dekan zustände. Hundert Eichen und Eschen seien es gewesen, um damit „his great new house in Cashel“ (Jackson 74, 32) zu bauen. Miler antwortete dem Muster entsprechend, das er zeitlebens anwandte. Einmal konnte er ablehnen, mit einer Sache überhaupt etwas zu tun zu haben. Wenn er dann jedoch eine Sache zu verantworten hatte, dann wollte er zu seinem Handeln auch berechtigt gewesen sein. Im Fall der strittigen Bäume war Milers Antwort, daß sie aus Waldstücken gekommen seien, die zu den Pfründen des Erzbischofs gehörten.

Im gleichen Jahr gab es noch weitere Schwierigkeiten, weil MacGrath, der inzwischen neunundsechzig Jahre alt war, ohne die Zustimmung des Lord Deputy nach London gereist war. Außerdem wurde eine ganze Liste von Anschuldigungen vorgelegt, die ein Bürger von Cashel, Edmond Fleming, vorbrachte, die von anderen Zeugen bestätigt waren und über Jahre zurückreichten (Jackson 74, 38–40).

Aus dieser Liste mit Anschuldigungen sei die sechste herausgegriffen, weil sie kirchengeschichtlichen Tiefgang hat. Der Erzbischof sollte zwei katholische Bischöfe beherbergt haben, die seine Kinder tauften. Als ihm die öffentliche Kritik an diesem Vorgang zugetragen wurde, habe er Bischof Morietagh von Emly inhaftieren und nach Dublin Castle bringen lassen, wo der Gefangene gestorben sei.

Miler fiel die Verteidigung in diesem Fall besonders leicht. Als Erzbischof der Church of England sei er beauftragt, sich mit Verrätern abzugeben, um sie nach Möglichkeit von ihrem Irrglauben abzubringen. Er führe mit den Katholiken Glaubensdiskussionen, „um sie von ihren Irrtümern wegzutreiben und sie zu Gott und zum Gehorsam gegenüber Ihrer Majestät“ zu bringen. Außerdem möge der Lord Deputy selbst beurteilen, ob es eine Unterstützung des Papismus sei, wenn er, der Erzbischof von Cashel, den Bischof von Emly gefangen nach Dublin Castle gesandt habe. Nein, das war auch in den Augen des Vertreters der Krone kein Papismus.

Und was die Taufe der Kinder anbetraf, so seien die in Waterford, vierzig Meilen entfernt, in der Schule gewesen. Unangenehmerweise – und gegen Milers Willen – hätten jedoch einige Freunde, die irrtümlich meinten, das würde ihm als Vater gefallen, die Kinder von einem katholischen Bischof firmen, nicht taufen, lassen. Da seine Frau mit der Sache zu tun gehabt habe, habe er sie nach Dublin gebracht, wo sie vor dem High Commissioner for Ecclesiastical Causes verhört worden sei. Sein eigenes Kreuzverhör sei so streng gewesen, daß sie sogar eine Fehlgeburt erlitten habe, an der sie fast gestorben sei. Niemand könnte ihn beschuldigen, auf der falschen Seite zu stehen.

Die Formeln stimmten immer. Wer im ganzen Königreich der Elizabeth wollte diesem schlauen Fuchs auf Cashel Rock beikommen? War er der praktisch handelnde Machiavelli à la irlandaise, oder war er eher ein selbstbewußter irischer Bischof, der sich in einer Zeit des Umbruchs auf einmal als anglikanischer Erzbischof wiederfand? Er trat aristokratisch-souverän auf, und er leitete das von seiner Abstammung aus dem niederen irischen Adel ab. Oder war es die Schwäche der ihn umgebenden Institutionen, die ihn zu dem machten, der er war?

Das kirchliche Leben Irlands definierte sich im 16. Jahrhundert nach wie vor aus der vorprotestantischen Zeit, und es reichte weit zurück in die keltische Vergangenheit. Alle mußten erst lernen, was der neue Unterschied der Konfessionen bedeutete. Für eine Zeit waren die Übergänge fließend, und Miler MacGrath war ein besonders einleuchtendes Beispiel dafür. Die ganzen Unterschiede traten nur allmählich ans Licht. Die theologischen Gegensätze wurden erst langsam ins theoretische Bewußtsein erhoben.

In den Städten waren die Jesuiten, die Vertreter des gerade erst gegründeten Ordens, angekommen. Ihr römisch-zentralistischer Ansatz machte sie zu unbequemen Widersachern der Tudorreformation. Der Gottesdienst der Landbevölkerung, die nicht an einer intellektuellen Predigt interessiert war, lag in den Händen der Franziskaner und anderer Orden.

Die Verhältnisse in Irland waren leider nicht so, wie sie sich Edmund Spenser, der englische Dichter, der eine Zeitlang als Sekretär des Lord Deputy in Dublin war, gewünscht hätte. Er schrieb 1596 in *A View of the Recent State of Ireland*:

Es verwundert stark, den unterschiedlichen Eifer der Papsttreuen und der Prediger des Evangeliums zu sehen. Die einen scheuen sich nämlich nicht, die anstrengende und gefährliche Reise von Spanien und Rom hierher zu machen, wo sie doch wissen, daß sie in Irland nur Todesgefahr, aber keine Reichtümer finden können. Sie tun das nur deshalb, um die Menschen in die Kirche von Rom hineinzuziehen. Auf der Gegenseite lassen sich einige faule Pfarrer, denen ihre Einkünfte ohne Anstrengungen und Gefahr zur Verfügung stehen, weder um dieser Vorteile willen noch um der Liebe Gottes willen aus ihren warmen Nestern locken, um sich der Ernte Gottes zu widmen. Dabei ist dieselbe doch bereit für die Sichel, und die Felder stehen schon lange gelb da. (Jackson 74, 28; Übersetzung Vogt)

Spensers massive Kirchenkritik, die auch auf einige Gründe für das Scheitern der Tudorreformation hinweist, läßt sich durch eine Quelle aus der irischen Provinz und aus dem irischen Alltag ergänzen. John Shearman, ein protestantischer Schulleiter in Waterford, schrieb am 12. Juli 1585 dem Erzbischof von Armagh, warum er von Waterford weggehe:

Kein Paar über zwanzig ist nach den Vorschriften Ihrer Majestät verheiratet. Sie werden statt dessen zu Hause bei einer Messe verheiratet. Ihre Kinder taufen sie nur in ihren Häusern, entweder durch einen Priester – oder die Frauen taufen ihre Kinder selbst, was wiederum die Reichsten nicht wollen. Wenn sie es bestimmen können, bestatten sie ihre Toten nicht, sondern werfen sie wie Schweine in ein Grab, ganz ohne Gottesdienst und Pfarrer. Wenn sie zur Kirche kommen, laufen sie wie Mühlengäule. Sie sind unruhig, gehen umher und machen Geschäfte, so daß die Leute im Chor kein Wort verstehen können. Und so verhalten sich nicht einmal die einfachen Menschen, sondern die Angesehenen in der Stadt. (Jackson 74, 29; Übersetzung Vogt)

Das alles weist auf die beklemmende Bedeutungslosigkeit der Church of England, der Established Church, hin – mit und ohne das Zutun von Miler MacGrath. Mit der Wende zum 17. Jahrhundert hatte sich ein auffälliger Wandel vollzogen. Als die Nachricht von der Niederlage der Armada 1588 in Cork ankam und der anglikanische Bischof Lyon in seiner Kathedrale einen Dankgottesdienst hielt, waren zweitausend Katholiken anwesend. Zehn Jahre später hatte Bischof Lyon nur noch ein halbes Dutzend überzeugte Anglikaner – „professional protestants" – um sich. Seine Gemeinde war von tausend auf fünf Gottesdienstbesucher geschmolzen, die Kommunikanten von fünfhundert auf drei. Die Kirchen hatten sich in kürzester Zeit polarisiert. Die Iren wußten mit einem Mal, daß sie katholisch waren. Zu der vom Staat verordneten Kirche hielten sich nur die, die aus irgendwelchen Gründen den anglikanischen Weg gehen wollten. Die Konfessionsstatistik des heutigen Irland war vorbereitet.

Am schlimmsten war es in der Erzdiözese Cashel. Im Jahr 1607 fand eine Visitation statt. Sie enthüllte, daß Cashel in einem chaotischen Zustand war. Die Pfarrer waren untauglich und durch Ämterkauf auf ihre Stellen gekommen. Nicht unbeteiligt – wer will sich wundern? – war der Erzbischof selbst.

Die Gemeinden Ballydrynan und Mortolstow wurden von Mrs. Gyles Magraughe, einer verwitweten Tochter Milers, gegen alle Regeln des kanonischen Rechts verwaltet. Eine verwitwete Schwiegertochter Milers hatte eine andere Gemeinde inne. Enkelsöhne Milers hatten Gemeindepfründen. Maurice MacGrath in Pepardstown war mit elf Jahren von seinem Großvater eingesetzt worden, der im Jahr der kirchlichen Visitation selbst fünfundachtzig Jahre alt war. Ein anderer Enkelsohn, John MacGrath, war Vicar von Fithmoan. Der soll ein Schüler gewesen sein, doch in der ganzen Diözese gab es keinen einzigen Lehrer. Johns Amtsgeschäfte wurden von dem Hilfspfarrer Dermot Ulteagh versehen. Der war nicht anwesend, und die Visitationskommission erfuhr nicht, was aus ihm geworden war. Es konnte sein, daß der Hilfspfarrer in Ulster war. Es hätte aber auch sein können, daß er nie existiert hatte. Milers Familienangehörige – die Frauen eingeschlossen – hatten etwa siebzig Pfründen in der Erzdiözese Cashel in ihrer Hand.

Der Precentor, der im Kathedralkapitel für die Kirchenmusik der Erzdiözese zuständig war, hieß Stephen Dowall und war in Cashel einmal Diener gewesen oder war es noch. Er war ungebildet und konnte nur englisch lesen. Latein war für ihn eine Fremdsprache geblieben. Ein Hugh Hartil hatte in acht Jahren keinen einzigen Gottesdienst gehalten.

Der Kanzler der Diözese Emly, die zum Erzbistum Cashel gehörte, war als Theologiestudent nach Trinity College Dublin gegangen. Das sahen die Visitatoren als eine brauchbare Stellenbesetzung an, weil nichts wichtiger war als ein gebildeter Klerus in dieser bedrängten Kirche. Der Dubliner Theologiestudent hatte jedoch einen Vertreter in Emly, über den der Visitationsbericht des Erzbischofs von Dublin unter dem 4. August 1607 feststellte, er sei „ein grober und barbarischer Priester, des Meineids überführt sowie der Päpsterei und des Mordes beschuldigt". (Jackson 74, 67f. 75f.)

Die Amnestie von 1610 rettete Miler und seine Familie, weil sie allen Beteiligten half, das Gesicht zu wahren. Der heutige Beobachter kommt angesichts dieses reformationsgeschichtlichen Gruselkabinetts aus der Befürchtung nicht heraus, daß sich noch viel mehr in Cashel zugetragen haben könnte. Was sich da vollzog, kann als Milers persönliche Spielart von Gegenreformation verstanden werden. Sie kam ganz ohne Jesuiten und Franziskaner aus – Eugene O'Duffy ausgenommen –, die sowieso in der täglichen Gefahr lebten, Märtyrer zu werden. In seinem Tätigkeitsbereich tat Miler MacGrath alles, um die Lebenskraft der Kirche Ihrer Majestät nicht zu stark werden zu lassen.

„Schurke" oder „Gegenreformator der anderen Art"? Irische Konkretisierung dessen, was Machiavelli nur gedacht hatte, oder ökumenische Existenz in harter Zeit?

In Cashel wird eine legendarische Erinnerung an Miler weitergegeben. Miler ritt einmal beim Dorf Golden unweit von Cashel, als er einen sterbenden Mann am Wegesrand fand. Der Erzbischof stieg ab und fragte, ob der Sterbende protestantisch oder katholisch sei. Der war katholisch, worauf Miler ihm die Letzte Ölung gab. Er hätte dem Sterbenden sicher auch anglikanisch weitergeholfen – wenn die Geschichte mit der Letzten Ölung nur nicht der Anfang einer neuen lokalen Heiligenlegende ist, die den „Schurken" als guten Katholiken ausweisen will.

Im Jahr 1611 wurde ein bischöflicher Koadjutor eingesetzt, denn der Amtsinhaber, der nicht sterben wollte, war inzwischen neunundachtzig Jahre alt. Für den Fall, daß eine Amtsenthebung aus Altersgründen und wegen des Fiaskos bei der Visitation drohen würde, hatte MacGrath schon beim Provinzial der Franziskaner – bei seinem eigenen Orden also – vorgefühlt und in Rom anfragen lassen, ob der Papst ihm vierzig Jahre Häresie vergeben könnte. Der Papst wollte mitmachen.

Die Angelegenheit wurde vor der Zeit bekannt, weil Miler MacGrath seine Vorgesetzten auf diese Weise unter Druck setzen konnte. Der Schaden wäre zu groß gewesen, wenn MacGrath noch einmal katholisch geworden wäre (Jackson 74, 81f.). Die Amtsenthebung wurde darum von James I., dem ersten Stuart auf dem englischen Thron, abgeblasen. Endgültig hatte Miler gegen alle gesiegt. Das Fazit ist: sein Grabdenkmal ist in der Kathedrale von Cashel zu besichtigen.

Was von diesem turbulenten Geschehen auf Cashel Rock bleibt?

Miler MacGrath war ein faszinierendes Exemplar irischer Schlitzohrigkeit. Er war ein Genie des Sich-in-schlimmer-Zeit-Zurechtfindens. War er ein irischer Machiavelli? Miler MacGrath war fünf Jahre alt, als Niccolò Machiavelli in Florenz starb. Der Italiener war gebildeter als Miler, dachte theoretisch, er schrieb, beriet Fürsten und verzettelte sich zwischen den Medicis und dem Papst. Der Ire dagegen war viel widerstandsfähiger als Machiavelli. Er war bodenständiger. Er setzte sich erfolgreich gegen die ihn einengenden Instanzen seiner Zeit durch.

War Miler MacGrath der unmoralische Profiteur, der sich in jeder Situation bereicherte? Die Umkehrfrage ist erlaubt: Was wäre denn „moralisch" gewesen zwischen 1522 und 1622, in diesem geschichtlichen Engpaß zwischen Tudors und Stuarts, alter und neuer Kirche, zwischen Irland und England?

Man könnte die Sache auch anders wenden. War Miler MacGrath vielleicht der einzige praktische – und darum auch rational vorgehende Akteur in seinem Umfeld? Diese Frage sollte zumindest gestellt sein. Miler folgte nämlich nicht in knechtischem Gehorsam den verordneten Glaubenszusammenhängen. Er spielte mit diesen Lehrsystemen, und er wollte nicht vor seinem natürlichen Tod untergehen. Er wollte darum auf keiner Seite zum Märtyrer werden. Im Jahr 1622 ist ihm das dann auch unwiderlegbar gelungen.

Der „Schurke von Cashel" ist ein Beispiel für die Überlebensfähigkeit der menschlichen Rasse. *Confusione historiae ratio hominis?* In Rom zum Bischof geweiht, erlebte Miler MacGrath vier Tudorkönige – darunter die katholische und die anglikanische Tochter von Henry VIII. – und den ersten Stuart auf dem englischen Thron, den Sohn der unglücklichen Mary Queen of Scots. Derjenige, der alle diese Prüfungen bestand, war ein beachtenswerter Mensch geworden. *Confusione historiae voluntas hominis unius.* Die lateinische Variante *hominis singularis* verbieten wir uns aus Gründen der historischen Wahrheit.

Wales: Von den *Dark Ages* zur Union mit England (1536)

Wales sieht sich oft zur reinen Durchgangsstation auf dem Weg von Zentraleuropa nach Irland reduziert. Wer bei Fishguard an der Küste von Pembrokeshire angekommen ist, will sich nicht mehr lange an der Ostküste der Irischen See aufhalten. Das im Westen auftauchende Irland lenkt schon die ganze Aufmerksamkeit auf sich, und Wales kommt darum mit seiner spezifischen keltischen Kultur zu kurz. Das hat Wales nach einer langen Geschichte nicht verdient. Dabei brauchten die Reisenden, die Europa so rasch in Richtung Irland verlassen möchten, von Fishguard aus nur ein kurzes Stück Wegs bis St. David's weiterzufahren, um im Herzen der walisischen Geschichte anzukommen.

Auf der unzugänglichen Halbinsel Wales überlebten die keltischen Briten, die nach dem Abzug der Römer und nach der Völkerwanderungszeit von den angelsächsischen Kleinstaaten in den Westen abgedrängt worden waren. Die Sprache der walisischen Stämme nahm in den Jahrhunderten der römischen Verwaltung viele lateinische Elemente in sich auf, was für die irische und schottisch-galischen Sprachen so nicht galt. Die ältesten Dichtungen in britischer Sprache stammen von Aneirin und Taliesin, zwei walisischen Barden, und gehen auf das 6. Jahrhundert zurück. Die frühesten erhaltenen Handschriften – das *Book of Aneirin* und das *Book of Taliesin* – stammen aus dem 13. Jahrhundert. Im *Book of Aneirin* ist das Gedicht *Gododin* überliefert, das eine Niederlage der Waliser gegen die Sachsen besingt und den wahrscheinlich ältesten Hinweis auf die Gestalt von König Arthur enthält.

Das Christentum kam früher nach Wales als nach Irland, weil Wales der im Schutz der römischen Verwaltung der Provinz Britannia missionierenden Kirche früher ausgesetzt war (Maxfield 89; Wacher 89). Die walisische Kirche war von Anfang an monastisch geprägt. Sie wies stark asketische Züge auf und knüpfte wie die keltische Kirche Irlands an druidische Traditionen an. Diese Ähnlichkeit war die Voraussetzung dafür, daß die Verbindung zwischen walisischer und irischer Kirche sehr eng war. (Christian Celts 91, 8–12. 36–42)

Dewi Sant/St. David, dessen Erinnerung in St. David's auf der Westspitze von Pembrokeshire lokalisiert ist, war der herausragende Heilige der walisischen Kirche. Das Ansehen von Dewi Sant war in der walisisch-keltischen Kirche so hoch gewesen, daß er, nachdem Canterbury seinen Einfluß auf diese ausgeweitet hatte, in den Heiligenkalender der römischen Kirche aufgenommen werden mußte. Dewi Sant/ St. David wird unter dem 1. März geführt. Er ist einer der wenigen keltischen Heiligen aus den Dark Ages, welche das zentralistische Denken der römischen Theologen nicht aus der kollektiven Erinnerung der Kirche verdrängen konnte. (Bowen 77, 216–218)

Dewi Sant ist nicht ohne die Frauentragödie seiner Mutter, die in der keltischen Kirche als St. Non anerkannt war, zu verstehen.

Die kleine Insel Gwales (englisch Grassholm) vor der Küste von Pembrokeshire war nach einer walisischen Legende die Insel des Paradieses. Nicht weit von diesem Gwales, das heute eine Vogelinsel ist, ist auf dem Landfinger mit dem Örtchen und der Kathedrale von St. David's auch die Tradition der St. Non angesiedelt. St. Non, von dem Kleinkönig von Ceredigion vergewaltigt und dann verlassen, wurde zur Mutter von Dewi Sant. Rhygyfarch, der Verfasser der mittelalterlichen Heiligenvita von St. David, schwächte die Tat mit hagiographischer Suada ab:

> Sanctus, der König von Ceredigion, kam nach Dyfed, und als er Dyfed durchquerte, traf er ein Mädchen namens Nonita, außergewöhnlich schön und eine Jungfrau. Von seinem Verlangen entflammt entehrte der König sie, die weder vorher noch jemals danach mit einem Manne Verkehr hatte. Sie verharrte vielmehr in der Keuschheit des Geistes und des Körpers und führte ein äußerst frommes Leben. Von dem Tag der Empfängnis an ernährte sie sich nur von Brot und Wasser. Genau an der Stelle, wo sie vergewaltigt worden war und wo sie empfangen hatte, lag eine kleine Wiese, dem Auge wohlgefällig und durch göttliche Gnade mit himmlischem Tau benetzt. Zur Zeit ihrer Empfängnis erschienen auf dieser Wiese zwei große Steine, die man vorher nicht gesehen hatte – einer ihr zu Häupten, der andere zu ihren Füßen. Die Erde hatte nämlich in Freude über St. Davids Empfängnis ihren Busen geöffnet, sowohl um die Bescheidenheit der jungen Frau zu schützen als auch um die Bedeutung ihres Kindes herauszustellen. (Thomas 90, 11; Übersetzung Vogt)

Rhygyfarch war als Priester mehr an der fortwährenden Ehrbarkeit Nons interessiert als daran, die Vergewaltigung der jungen Frau klar zu verurteilen. In der Legende der Non drückt sich auch die keltische Vorstellung aus, daß Mutterschaft und Erde eng miteinander verbunden sind. Nons Geschichte könnte ursprünglich den Gedanken reflektiert haben, daß die Mutter Erde, indem sie sich öffnet, die

Tochter in deren Leid schützen will. Die Bedeutung Nons liegt darin, daß sie die einzige *Mutter* im walisischen Heiligenkalender ist –, und obendrein noch eine *ledige* Mutter, die anderen heiligen Frauen mit unerregter Jungfräulichkeit lebensvoll gegenübersteht.

Unter den Legenden, die sich an die Person von Dewi Sant angehängt haben, gibt es die, in der St. Teilo, St. Padarn und St. David eine Pilgerreise nach Jerusalem unternehmen. Der Patriarch der heiligen Stadt bot den Besuchern zwei wertvolle Metallsessel und einen Schemel aus Zedernholz an. Ihrem Selbstwertgefühl gemäß setzten sich David und Padarn auf die kostbaren Sessel, während St. Teilo, dessen Name im Namen des Städtchens Llandeilo nördlich von Swansea erhalten ist, mit dem hölzernen Schemel Vorlieb nahm. Die drei Heiligen erfuhren dann, daß St. Teilo auf dem gleichen Zedernschemel saß, auf dem Jesus gesessen hatte, als er im Tempel lehrte. (Thomas 90, 43. Über Teilo: Doble 86, 162–206)

Es ist unwahrscheinlich, daß die drei walisischen Sants in Jerusalem waren. Also könnte es sich um eine Geschichte handeln, die an einer dem Teilo geweihten Kirche erfunden wurde, um dessen Autorität über benachbarte Kirchen auszudehnen, die Dewi Sant und Padarn gewidmet waren.

Hinter der frommen Legende tauchte aber auch der mittelalterliche Machtkampf zwischen der walisischen Kirche und dem Sitz von Canterbury auf. St. Teilo, St. Padarn und St. David pilgerten nicht nach Rom, das seinen Einfluß über Canterbury in die walisische Kirche hinein auszudehnen versuchte. Sie begaben sich vielmehr an Rom vorbei direkt in das heilige Jerusalem. Die Legende, die an Jerusalem anknüpft, bewahrte in ihrer Polemik gegen Rom eine kirchengeschichtliche Situation auf, in der Rom noch nicht ganz über Dewi Sant triumphiert hatte. Daß die Legende diese Polemik jedoch überhaupt formulierte, zeigt, daß die Autorität der walisischen Heiligen schon bedrängt war. Spätestens am Ende des 12. Jahrhunderts hatte Canterbury seinen Einfluß auf Wales, Irland und Schottland ausgedehnt, und die Kirche der selbstbewußten Sants war von Rom abhängig geworden. Die Freiheit der keltischen Kirche war nur noch eine kirchengeschichtliche Erinnerung.

Die verfallene Kapelle, die St. Non an der Stelle gebaut wurde, wo die vergewaltigte Frau gelebt haben soll, liegt oberhalb der St. Non's Bay, die einen Teil der größeren St. Bride's Bay darstellt. St. Bride ist gleichbedeutend mit St. Brigid, in deren Person sich Vorstellungselemente einer irischen Göttin mit der Erinnerung an eine irische Äbtissin miteinander verbinden. St. Brigid ist nach irischer Überlieferung auch die erste weibliche Priesterin, die von einem durchreisenden, kurzsichtigen Bischof geweiht wurde, der sie für einen Mann hielt.

Aus moderner Perspektive ist noch gar nicht absehbar, welche feministischen Impulse in den alten keltischen Traditionen enthalten sind. Wir wollen nicht unbedingt behaupten, daß die Verdrängung der keltischen religiösen Traditionen auch damit zu tun hatte, daß so unerwünschte revolutionäre Störungen von dem durch die Päpste errichteten Lehrgebäude abgewehrt werden sollten. Eine vergewaltigte Frau als Heilige, ihr unehelicher Sohn der bedeutendste walisische Heilige, eine Frau als geweihte Priesterin – manche theologisch-moralische Positionen der katholischen Kirche hätten sich gegen diese keltische Denkfreiheit nicht einfach verteidigen lassen.

Noch einmal St. Bride. St. Bride hatte nach einer in Irland und an der schottischen Westküste bewahrten Tradition eine besondere Beziehung zu Bethlehem. Dort war sie die Dienerin in der Herberge, in der die Weihnachtsgeschichte stattfand. Ihr Herr hatte Bride mit wenig Speise zurückgelassen. Diese Speise teilte sie mit Maria und Joseph, und außerdem wurde sie zur Hebamme bei Jesu Geburt.

In Irland und auf der Hebrideninsel South Uist wird St. Bride nach wie vor als Hebamme verehrt, die den Müttern bei der Entbindung hilft. Eine Frau, die sich an St. Bride hält, hat auf diese Weise dieselbe Hebamme wie Maria, und bei jeder neuen Geburt wiederholt sich die Geburt von Bethlehem. (Thomas 90, 13–17)

Die religiöse Verbindung zwischen dem keltischen Rand Europas und – über Raum und Zeit hinweg – der Entstehungsgeschichte des Christentums ist allerdings nur ein Aspekt in einer komplexen religionsphänomenologischen Situation. St. Bride war auch die Göttin Brigid, die in der keltischen Mythologie viele Funktionen – auch die der „großen Mutter“ – innehatte:

> … als Göttermutter im keltischen Irland der Druiden kann sie sich auch in die Mutter des christlichen Gottes verwandeln und zur Jungfrau Maria werden (Markale 89, 115).

Weil in der Religionsgeschichte auf gynäkologische Genauigkeit keine Rücksicht genommen werden muß, konnte die entbindende

Mutter zugleich als die eigene Hebamme erscheinen. Die Gestalt der St. Bride/Brigid ist ein gutes Beispiel dafür, wie altkeltische Kultur und Spiritualität der keltischen Kirche ineinander übergehen können.

An der St. Bride's Bay liegt also der Ort, an dem St. Non ihren Sohn gebar. Eine Meile davon entfernt liegt die mittelalterliche Kathedrale St. David's. Hier hat St. David um das Jahr 500 ein kleines Kloster – vielleicht so bescheiden wie Columbas Iona im Jahr 563 oder so beengt wie Skellig Michael – gegründet. Von hier stieg er auf zum Schutzpatron von Wales. (Bowen 82, 16.27–29)

Die Autorität von St. David war schon in der keltisch-christlichen Zeit so tief in der walisischen Kirche verwurzelt, daß deren Einbindung in die normannisch-englische Kirchenorganisation lediglich zu einer marginalen Rechenoperation führte. Der Papst erkannte 1124 an, daß zwei Pilgerreisen in das Irland zugewandte St. David's soviel wert sein sollten wie eine Pilgerreise in das ferne Rom. Drei Pilgerreisen nach St. David's konnten sogar Ersatz schaffen für eine solche, die nach Jerusalem geführt hätte. (O'Malley 85, 107) Der Waliser des Mittelalters konnte seinen Wunsch nach Heiligkeit, die sich aus Wallfahrten ergab, in direkte Beziehung setzen zu seinen finanziellen Möglichkeiten, der häuslichen Erlaubnis und seinem touristischen Fernweh – eine befriedigende Lösung ließ sich mit der päpstlich bestätigten Rechenformel immer finden.

Die Kathedrale von St. David's trug seit dem Mittelalter den Doppelnamen „St. Andreas und St. David". Dahinter stand der normannisch-englische und römisch-katholische Versuch, den walisischen Dewi Sant durch den neutestamentlichen Andreas, einen der Apostel Jesu, zu ersetzen (Marriott 89, 4). Ähnliche Versuche waren an vielen Orten erfolgreich und führten dazu, daß die alten walisischen Heiligen dem Vergessen überantwortet wurden. Nicht so in St. David's, wo der keltische Sant seine Kirche verteidigte und so stark war, daß er ins Römische Martyrologium aufgenommen werden mußte.

Wie jedoch verlief die frühe walisische Geschichte unabhängig von den Legenden der Sants?

Seit dem 5. Jahrhundert, als die römische Periode in Wales endete (in Cardiff und andernorts waren römische Forts), dehnten sich mit dem Erstarken der Kirche auch ihre Organisationsformen wie Klöster und Diözesen vom fränkischen Gallien nach Britannien aus. Die walisischen Klöster und Diözesen entstanden zwar in einem Raum, der von den Römern geprägt worden war. Weil aber ausreichende Quellen fehlen, bleibt der Zeitraum zwischen dem 5. und 8. Jahrhundert, in dem sich die keltisch-christlichen Gesellschaften in Wales, in Cornwall, in der Bretagne und auch in Irland entwickelten, dunkel.

Das Britische der keltischen Bevölkerung in Wales, das sich schon lange mit lateinischen Bestandteilen angereichert hatte, stieß mit den germanischen Dialekten der Angelsachsen zusammen und entwikkelte sich zum frühen Walisischen (Welsh) weiter. Ein paralleler Vorgang spielte sich in Cornwall ab, wo sich das Britische zum Kornischen weiterentwickelte. (Evans 86, 4.40)

Da es für die Periode zwischen dem 5. und 8. Jahrhundert – die Dark Ages – nur wenige schriftliche und archäologische Quellen gibt, gewinnt die Disziplin der *historischen Geographie* Bedeutung, die in Kenntnis der Sprachentwicklung der keltischen Sprachen kulturelle und historische Zuordnungen anhand der keltischen Ortsnamen vornehmen kann (Evans 86, 15–17). Die Methoden der historischen Geographie führen gerade in Wales, wo das Neben- und Nacheinander mehrerer Sprachen in einem überschaubaren Raum – Britisch, Latein, germanische Dialekte, Walisisch – überprüfbar ist, zu Einsichten in die Geschichte dieses Raums.

Die Geschichte von Wales war von seiner Zugehörigkeit zu der *highland*-Zone der britischen Inseln, zu der Schottland, das nördliche England, Wales, Devon und Cornwall gehören, geprägt. Diese Regionen sind, verglichen mit Süd- und Südostengland, höher gelegen und haben die kulturprägenden Besonderheiten des „keltischen Randes Europas", um den es uns geht, gemeinsam. Das Wesen dieses Raums hat Evans zusammengefaßt und der *lowland*-Zone gegenübergestellt:

> Die highland zone ist ärmer, weniger attraktiv für Eroberer oder Einwanderer und widersetzt sich hartnäckig jedem Wechsel. Das Neue wird zwar nicht ausgeschlossen, es überwindet jedoch selten das Alte. Was in der Regel stattfindet, ist Assimilation und Kompromiß, ist Mischung von Alt und Neu, was wieder zur Dauer und Kontinuität der Kultur sowie zu einem Gefühl für Tradition und Herkunft führt. Diese Traditionsverbundenheit war stets ein hervorstechendes Merkmal des Lebens in diesen Regionen. (Evans 86, 18; Übersetzung Vogt)

Das Christentum kam aus Irland und aus Gallien nach Wales und stieß in den wenigen römischen Ansiedlungen auf schwache christliche Kerne.

> Die monastische Bewegung konnte direkt aus Gallien, Nordspanien oder sogar aus dem Raum des östlichen Mittelmeers nach Wales gekommen sein. Auch gab es intensive Verkehrsbeziehungen zwischen Wales und Irland. Und schließlich muß es direkten Kontakt zwischen Südwales und Cornwall und ebenso der Bretagne gegeben haben. (Evans 86, 50f.; Übersetzung Vogt)

Viele Kirchen in Südwales hatten dieselben Patrone, die auch in Devon, Cornwall und in der Bretagne verehrt wurden (Evans 86, 52; Bowen 77, 71.92. 160–190). Andere Sants wurden auf beiden Seiten der Irischen See in Wales und Irland verehrt (Bowen 77, 55.71.122). Nicht so, daß die Sants diese Wege als Wandermönche selbst zurückgelegt haben mußten. Vielmehr trugen die Anhänger eines Heiligenkults diesen jeweils in andere Gebiete weiter. Beides ist möglich: die persönliche Ausbreitung einer Verehrung durch einen von Ort zu Ort wandernden keltischen Sant und die Ausbreitung seines Namens durch gläubige Anhänger, die auch in wesentlich späterer Zeit ihren eigenen Sant mit auf die Reise nehmen konnten.

Im „Zeitalter der Sants" – mißverstanden als Dark Ages – entstand in Wales ein neues Volk:

> Das walisische Volk, das in dieser Periode in einem Teil der highland zone, welche die Angelsachsen nie eroberten, entstand, stellt eine Verbindung und Fusion von Altem und Neuem dar. Wir haben hier eine neue politische Anordnung, ein neues kulturelles Erwachen, eine neue Sprache und – was noch wichtiger ist – einen neuen Glauben. Die walisische Sprache und der christliche Glaube, die beiden Grundelemente bei der Geburt eines neuen Volkes, haben bis in unsere Tage als die wesentlichen Bestandteile der Welshness überlebt. Das ist eine Kontinuität über dreizehn Jahrhunderte, in der alle Veränderungen, Strömungen und Impulse aufbewahrt worden sind. (Evans 86, 55; Übersetzung Vogt)

Welshness heißt also der Begriff, der die Eigenständigkeit der walisischen Nation aus einer vorgegebenen, eigenen Kultur ableiten soll. Mit Welshness haben wir einen sehr problematischen – weil unscharfen und schwammigen – Begriff vor uns. Er ist geeignet, in der Hand nationalistischer Gruppen zu einem ideologischen Kampfbegriff zu werden, und das um so mehr, je mehr er die politischen Ansprüche des kleinen Wales gegen das ungleich größere England durchsetzen soll. Wir stoßen mit dem Begriff Welshness auf die politischen Untiefen des regionalen Nationalismus, wie er im „irischen Konflikt" sowie in den irisch-englischen und schottisch-englischen Beziehungen Vergangenheit und Gegenwart mitformt.

Die walisischen Sants wurden auch ohne die ausmalenden und die nüchterne Wirklichkeit hinter sich lassenden Legenden zu Heiligen. Die walisischen Sants waren rein lokale Heilige, die ihre Bedeutung – nicht unähnlich den keltischen Druiden – aus der Zustimmung des Volkes gewannen. Die Sants waren da geboren, wo sie ihre Zelle bauten und den Bedürfnissen ihrer Nachbarn dienten. Die walisischen Sants waren also Teilhaber des Landes und seiner autochthonen Heiligkeit. Darum wurden sie auch nicht vom Kontinent importiert, nicht von einer fernen kirchlichen Autorität verordnet und nicht in eine starre Hierarchie einbezogen.

Mit ihrer bodenständigen Heiligkeit belebten die walisischen Sants den spätkeltischen Kulturkreis am Westrand Europas. Ein einfacher Blick auf die Landkarte von Wales zeigt, wie oft die Vorsilbe Llan- in den Ortsnamen erscheint. Llan-, gleichbedeutend mit Sankt-, weist auf die einstige Zelle eines lokalen Sant hin. Llanfyndd, Llangathen, Llanegwad, Llansawel, Llansadwrn, Llandovery, Llangadog, Llandyfan, Llandeble, Llanedy, Llangennech, Llangendeirne, Llandarog und Llangunnor liegen in einem Umkreis von zehn Meilen um das südwalisische Städtchen Llandeilo. Die Verehrung der St. Non ist von ihrem Ursprung an der Irischen See nach Osten bis nach Llannon, direkt bei Llanedy, weitergewandert.

Die Sants waren auch in Gruppen zu haben. In Llantrisant bei Cardiff und in Llantrisant auf der Insel Anglesey waren es gleich drei von ihnen. In Llandeusant – nördlich von Swansea und auf der Insel Anglesey zu finden – waren es jeweils zwei. Die kleine Insel Bardsey vor der Halbinsel Lleyn trägt den merkwürdigen Namen Isle of 20000 Saints, Insel der zwanzigtausend Heiligen. Der Name mag gern auf einem frühen sprachlichen Mißverständnis beruhen, weil das kleine Bardsey soviel Heiligkeit wirklich nicht nötig hatte. Er zeigt zugleich aber auch, daß für walisische Verhältnisse eine derart massive Präsenz von Heiligkeit durchaus vorstellbar war. Gibt es nicht, wie der Blick auf die Karte beweist, Gegenden in Wales, wo jeder zweite Ortsname mit Llan- anfängt?

Verständlich ist, daß diese bodenständige Heiligkeit, die Wales geradezu überschwemmte, den römisch gebildeten Theologen des Mittelalters unheimlich vorkommen mußte. Darum wurden die Mönche von St. David's im Jahr 1115 nach London zitiert und dort gezwungen, einen Beauftragten des Königs zum Bischof von St. David's zu wählen. Dieser Bischof Bernard war ein Fremder in Wales, der die walisische Kirche nach dem normannisch-englischen Kirchenmodell reorganisierte und sich dabei an die Vorgaben von Canterbury hielt. 1123 bestätigte Papst Calixt II. Bernards Privilegien und seine Vorrangstellung unter den walisischen Diözesen (Marriott 89, 4). Die Kirche von St. David's wurde das Ziel einer wichtigen Wallfahrt. Wir haben das Rechenexempel ja schon überprüft: sie zweimal zu besuchen, ersparte den beschwerlichen Weg nach Rom. Wer überhaupt wollte aus der keltischen Welt in das unendlich ferne und uninteressante Rom aufbrechen, nachdem Calixt II. den Wert der Wallfahrt nach St. David's festgeschrieben hatte?

Die Kathedrale wurde aus den Einnahmen der Wallfahrt neu und größer gebaut, doch war ihr erweiterter Name nicht recht erfolgreich. Nur auf dem Papier war sie die Cathedral of St. Andrew and St. David. An einen Totalsieg des heiligen Andreas war wegen der Stärke des Sohnes der Non gar nicht zu denken. Der Ort heißt immer noch St. David's – und nur St. David's –, von dem aus der Übergang nach Irland so gut gelingt.

Die königliche Verehrung von St. David's erfolgte im Herbst 1171, als König Henry II. auf dem Weg nach Irland der Kathedrale einen Staatsbesuch abstattete und das Kapitel sich mit Geschenken günstig stimmte. Manche behaupteten, der König sei deshalb so freundlich mit den Domherren von St. David's umgegangen, weil er für den von ihm angestifteten Mord an Thomas Becket, dem Erzbischof von Canterbury, getötet am 29. Dezember 1170, Buße tun wollte. Diese Deutung der königlichen Frömmigkeit legte 1935 auch T.S. Eliots *Murder in the Cathedral* nahe. Wenn schon der Inhaber des Zentralsitzes von Canterbury durch die Krone ermordet war, dann sollte doch wenigstens die Tochter von Canterbury nicht leiden. Logik eines englischen Königs im 12. Jahrhundert?

Zu Ostern 1172 kam Henry II. bei seiner Rückkehr von Irland noch einmal mit wenigen Leuten nach St. David's. Er nahm an einer Messe teil, wobei es ihm dieses Mal wohl eher um den Dank für das soeben bestandene irische Abenteuer ging. St. David's war, nachdem Wales in die Kirchenorganisation von Canterbury einbezogen war, auch für die weltlichen Herren zum Sprungbrett für den Übergang nach Irland geworden.

Bei der Ankunft der Normannen war die kirchliche Situation in England noch unklar und ungefestigt:

Es war ein Britannien mit einer Bevölkerung, die unvorstellbar viel kleiner war als heute. Die *Domesday*-Zählung für England allein von 1086 ermittelte eine Bevölkerungszahl von eineinhalb Millionen. Das Britannien von 1066 war ein Britannien ohne große Städte, Abteien und Kathedralen. Es war ein Britannien der kleinen monastischen Niederlassungen und Schulen, der Dorfkirchen aus Flechtwerk und Holz oder auch aus Stein. Christliche Überzeugung und religiöse Praxis waren weit verbreitet, jedoch in der besonderen britischen Version eines Christentums, das von den Missionaren – die von Augustin und seinen Mönchen, die aus Europa und Rom kamen und sich auf Canterbury konzentrierten, geleitet waren – *einerseits* und von denen, die aus der Bretagne über Irland und Iona gekommen und von Führern wie Columba, Aidan, Cuthbert, Wilfred, Beda und Chad beeinflußt waren, *andererseits* abstammte. Beide Gruppen waren nicht die ersten Christen, die auf diese Inseln kamen, doch wissen wir wenig über die, die bereits kamen, als Britannien noch ein nördlicher Vorposten des Römischen Reichs war. (Evans 85, 7; Übersetzung Vogt)

Als Henry II. bei seiner Rückkehr aus Irland – das war ein Jahrhundert nach der normannischen Eroberung – zum zweiten Mal in St. David's war und der Messe beiwohnte, hatte sich die kirchliche und politische Situation in England, Wales und Irland gründlich geändert.

Die politische Eroberung von Gebieten im Süden, Südosten und Osten von Wales verlief parallel zu dem Vordringen der römisch-katholischen Kirche bis St. David's. Der lange Erdwall – *Offa's Dyke* – im Osten von Wales, den König Offa von Mercia Ende des 8. Jahrhunderts zwischen sein angelsächsisches Reich und die unruhigen walisischen Kleinkönige gelegt hatte, hatte längst seine Funktion verloren, wenn man von nostalgischen und geschichtsbewußten Wanderungen auf dem heutigen *Offa's Dyke Path* zwischen Chester im Norden und der Severn Bridge im Süden absieht.

Eingebunden in das normannisch-englische Lehnswesen eroberten normannische Adelige von Hereford aus die Welsh Marches, die walisischen Marken, und im Süden von Dyfed bis zur Westspitze des

Bild 5: Sabbath Day, Inverasdale, Wester Ross, Schottland.

Photo: Donald MacDonald, 1993.

Bild 6: Megalithischer Steinkreis von Callanish (2000–1500 vor Chr.), Isle of Lewis, Äußere Hebriden.

Royal Commission on the Ancient and Historical Monuments of Scotland, Edinburgh.

Bild 7: Verfallenes Cottage am Loch Sunart, Ardnamurchan, Schottland.
Photo: Hermann Vogt, 1982.

Bild 8: St. Oran's Chapel (um 1080 von Königin Margaret erbaut, normannisch), Iona, Argyll, Schottland.

Royal Commission on the Ancient and Historical Monuments of Scotland, Edinburgh.

walisischen Landes bei St. David's einen relativ selbständigen normannisch-englischen Herrschaftsraum.

Der militärische Schutz der im Süden von Dyfed eroberten Zone wurde von einer Kette normannischer Burgen übernommen, die als *Line of the Castles* etwa von Swansea bis zur Westküste von Pembrokeshire verlief. Die normannisch-englische Besiedlung dieses Gebietes führte dazu, daß südlich der Line of the Castles – auch als *Landsker Line* bezeichnet – das Walisische nach und nach von der englischen Sprache verdrängt wurde. Es überzeugt jeden, wenn der von England beherrschte Brückenkopf in Südwales ganz selbstverständlich den Namen *Little England beyond Wales* erhielt. Ein paar kleine Inseln wie Skomer, Skokholm und Gateholm an der Küste von Pembrokeshire tragen sogar rein normannische Namen. Der Besucher kann noch heute genau beobachten, daß die walisischsprachige Bevölkerung erst nördlich der Line of the Castles, die etwa dem Verlauf der Hauptstraße A 40 zwischen Llandeilo und Haverfordwest folgt, lebt.

Die Probleme der Welshness haben also schon früh im Mittelalter in Wales selbst begonnen.

Llansteffan an der Carmarthen Bay ist eine der Burgen in Little England beyond Wales. Die gewaltige normannische Burganlage aus dem 11. und 12. Jahrhundert lehnte sich an einen walisischen Ort an, dessen Kirche bis in das 6. Jahrhundert zurückreicht. Bei den Auseinandersetzungen zwischen walisischer Bevölkerung und den Eroberern wurden die Burgen zwar manchmal zerstört, um dann jedoch immer wieder neu errichtet zu werden. Die einmal gezogene Grenzlinie zwischen keltischer und normannisch-englischer Kultur, zwischen walisischer und englischer Sprache ließ sich nicht mehr auslöschen.

Die neuen Herren traten in die Rechtsnachfolge der walisischen Kleinkönige ein und verschwägerten sich mit ihnen. Es entstand – der Vorgriff auf die in Irland entsprechend später auftretenden Anglo-Iren – eine *kambro-normannische Oberschicht*, die ab 1169 die erste Intervention in Irland unternahm.

In den unbesetzten Gebieten von Wales wurde im 12. und 13. Jahrhundert die Macht auf wenige Fürstenhäuser konzentriert, während gleichzeitig die Adeligen – dem Verlauf in Irland nicht unähnlich – auf die Stufe von Großbauern herabsanken. Die *Fürsten von Gwynedd* in Nordwales errangen schließlich im Jahr 1189 die Vorherrschaft im unbesetzten Wales.

Llywelyn ab Iorwerth (gestorben 1240) setzte die alleinige Erbfolge seines Sohnes David gegen das ältere walisische Erbrecht durch. Davids Sohn Llywelyn ab Gruffydd (1246–1282) nahm 1258 den Titel Fürst von Wales an und wurde als solcher im Vertrag von Montgomery (1258) von König Henry III. (1216–1272) anerkannt. Llywelyn ab Gruffydd hatte damit die uneingeschränkte Macht in Wales erlangt. Er drang immer wieder in die Grenzmarken zwischen England und Wales ein, in denen die normannischen Markgrafen seit der Zeit von William the Conqueror fast unabhängig nach eigenem Recht regierten. (Kluxen 76, 90f.; Ploetz 80, 470)

Llywelyn ab Gruffydd wurde von Edward I. (1272–1307) schrittweise aus der Macht gedrängt. Der letzte große Aufstand der Waliser gegen die bedrückende englische Herrschaft wurde 1282 grausam bestraft. Edward I. eroberte das Fürstentum Gwynedd. Llywelyn fiel im Kampf, und sein Bruder David, der mehrere englische Zwingburgen zerstört hatte, wurde gehängt.

König Edward I. erklärte sich in den *Statutes of Rhuddlan* selbst zum Fürsten von Wales. Gwynedd – dieses Mal noch ohne die walisischen Marken – wurde Kronland, in Grafschaften gegliedert und nur noch nach englischem Recht verwaltet. Im Jahr 1301 ernannte der König seinen 1284 im walisischen Schloß Caernarvon geborenen ältesten Sohn Edward – von 1307 bis 1327 König Edward II. – zum *Prince of Wales*. Dieser Titel sollte die walisische Bevölkerung mit den neuen Machtverhältnissen aussöhnen. Prince of Wales war hinfort der Titel des britischen Thronerben. Das Fürstentum Wales – obwohl administrativ von England getrennt gehalten – konnte sich dem dominierenden Einfluß der englischen Kultur nicht mehr entziehen. Das Problem der Welshness hatte sich verschärft.

Neue Probleme für die Welshness ergaben sich aus dem *Aufstieg des Hauses Tudor*, der – wie alles in der englischen Königsgeschichte – verwickelt verlief.

König Henry V. aus dem Haus Lancaster hatte 1420 Katharina von Valois, die Tochter des französischen Königs Charles VI., geheiratet. Beider Sohn war Henry VI., aber um den geht es uns nicht. Katharina heiratete nach dem Tod ihres Mannes den walisischen Ritter Owen Tudor von der Insel Anglesey. Ihr gemeinsamer Sohn Edmund Tudor heiratete Margaret Beaufort aus dem Haus Lancaster. Vor seinem Tod brachte Edmund Tudor, Graf von Richmond, seine Frau nach Pembroke Castle, der starken Küstenburg im Westen der Line of the Castles, wo sie 1457 Henry Tudor gebar.

Henry Tudor, der Earl of Richmond, wurde in Pembroke erzogen, bis er 1471 zum Thronanwärter des Hauses Lancaster wurde. Er mußte vor Richard III. aus dem Haus York ins französische Exil ausweichen. Erst 1485 landete er mit einer französischen Truppe in Milford Haven, eroberte Pembroke Castle und zog von da gegen Richard III. Richard fiel 1485 in der Schlacht von Bothwell. Henry Tudor wurde noch auf dem Schlachtfeld zum König Henry VII. (1485–1509) gekrönt. Henry VII. wurde der Großvater von Elizabeth I. und der Urgroßvater von Maria Stuart. Die Verwicklungen der schottisch-englischen Geschichte des 16. Jahrhunderts deuteten sich für die Zukunft bereits an.

Der erste Tudor, dessen Großvater Owen aus Anglesey gekommen war, hatte den englischen Thron bestiegen. Doch schon eine Generation später stellte sich heraus, daß die walisische Familientradition der Tudors keine Garantie für einen pfleglichen Umgang mit der Welshness war. Die Welsh Marches, die Edward I. seinerzeit noch nicht dem direkten königlichen Einfluß unterstellt hatte, wurden von Henry VIII. zum Kronbesitz der Tudors gemacht. Und in Wales tat der König auch noch den letzten Schritt: er beseitigte die Reste der administrativen Eigenständigkeit, die Edward I. noch hatte bestehen lassen. Henry VIII. vereinigte Wales mit England.

> Die Union von Wales mit England 1536 dehnte den unbeschränkten Geltungsbereich englischer Gesetze und Verwaltung auf dieses alte Fürstentum aus, das nun 24 Mitglieder ins Unterhaus entsenden durfte. (Kluxen 76, 199)

Die Union mit Wales bedeutete, daß nach Irland ein weiteres Gebiet am keltischen Rand Europas von England überwältigt worden war.

Mary Queen of Scots: faszinierende Frauengestalt am Ende der schottischen Freiheit

Die Schotten sind sich nach vierhundert Jahren über alle Grenzen von Konfession, Stand und politischer Überzeugung hinweg in ihrem Urteil über *Mary Queen of Scots* einig:

Maria Stewart, oder Stuart (sie zog die französische Version ihres Namens vor), wurde von den Menschen, die sie kannten, gehaßt oder geliebt. Etwas anderes gab es dazwischen nicht. Sie muß eine faszinierende Frau von großem Charme und Würde gewesen sein, eine Frau – zur Königin geboren. Sie war ausgestattet mit Mut und Charakterstärke, um all die erschütternden und schmerzlichen Erfahrungen ertragen zu können. Keine Frau konnte je ein tragischeres Leben geführt haben. (Walker 83, 1; Übersetzung Vogt)

Um Nancy Walkers Gedankengang noch ein Stückchen weiterzuführen: schon seit vielen Generationen wird *Mary Queen of Scots* von allen Schotten innigst geliebt. Sie wurde zu der jungen Königin romantisch verklärt, die nach langer Gefangenschaft ihrer verbitterten Gegnerin auf dem englischen Thron unterlag. Lebte die Vita des keltischen Sants noch von den Legenden, die ohne historischen Grund und nie beweisbar in sie eingezeichnet wurde – im Fall der *Mary Queen of Scots* ist das historisch überprüfbare Leben selbst zur Legende geworden.

Joseph Brodsky ist, obwohl er wegen seiner Herkunft aus der antiroyalistischen Sowjetunion eigentlich nicht dazu prädestiniert war, zum hingebungsvollen Interpreten der schottisch-französischen Maria Stuart geworden. Bei einem Parisaufenthalt fand er im Jardin du Luxembourg ihre Marmorstatue unter denen der französischen Könige stehen.

... Meist
verweilst du wohl im Jardin Luxembourg?
Hierher verschlug es mich mal nach dem Essen;
ich schaute mir den Teich an, schaute nur.
Da traf ich Sie. Und dies Zusammentreffen
(„Gewesenes ward Gegenwart im Herzen")
– für mich war's wie ein Feuerstoß aus kalten
Kanonen. Ich versuche festzuhalten,
was mir von Ihnen blieb; mit meinen letzten
Reserven aus den alten Arsenalen
der Sprache will ich nun Ihr Bildnis malen.
(...)
Und du, rastlose Mary, bleibst abseits,
du stehst, ein Denkmal unter andern, bei
den Königen von Frankreich. Ungerührt
läßt du es zu, daß die Spatzen auf dir thronen.
(Brodsky 85, 63. 65)

Die „Zwanzig Sonette an Maria Stuart" sind des Nobelpreisträgers Hommage an die junge Königin, nicht vor der Kritik an Schiller zurückschreckend:

> Wodurch entsteht Geschichte? – Körperkraft!
> – Und Kunst? – Ein Körper ohne Kopf ! – Man nehme
> den Schiller: der hat der Geschichte nämlich
> eins ausgewischt. Dir, Mary, ist es rätselhaft,
> weshalb der Deutsche – welche Meisterschaft! –
> mit Eifer aufgreift jene alte Häme:
> gehört dies denn zur Schillerschen Domäne,
> wen du begünstigt hast und wen bestraft?
>
> Vielleicht war Friedrich seinerseits, wie manch
> ein Fritz, in steter Angst vor Beil und Schmach?
> Und zweitens bleibt zu sagen: nichts hienieden
> – die *Kunst* sei ausgenommen! – kommt dir gleich
> an Schönheit – Mary, du bist unerreicht.
> Elisabeth mag die Geschichte schmieden.
> (Brodsky 85, 74)

Wird Mary Queen of Scots zur schönen Königin, deren frivole Modernität ihren Zeitgenossen nur ungelegen kam, die wegen ihrer zukunftseröffnenden Symbolkraft an der schottisch-englischen Geschichte des 16. Jahrhunderts scheiterte?

> Man wollte dich nur deshalb unterkriegen,
> weil etwas an dir unvergänglich schien:
> du warst der Zeit voraus; warst viel zu schön.
> (Brodsky 85, 77)

Brodsky dichtet keine Elegie auf eine vor langer Zeit enthauptete Verliererin – er dichtet ihre Apotheose zur *regina victrix*. Mary Queen of Scots: Höhepunkt schottischer Geschichte und Symbol literarischer Transzendenz zugleich?

Treten wir zunächst einmal in die ältere schottische Geschichte ein, die auf Mary Queen of Scots als Fluchtpunkt zuläuft.

Die Römer waren in Schottland auf die *Picten* – auf die „Bemalten", so genannt wegen ihrer Kampfbemalung – gestoßen, deren Herkunft im Dunklen liegt. Teile der Picten waren durch St. Ninian von Candida Casa (Whithorn) aus ab dem Anfang des 5. Jahrhunderts christianisiert worden (Bowen 77, 73f.), was dem britischen

Missionar die Ehre einbrachte, ins *Römische Martyrologium* aufgenommen zu werden. St. Ninian – auch einer der wenigen, die den Sprung vom keltischen Rand in die Akten der Papstkirche fanden.

Um das Jahr 550 gab es in Schottland vier verschiedene Herrschaftsgebiete. Das war zunächst das Gebiet der Picten in den nördlichen Highlands. Dann hatten die irischen Scoten ihr Reich Dalriada auf die schottische Gegenküste – das heutige Argyllshire – ausgedehnt und mit der gälischen Durchdringung Schottlands begonnen. Im Südwesten Schottlands hatte sich das keltisch-britisch geführte Strathclyde gebildet, welches zugleich das Missionsgebiet des St. Ninian war. Schließlich bildete sich im Südosten Schottlands ein Reich der Angeln in Bernicia (oder Lothian).

Bernicia (Lothian) war die einzige Region Schottlands, in der nicht eine keltische Sprache gesprochen wurde. Das angelsächsisch geprägte Bernicia (Lothian) wurde im Jahr 1018 – also Jahrhunderte später – von dem in England herrschenden Dänenkönig Knut dem Großen (1016–1035) an den schottischen König Malcolm II. verloren. Kulturgeschichtlich bedeutete das, daß die keltischen Kulturen Schottlands jahrhundertelang von Lothian aus dem angelsächsischen Einfluß offen standen. In Lothian bildete sich im Inglis – oder Scots (Scottish) – eine eigenständige germanische Sprache aus, die unabhängig vom Englischen war und später beispielsweise zur Sprache des Robert Burns (1759–1796) wurde.

Iona wurde 563 von Columba vor der schottischen Küste Dalriadas gegründet. Während Columba von Nordirland nach Iona in Argyll kam, war er dennoch im Königreich der irischen Scoten geblieben. Um sich von den Querelen mit anderen Mönchen in Irland zu distanzieren, bedurfte es nur der kurzen Seefahrt über den North Channel, den nördlichen Ausgang der Irischen See.

Mönche aus Schottland waren schon im 7. Jahrhundert als Missionsbischöfe in Europa unterwegs, wie an St. Foillan, der 657 im heutigen Belgien getötet wurde und dem eine Aachener Kirche geweiht ist, erkennbar wird.

Die Synode von Streaneshalch (dänischer Name: Whitby; 664) im Süden des angelsächsischen Northumbria – Bernicia (Lothian) war der nördliche Teil von Northumbria – entschied den Konflikt zwischen iroschottischer und römischer Kirche zugunsten des Erzbischofs von Canterbury. 843 vereinigte König Kenneth MacAlpin Dalriada mit dem Reich der Picten. Am Ende des 9. Jahrhunderts besaßen die Wikinger die Orkneys, die Shetlands, die Hebriden sowie Nordostschottland. Viel weiter im Süden bildeten sie das skandinavische Reich von York sowie das Danelaw. Knut der Große, der 1018 Lothian an Malcolm II. von Schottland verlor, war in Personalunion König von Dänemark, England und Norwegen. Trotz der Thronwirren nach der Ermordung von Duncan I. (1034–1040) durch Macbeth (1040–1057) konnte Malcolm III. Canmore die Einheit des schottischen Königreichs in langer Regierungszeit (1058–1093) wieder stabilisieren (Bold 80, 6). Malcolm III. Canmore war der erste, der in Dunfermline beigesetzt wurde. Der Weg der toten Könige nach Iona hatte mit Macbeth aufgehört.

Schottland war um das Jahr 1000 *dreisprachig* geworden. *Skandinavische* Sprachen wurden auf den Inselgruppen und in Nordschottland, *gälisch* wurde im Westen und nördlich des Firth of Forth, angelsächsisch – in der Ausprägung des *Inglis* (auch Scots, Scottish) – wurde in Lothian gesprochen.

Schottland wurde – gleichzeitig mit Wales, und doch auf ganz andere Art und Weise – immer mehr anglisiert. Seit dem 11. Jahrhundert war der Titel *König von Schottland* gebräuchlich, der Amtsinhaber konnte sich jedoch nur auf das schon lange anglisierte Lothian stützen. Die Anglisierung Schottlands wurde auch dynastisch abgesichert, als König Malcolm III. Canmore im Jahr 1069 die angelsächsische Prinzessin Margaret heiratete.

Margaret floh mit ihrem Bruder Edgar the Atheling, dem angelsächsischen Thronerben, nach der Schlacht von Hastings (1066) nach Lothian. Die junge schottische Königin war am ungarischen Königshof, dem später die heilige Elisabeth von Marburg entstammte, erzogen worden und hatte am Hof von Edward the Confessor gelebt. Am Hof von Lothian – der dritte Königshof, mit dem Margaret in enge Berührung kam – setzte sie sich dafür ein, die iroschottische Kirche im Sinne der Ansprüche Canterburys umzugestalten. Sie baute im Schloß von Edinburgh die nach ihr benannte St. Margaret's Chapel, in der die römische Messe gelesen wurde, und errichtete Dunfermline Abbey, in der sie mit ihrem Mann bestattet ist.

Die Königin handelte im Auftrag von Erzbischof Lanfranc von Canterbury, einem von William the Conqueror eingesetzten Normannen. Margaret beeinflußte Malcolm III. Canmore dazu, Inglis statt des Gälischen als Hof- und Gerichtssprache einzuführen und das Clansystem durch ein Lehnswesen, das sich an die angelsächsische Verwaltung anlehnte, zu ersetzen. Die Frömmigkeit Margarets, die sie zur *heiligen Margaret von Schottland* werden ließ, verhinderte nicht, daß William the Conqueror in Schottland einfiel. Malcolms Sohn aus erster Ehe, Duncan, wurde als Geisel an den normannisch-englischen Hof geholt. Malcolm III. wurde zum Kronvasallen gemacht. 1093 wurde Malcolm III. Canmore getötet, als er zum fünften Mal in den Norden Northumbrias eingefallen war. (Bold 80, 9; Kluxen 76, 43)

David I. (1124–1153 schottischer König), Margarets jüngster Sohn, wurde wie seine Mutter heiliggesprochen. Er war durch Heirat mit den Fürsten von Northumbria verbunden und besaß dadurch einen legitimen Anspruch auf große Teile Nordenglands. Er war am Hof des normannisch-englischen Königs Henry I. (1100–1135) erzogen worden und errang von dessen Nachfolger Stephen (1135–1154) im Vertrag von Durham (1139) die Kontrolle über Northumbria. David I. unternahm Anstrengungen, den Gebrauch des Inglis in ganz Südschottland durchzusetzen. (Bold 80, 10. 14)

Die Geschichte zwischen Schottland und England verlief wechselhaft, und sie war stets voller Spannung. In Zeiten der Schwäche Englands versuchten die schottischen Könige, ihre Macht auf Cumbria, Westmorland und Northumbria auszudehnen, ohne daß diese Versuche auf Dauer erfolgreich waren. Die Autonomie der schottischen Kirche wurde 1192 in der Bulle *Filia specialis* von Rom anerkannt, und doch wurde dann merkwürdigerweise für drei Jahrhunderte kein Erzbischof in Schottland eingesetzt.

Die geschichtliche Tragik schottischer Könige stellte sich schon lange vor Mary Queen of Scots dar, ohne daß es der spannungssteigernden Bemühungen eines Dramatikers oder Filmemachers überhaupt bedurft hätte. Alexander III. (1248–1286) verbündete sich mit Norwegen, um so ein Gegengewicht gegen den englischen Einfluß herzustellen. Seine Enkeltochter Margaret (1283 geboren) aus der Ehe seiner Tochter Margaret mit dem norwegischen König Erik III. Magnusson (1280–1299) wurde beim Tod des Großvaters als schottische Königin anerkannt. Das Kind – *The Maid of Norway* – sollte 1290 nach Schottland geholt werden und starb unterwegs auf den Orkneys, ohne Schottland je betreten zu haben.

Kurz davor war es Edward I. von England gelungen, im *Vertrag von Birgham* die künftige Eheschließung der Maid of Norway, der schottischen Königin und Tochter des norwegischen Königs, mit dem Prince of Wales, dem späteren Edward II., zu verabreden. Der Vertrag garantierte die Unabhängigkeit Schottlands von England. (Kluxen 76, 93; Bold 80, 14f.) Wäre die siebenjährige Margaret lebend in Schottland gelandet und hätte sich die Heiratspolitik Edwards I. realisieren lassen, dann wäre schon um das Jahr 1300 die Personalunion zwischen Schottland und England vollzogen worden. Die späteren Auseinandersetzungen zwischen Elizabeth und Mary Queen of Scots hätten dann nicht stattzufinden brauchen, und die Hinrichtung Maria Stuarts wäre dann nicht zu einem Exponat im Gruselkabinett der schottisch-englischen Geschichte geworden.

Hätte die Maid of Norway die Schiffsreise nach Schottland überlebt, dann hätte die Personalunion zwischen England und Schottland statt im Jahr 1603 bereits um 1300 stattfinden können. Die schottische Königin Margaret hätte den Prince of Wales, der ab 1307 englischer König war, geheiratet. Das Vereinigte Königreich von England, Wales und Schottland wäre drei Jahrhunderte früher entstanden, und die britische Geschichte hätte einen ganz anderen Verlauf genommen. Dann wäre literarisch allerdings zu akzeptieren gewesen, daß Joseph Brodsky im Jardin du Luxembourg die Frauengestalt nicht gefunden hätte, die er in seinen „Zwanzig Sonetten an Maria Stuart“ besingt.

Die schottische Königsgeschichte verlief unübersichtlich weiter, man könnte auch sagen: sie blieb ungeordnet. Auf den Tod der Maid of Norway folgte ein zweijähriges Interregnum, nach dem Edward I. mit John Balliol einen schottischen König ernannte. John Balliol (1292–1296) scheiterte beim Versuch, eine selbständige Politik zu machen, und trat zurück. Während des zweiten Interregnums (1296–1306) übernahm Edward I. die persönliche Herrschaft über Schottland. In diesem Zeitraum fand ein Aufstand gegen England statt, und es deutete sich erstmals eine gegen England gerichtete Koalition zwischen Schottland und Frankreich an – ein Vorgriff auf die Zeit der Maria Stuart.

Im Jahr 1299 meldete sich auch der Papst wieder zu Wort: Bonifaz VIII. teilte mit, daß Schottland unter seinem besonderen Schutz stehe. Den schottischen Erzbischof gab es immer noch nicht. Robert

Bruce kam nach dem Mord an seinem Rivalen – in einer Kirche begangen – im Jahr 1306 an die Macht und erzwang seine Krönung. In die Regierungszeit von Robert I. Bruce (1306–1329) fielen Auseinandersetzungen mit dem schottischen Adel und nach dem Tod Edwards I. (1307) die Niederlage eines englischen Heeres in der Schlacht von Bannockburn (bei Sterling) im Jahr 1314.

Bannockburn war die größte Niederlage eines englischen Heeres seit der Schlacht bei *Hastings* und sicherte für die folgenden Jahrhunderte die Unabhängigkeit Schottlands. (Kluxen 76, 97)

Nach dieser Schlacht wurde Robert Bruce endlich vom schottischen Adel anerkannt. Im Hochgefühl seines Sieges gegen die Engländer griff er auf Irland über und organisierte dort mit Hilfe seines Bruders Edward Bruce (gefallen 1318) den letztlich erfolglosen Plan, Irland gegen dessen englische Besatzung zu erobern und eine Machtallianz zwischen Schottland und dem englandfeindlichen Irland aufzubauen (Edwards 73, 52–55). Der Papst erkannte Robert wegen des Frevelmordes von 1306 erst 1324 als König an.

Roberts Sohn David war im Alter von vier Jahren mit Joan, der Tochter des englischen Königs Edward II., vermählt worden. Als David II. (1329–1371) König geworden war, mischte sich sein Schwager Edward III. von England aus in die schottischen Angelegenheiten ein. David II. floh nach Frankreich, kam wieder nach Schottland zurück und fiel auf Anstiften der Franzosen in England ein. Dabei wurde er gefangengenommen und war mehr als zehn Jahre Gefangener von Edward III. Er freundete sich während der Gefangenschaft mit dem englischen König an und kehrte schließlich wieder nach Schottland zurück. Davids Problem war, daß er keinen Erben hatte und auch keinen mehr bekam, den er dem Thronanspruch des Hauses Stewart (Stuart) entgegensetzen konnte (Bold 80, 17). Der Zeitpunkt war erreicht, wo der schottische Thron an das Haus Stewart (Stuart) fiel. Robert II. (1371–1390) wurde der erste Stuartkönig.

Die Geschichte der Mary Queen of Scots erweckt wegen ihrer Dramatik und Tragik den Eindruck eines singulären Geschehens. Wird sie jedoch in Beziehung gesetzt zu der vorhergehenden schottischen Königsgeschichte, dann entsteht durchaus der Eindruck, daß die Irrungen und Wirrungen ein Grundmuster der schottischen Königsgeschichte waren.

Die Autorität des schottischen Königs war immer durch die Unabhängigkeitsbestrebungen des Adels, die sich mit dem die Gesellschaft parzellierenden Clanwesen verbanden, eingeschränkt. Die nördlichen Highlands und Islands, in denen sich seit der Wikingerzeit eine skandinavisch geprägte Gesellschaft gehalten hatte, waren so weit von dem Machtzentrum in Lothian entfernt, daß ein schwacher König sie kaum unter seinem Einfluß halten konnte. Die Einmischungen und Mitwirkungsansprüche Englands, die sich auf Verschwägerungen mit dem schottischen Hochadel gründeten, begleiteten die schottische Geschichte von einer Generation zur anderen. Umgekehrt war Schottland wegen ebendieser verwandtschaftlichen Beziehungen seinerseits in der Lage, in England zu intervenieren. Schon lange vor Mary Queen of Scots war Schottland zum Spielball der europäischen Auseinandersetzungen zwischen England und Frankreich geworden. Die einander widersprechenden ethnisch-politischen Kulturen, die Schottland geformt hatten, trugen mehr zur Polarisierung als zur Harmonisierung des Königreichs bei. Eine staatstragende *classe politique* war demzufolge nicht vorhanden. Schottland war, wie die Interregna und unsanften Übergänge bei den Thronwechseln zeigten, bisweilen unregierbar.

Die schottische Geschichte war von Macbeth und Robert Bruce bis zur Niedermetzelung der Macdonalds durch die Campbells in Glencoe, im „Tal der Tränen" (Schaff 93, 153f.), eine *grausame Geschichte*. Seit diesem Massaker am 12. Februar 1692, im Auftrag des protestantischen Königs William of Orange durchgeführt, wurden die Symbole der schottischen Geschichte neu bewertet. Dazu gehörte, daß Mary Queen of Scots seit dieser Erfahrung englischer Unterjochung für katholische und presbyterianische Schotten gleichermaßen zur Lichtfigur wurde.

Die schottische Geschichte war auch eine *tragische Geschichte*. Oft fehlten die männlichen Erben. Kinder wurden um des Thrones willen verheiratet, ohne je auf den Thron zu kommen – wir brauchen nur an Margaret, the Maid of Norway, zu denken. So kamen auch die Stuarts nur auf den Thron, weil David II. bei seinem Tod keinen Erben vorzuweisen hatte. In dem Maß, wie schottische Könige tragisch endeten, wurde ihr Scheitern später auch zur faszinierenden literarischen Vorlage. Dafür ist Mary Queen of Scots das überzeugendste Beispiel. Wir brauchen nicht zu entscheiden, ob die Geschichte Schottlands mit ihrem Bestand an tragischen Ereignissen der englischen zahlenmäßig überlegen ist. Die Geschichte seiner Könige trägt aber auf jeden Fall zur Aura Schottlands bei.

Was sich zwischen Mary Queen of Scots und Elizabeth abspielte, war im Kern nur ein Familienkonflikt, der sich in die Dimension europäischer Großmächtepolitik ausgeweitet hatte. Am Anfang stand wieder einmal eine Heirat. Henry VII., der erste Tudorkönig (1485–1509), dessen walisische Wurzeln wir schon kennen, wollte aus Gründen der Staatsräson ein besseres Verhältnis zu Schottland aufbauen:

Die ständigen Spannungen mit Schottland wurden 1497 durch einen Waffenstillstand und dann 1502 durch einen Heiratsvertrag entschärft, demzufolge Margaret Tudor, Heinrichs 1489 geborene Tochter, Jakob IV. ehelichen sollte. Die Heirat kam auch 1503 zustande und erbrachte späterhin die Vereinigung beider Kronen (1603) und beider Länder (1707). Für den Augenblick war Heinrich jedoch über die fortdauernden Feindseligkeiten an der Nordgrenze enttäuscht. Immerhin sicherte auch diese Familienverbindung die Tudor-Krone. (Kluxen 76, 168)

Was Kluxen nüchtern-abstrakt – Heirat (1503), Personalunion (1603), Vereinigung zweier Länder (1707) – als thronerhaltenden Schachzug des ersten Tudors darstellt, war in Wahrheit die Eroberung Schottlands, das Zerbrechen seiner aus keltischen Ursprüngen entstandenen Kultur und die endgültige Expansion Englands in den keltischen Rand Europas hinein. Kluxens Zeitraffung 1503 – 1603 – 1707 klingt nach dem habsburgischen Motto *Bella gerant alii, tu felix Austria nube*. Es war ganz anders: zwischen England und Schottland wurden keine Kriegszüge gescheut. Es ging weder um *felix Scotia* noch um *felix Britannia*, als sich Tudors und Stuarts zur Ehe miteinander verbanden. Daß Shakespeare aus dem Kampf zwischen Elizabeth und Maria Stuart kein Königsdrama machte, lag wohl nur daran, daß für ihn der klassische Stoff noch hinter der zeitgeschichtlichen Unerheblichkeit verborgen war.

Die zwischen Tudors und Stuarts sich entwickelnde Geschichte betraf nur den innersten Kreis einer Familie. Margaret Tudor war die Schwester von Henry VIII. und die Tante der Elizabeth. Maria Stuart war die Enkelin Margarets und die Tochter von James V. von Schottland. James V. von Schottland war der Neffe von Henry VIII. und der Vetter der Elizabeth. *Maria Stuart war also die Tochter von Elizabeths Vetter.* In der Familiengeschichte noch einmal zurückgeblickt: Elizabeth war die Enkelin von Henry VII., und Maria Stuart war dessen Urenkelin; James VI. (James I. von England) war der Ur-Urenkel von Henry VII. Wenn wir uns diese Familientafel vor Augen halten, dann entwickelte sich das tragische Drama zwischen Elizabeth und Mary Queen of Scots aus dem Konflikt zwischen einer kinderlosen Frau und der Tochter ihres Vetters, die sie beerben wollte. Diese biedere Familienlogik ging jedoch ganz unübliche Wege, als die dynastischen Ansprüche, die Machtpolitik der Staaten und die Auflösung des traditionellen Religionsgefüges dazukamen.

Maria Stuart wurde am 8. Dezember 1542 als das einzige eheliche Kind von James V. (1513–1542) und Maria von Lothringen, Tochter des Herzogs von Guise, im Schloß Linlithgow geboren (über Marias neun uneheliche Geschwister: Fraser 71, 116). Der Vater starb schon am 14. Dezember 1542, und Maria Stuart wurde mit sechs Tagen Königin. Das war ein weiterer Beitrag zur Tragik der schottischen Monarchie, in der hintereinander sieben unmündige Könige auf den Thron gekommen waren und in der es seit dem 14. Jahrhundert – zuletzt bei der Thronbesteigung Roberts III., des zweiten Stuartkönigs, im Jahr 1390 – keinen erwachsenen Thronfolger mehr gegeben hatte (Fraser 71, 19).

Im Jahr 1548 wurde ein Ehevertrag mit Heinrich II., dem französischen König, abgeschlossen. Sechsjährig reiste Maria Stuart am 7. August 1548 an den französischen Hof, um dort auf ihre Verlobung mit dem Dauphin Franz (am 19. April 1558) und auf ihre Hochzeit in Notre-Dame (am 24. April 1558) zu warten. Die Fußangeln waren in den Geheimverträgen zwischen Schottland und Frankreich ausgelegt. Nach dem Tod der Mary Queen of Scots, die schon mit neun Monaten in Stirling Castle gekrönt worden war (Bold 80, 22; Fraser 71, 33. 92), sollte Schottland mit der französischen Krone verbunden werden. Umgekehrt garantierte Frankreich der schottischen Königin ihren Erbanspruch auf den englischen Thron. Sicher ist, daß das Kind Maria Stuart von diesen dynastischen Absprachen nichts wußte. Ihre Erziehung in Frankreich hatte das Ziel, sie in dieses Denkmodell der Königreiche erst hineinzuerziehen. Der Machtkampf zwischen den beiden Königinnen begann da, wo die Legitimität von Elizabeths Herrschaft, die nach dem Tod Mary Tudors (Bloody Mary) am 17. November 1558 auf den Thron gekommen war, durch die geheimen Abmachungen bestritten war.

Erst einmal wurde in der Kathedrale Notre-Dame geheiratet. Die Schönheit der *Reine Dauphine* wurde nicht nur von Brodsky, der ihr erst im Jardin du Luxembourg begegnete, gepriesen. Pierre de Ronsard, der *poète royal*, kannte die verehrte Frau persönlich:

> Wie man blaßweiß und leuchtendrot
> Aurora aufgehn sieht und Vesper in der Nacht,
> so strahlt an Schönheit unvergleichlich
> weit über allen die Prinzessin Schottlands.
> (Fraser 71, 76)

Der finstere, fanatische John Knox, der der katholischen Königin bestimmt keine Komplimente machen wollte, nannte ihr Aussehen einmal „pleasant", angenehm, und hielt in seinen Memoiren fest, daß die Leute von Edinburgh bei ihrem Erscheinen ausriefen: „Gott segne dieses bezaubernde Gesicht" (Fraser 71, 80). Dieser sich als unfehlbar einschätzende Calvinist hatte 1558 eine Schrift im apokalyptischen Sprachstil herausgegeben: *The First Blast of the Trumpet against the Monstrous Regiment of Women* (Der erste Trompetenstoß gegen das widerwärtige Regiment von Frauen). Nein, dieser schottische Rigorist und Scharfmacher konnte Mary Queen of Scots wirklich nicht leiden. Wenn er sie dann doch „pleasant" nannte, dann mußte sie tatsächlich eine überaus schöne Frau gewesen sein. Dafür ist John Knox der beweiskräftigste Zeuge.

Beim Tod der Mary Tudor ließ der König von Frankreich seine Schwiegertochter zur *Königin von England, Irland und Schottland* ausrufen und veranlaßte das Kronprinzenpaar, die englische Krone in sein Wappen aufzunehmen. Heinrich II. wollte damit die Verbindung zwischen England und Spanien, die wegen der Ehe Mary Tudors mit Philipp II. von Spanien bestanden hatte, lockern und England unter seinen politischen Einfluß bringen. Elizabeths Thronanspruch beruhte allein auf der Kirchenreform ihres Vaters, während sie nach katholischem Rechtsdenken als uneheliche Tochter kein Recht auf die Thronfolge hatte.

Elisabeth war die Tochter Heinrichs VIII. und seiner zweiten Frau Anne Boleyn; da Heinrichs Scheidung von seiner ersten Frau, Katharina von Aragon, von der katholischen Kirche nicht anerkannt worden war, wurde seine Ehe mit Anne von den Katholiken als ungültig betrachtet, und so galt Elisabeth nach strengen katholischen Maßstäben als unehelich und darum nicht thronberechtigt. Von diesem Standpunkt aus gesehen, wäre Maria Stuart nach dem Tode Maria Tudors die rechtmäßige Thronerbin gewesen. (Fraser 71, 86)

Diese katholische Perspektive verwandelte sich nur in eine unwesentlich andere thronrechtliche Variante, wenn man davon ausging, daß die von Henry VIII. romunabhängig gemachte Church of England, die Elizabeth als Thronerbin anerkannte, auf Dauer anglikanisch blieb. Solange Elizabeth nämlich keinen leiblichen Erben hatte – und sie bekam ihn nie! –, war Maria Stuart als Urenkelin von Henry VII. Tudor sowieso die erste Anwärterin auf den englischen Thron – also eine permanente Bedrohung für Elizabeth. Wie sehr sich Elizabeth lebenslang durch Maria Stuart bedroht fühlte, wurde daraus sichtbar, daß noch in dem Hochverratsprozeß von 1586, der mit dem Todesurteil gegen Maria endete, auf Heinrich II. von Frankreich verwiesen wurde, der beim Tod Mary Tudors die schottische Maria zur Königin der drei Königreiche ausgerufen hatte (Fraser 71, 87; Williams 78; Suerbaum 89).

Um es noch einmal deutlich zu sagen: die dynastischen, religiösen, machtpolitischen und rechtlichen Dinge waren das Hauptproblem, das Maria Stuart bis zu ihrer Hinrichtung am 8. Februar 1587 zerstörerisch mitspielte, nicht die Sache mit ihren vielen Männern. Brodsky irrt sich:

> Die Zahl deiner Geliebten, Mary war
> weit höher noch als drei, sie lag sogar
> jenseits von zehn, von zwanzig oder mehr.
> Der Krone schadet nichts so sehr wie Zufallsbetrieb
> beim königlichen Bettverkehr.
> (Brodsky 85, 67)

Nein, die vielen Männer – bei ihrer Zahl übertreibt Brodsky maßlos – waren es in einem Zeitalter, das nicht moralistisch eng dachte, wenn es um die Leute an den Höfen ging, kaum. Noch nicht einmal der Mord an ihrem zweiten Ehemann, Lord Darnley, führte Marias Untergang herbei, war dieser Mord doch die Vergeltung für die vorhergegangene Ermordung des Sekretärs David Riccio am 9. März 1566 in den Privatgemächern der Königin in Holyrood Palace. Maria Stuarts Problem war und blieb ihre nahe Verwandtschaftsbeziehung zu Elizabeth, nicht ihr zugegebenermaßen ungewöhnliches Privatleben. Mit ihrem Privatleben lieferte sie nur der intellektuellen Regenbogenpresse der folgenden Jahrhunderte – und auch den vielen Filmen – bunte Anschauung und Stoff vor einem schottischen Hintergrund.

Franz II. von Frankreich starb ein Jahr nach seiner Krönung im Dezember 1560. Maria Stuart kehrte daraufhin am 19. August 1561 nach Edinburgh zurück und ließ sich in Holyrood Palace nieder (Kluxen 76, 219). Als Maria noch in Frankreich war, hatten sich in Schottland die zum Calvinismus neigenden Lords of the Congregation gegen Maria von Guise, Maria Stuarts Mutter und in ihrer Abwesenheit Regentin, erhoben und England zum Schutz der protestantischen Partei aufgefordert. Im *Vertrag von Berwick* (Februar 1560) sagte Elizabeth den Lords of the Congregation zu, für die Rechte und Freiheiten der protestantischen Schotten einzutreten. Englische Truppen standen französischen Truppen gegenüber, die gemäß der Anstiftung von Maria Stuarts Schwiegervater das englische Königswappen trugen.

In dieser Situation wurde der *Vertrag von Edinburgh* ausgehandelt und am 6. Juli 1560 abgeschlossen. Der Vertrag sah vor, daß die fremden Truppen sich wieder aus Schottland zurückziehen sollten. Außerdem wurden Franz und Maria Stuart verpflichtet, nicht mehr das englische Wappen zu führen und dadurch implizit Elizabeth als englische Königin anzuerkennen. Die ausländischen Truppen begannen den Rückzug. Ein Unterhändler reiste nach Frankreich, um die Ratifikation des Vertrages bei Maria und Franz einzuholen. Diese Zustimmung der französischen Vertragspartei wurde nie gegeben,

> denn am 11. August verkündete das schottische Parlament die *Confessio Scotica*, und fünf Tage später hob es die Zuständigkeit des Papstes auf und verbot die Zelebrierung der Messe unter Androhung der Todesstrafe beim dritten Versuch. So wurde mit einer historischen Geste offiziell das vollzogen, was wir heute als die schottische Reformation bezeichnen. Das Parlament, nicht die Königin, hatte den Beschluß gefaßt: Obgleich, verfassungsmäßig gesehen, der Erlaß, der die Reformation ins Leben rief, der Genehmigung der Königin bedurfte, erhielt er sie faktisch niemals. (Fraser 71, 98f.)

Marias politisches Unglück – das eine überindividuelle Tragik enthielt – lag darin, daß sie aus dem Kontext der französischen Verhältnisse heraus die konfessionspolitischen Vorgänge in Schottland weder verstehen noch situationsgerecht auf sie reagieren konnte. Weil sie die Legitimität Elizabeths grundsätzlich bestritt, konnte sie auch nicht sehen, daß Elizabeth seit dem Parlamentsbeschluß über die Confessio Scotica automatisch zur Schutzherrin der schottischen

Calvinisten geworden war. Maria Stuarts französisch-katholischer Hintergrund und ihr persönlicher Glaube mußten zu heftigsten Konflikten mit der soeben erst in Schottland ausgelösten politischen und kirchlichen Entwicklung führen.

In diese unbekannte Welt tauchte Mary Queen of Scots – mit fünf Jahren war sie aus Schottland weggebracht worden, und jetzt war sie erst achtzehn – im August 1561 ein. Wir sind uns sicher, daß sie der Situation und den Kräften, denen sie mit einem Mal ausgesetzt war, nicht als souveräne Königin, sondern als jedermanns Manipulationen ausgesetztes Opfer gegenübertrat. Maria Stuart war für die nur acht Jahre ältere englische Königin eine dem eigenen Leben parallel verlaufende Dauerbedrohung. Dieses biographische Patt, was das Lebensalter betrifft, hätte nur durch Kompromiß, Interessenausgleich und Anerkennung des jeweils anderen Herrschaftsbereichs auf Dauer ausgehalten werden können. Wenn jedoch der Konflikt zwischen den beiden Königinnen durch einen Machtentscheid gelöst werden mußte, dann wäre zu prüfen gewesen, wer in der besseren politischen Situation war. Das zu erkennen, hätte wiederum von der Weisheit und der Zuverlässigkeit der Berater sowie von den gewachsenen inneren Strukturen in beiden Königreichen abgehängt. In dieser Hinsicht war ein Schottland, in dem seit dem Jahr 1390 (Krönung Roberts III.) kein erwachsener König mehr auf den Thron gelangt war und der Adel sich der Kontrolle durch die Krone fast ganz entzogen hatte, einem durch die Tudors – vor allem durch Henry VIII. – zentralisierten England unterlegen. Das Königtum war – in einem allgemeinen Sinn – die für Schottland am wenigsten geeignete Regierungsform. Daß Maria Stuart die Grundforderung des Vertrags von Edinburgh, Elizabeth als englische Königin anzuerkennen, nicht erfüllte und auf die eigenen Ansprüche nie verzichtete (Fraser 71, 143), führte beide Königinnen in eine lebenslange Rivalität hinein, die ganz zwangsläufig zu dem 8. Februar 1587 führen mußte.

Der schottische Reformator John Knox – zum Fanatismus neigend und hochbegabt, was ja oft zusammengeht – beherrschte bereits die schottische Bühne, ehe Maria Stuart aus Frankreich zurückgekommen war. Knox hatte in St. Andrews studiert und war Priester. Durch die Predigt von George Wishart war John Knox protestantisch geworden. Als Wishart unter der Verantwortung Kardinal Beatons in St. Andrews 1546 als Häretiker verbrannt worden war, war

Knox an dem Rachemord an dem Kardinal beteiligt. Das Schloß von St. Andrews, in dem sich die Täter verschanzten, wurde 1547 von französischen und schottischen Truppen eingenommen, und John Knox wurde für neunzehn Monate auf eine französische Galeere verbannt. Er kam 1549 durch die Intervention König Edwards I. von England wieder frei und wirkte als *royal chaplain* in Nordengland.

Als die katholische Mary Tudor (Bloody Mary) Königin wurde, ging Knox auf den Kontinent ins Exil (Genf und Frankfurt am Main). Nach einem Zwischenbesuch in Schottland (1555–1556) war er von 1556 bis 1558 in Genf – also im Umkreis Johann Calvins – Pfarrer der englischen Gemeinde.

Die Lords of the Congregation, die in Schottland die Interessen der protestantischen Partei vertraten, wurden von der Regentin Maria von Guise militärisch bedrängt und griffen selbst zu den Waffen. In dieser Situation riefen sie John Knox aus Genf zurück.

So hatte Knox seinen wesentlichen Beitrag zur Reformation bereits vor Maria Stuarts Heimkehr, ja sogar schon vor dem Tod *Maria von Guises* (sie starb am 11. Juni 1560; der Verf.) geleistet; er blieb auch weiterhin der unbestrittene Herr der schottischen „Kritik", und es war ein Unglück für die junge Königin, daß dieser unbarmherzige Fanatiker während des ersten Jahres ihrer Regierung in Edinburgh lebte, um von der Kanzel herab das Volk gegen sie und ihren Glauben aufzuhetzen. (Fraser 71, 136)

1558 hatte John Knox in Genf die Schrift *First Blast of the Trumpet against the Monstrous Regiment of Women* verfaßt. Wie er polemisch schrieb, waren für ihn Frauen, die zu christlichen Herrscherinnen aufstiegen, unannehmbar. Nach alter kirchlicher Tradition, die er nur noch zuzuspitzen brauchte, waren sie „haltlose, sündhafte, unduldsame, schwächliche und törichte Geschöpfe". Sie zu Herrscherinnen zu machen, war die „Vernichtung von Ordnung, Billigkeit und Recht", was sowohl gegen den Willen Gottes als auch gegen die Gesetze der Natur verstieß. (Fraser 71, 137) Damit unternahm Knox einen frauenfeindlichen Rundumschlag, der gleich drei Königinnen und eine Regentin – Elizabeth eingeschlossen – traf, wiewohl er nur auf Mary Tudor, Maria von Guise und Mary Queen of Scots gemünzt war. Diesem Mann würde Maria Stuart sehr bald gegenüberzutreten haben. Robert Burns dichtete am Ende des 18. Jahrhunderts ironisch über die Orthodoxie des John Knox – *The Kirk of Scotland's Alarm*

(Burns 50, 233–236) –, doch war das nur ein später literarischer Reflex. Der lebenden Maria Stuart konnte Burns nicht helfen.

Sie war am 19. August 1561, an einem Dienstag, in Schottland angekommen. Maria Stuart war zugesichert worden, daß sie ihre Religion unbehindert ausüben könnte. Aber schon an ihrem ersten Sonntag in Edinburgh, also am 24. August, kam es vor der Hauskapelle in Holyrood Castle zum Eklat.

Wie sehr ihr neues Königreich sich von ihrem alten unterschied, sollte die junge Königin bereits am ersten Sonntag in Schottland erfahren. Bis zu diesem Morgen war alles ruhig und friedlich gewesen, aber am Sonntag hatte Maria, der von Lord James die Ausübung ihrer Religion zugesagt worden war, die Lesung der Messe in ihrer Hauskapelle in Holyrood angeordnet. Die Vorbereitungen für den Gottesdienst waren einem Land, das erst seit einem Jahr protestantisch war, nur allzu vertraut. Wütend riefen die Zuschauer aus: „Soll in unserem Königreich abermals Abgötterei getrieben werden?" und beschlossen zugleich: „Nein, das lassen wir nicht zu!" Patrick Lindsay, der künftige Lord Lindsay of the Byres, forderte mit lauten Rufen den Tod des „götzendienerischen" Priesters. Dem erschrockenen Mesner wurden die geweihten Kerzen entrissen und zusammen mit einem Teil des Kirchengeräts entweder zerbrochen oder in den Staub getreten. Doch es gelang den Reformierten nicht, in die Kapelle selbst einzudringen. (Fraser 71, 135)

Das war schottische Reformation pur – ideologischer Fanatismus, Bildersturm und Unversöhnlichkeit. Der Vorfall in Holyrood paßte andererseits in das europäische Scenario der Reformationszeit hinein und gehörte in dieser oder in anderer Form zum ideologischen Kampfarsenal aller Konfessionen. Nur Miler MacGrath auf Cashel Rock würde, wie wir gesehen haben, sich mit den Problemen etwas anders auseinandergesetzt haben, aber der war die große Ausnahme. Maria Stuart jedenfalls sollte an der Edinburgher Situation zu leiden haben.

Einen Sonntag später predigte John Knox in der St. Giles Cathedral – über die Royal Mile von Holyrood aus leicht zu erreichen – gegen die katholische Messe der Königin. Es wäre ihm lieber, zehntausend Feinde in Schottland landen zu sehen, als eine einzige Messe gelesen zu wissen. Das war gewiß übertrieben. Die hochgehenden Emotionen lassen sich aber auch daraus erklären, daß in Frankreich die ersten Hugenottenverfolgungen begonnen hatten und John Knox die aus Europa gekommenen Nachrichten durchaus begründet zu der

Messe in Holyrood Palace in Beziehung setzen konnte. (Fraser 71, 136; Kluxen 76, 219f.)

An dem auf die Predigt in St. Giles folgenden Donnerstag, am 4. September 1561, trafen Maria Stuart und Knox in Holyrood zusammen. Die Königin hielt Knox vor, ihre Untertanen zu dem Zwischenfall in der Kapelle aufgehetzt zu haben, und sie beschwerte sich über sein Buch *Monstrous Regiment of Women*. Das Gespräch bestätigte, daß Knox – so hatte Maria Stuart ihn schon von Frankreich aus eingeschätzt – der gefährlichste Mann ihres Königreichs war.

Knox beharrte zwar auf seiner Meinung bezüglich des Königtums der Frauen, versicherte ihr jedoch, wenn sie sich geziemend verhalte und das Königreich durch ihre Weiblichkeit nicht ins Unglück stürze, so werde er ihr aus diesem Grund allein nicht das Herrscherrecht aberkennen. Doch als sie auf die Frage der Religion zu sprechen kamen, zeigte er sich weniger nachgiebig. Maria, die um jeden Preis Frieden in ihrem Lande wünschte, versuchte, zu einer Verständigung mit ihm zu gelangen, und schließlich erklärte Knox sich bereit, *sie vorläufig zu dulden*, vorausgesetzt, daß sie ihre Hände nicht mit dem Blut der Rechtgläubigen besudele. Nichtsdestoweniger verteidigte er beharrlich das *Recht der Untertanen, sich gegen einen Herrscher zu erheben*, der sich *Gottes Gebot widersetzte*. (Fraser 71, 138; Hervorhebung vom Verf.)

Die Königin war, wie aus Knox' *History of the Reformation in Scotland* hervorgeht, dem calvinistisch argumentierenden Gegner nicht gewachsen:

„Wollen Sie damit sagen, daß meine Untertanen Ihnen gehorchen sollen und nicht mir?" fragte sie. ... Als Knox darauf erwiderte, daß beide, der Fürst und die Untertanen, Gott gehorchen und seine Kirche pflegen sollten, erklärte Maria: „Ja ... aber Eure Kirche ist nicht die meine. Ich will die römisch-katholische Kirche pflegen, die ich für die wahre Kirche Gottes halte." Aber Knox sprach Maria die Fähigkeit ab, über solche Dinge zu urteilen: „Gewissen erfordert Kenntnis" sagte er, „und ich fürchte, Ihr entbehrt der rechten Kenntnis." (Fraser, ebd.)

In dem Gespräch am 4. September 1561 stieß also Gewissen auf Gewissen. Dabei war Maria Stuart bereit, ihr Gewissen der Staatsräson und ihrer Pflicht als Königin unterzuordnen. Von John Knox jedoch war zu erwarten, daß er in der für ihn günstigen Situation seine Gewissensinhalte zu politischen Machtinstrumenten gegen die unerfahrene Königin machen würde. Das Gespräch konnte darum zu keiner Verständigung führen. Knox wollte nur für den Augenblick stillhalten. Seine ineinandergeschachtelten Vorbehalte und seine an der *Confessio Scotica* orientierten Bedingungen drängten Maria weltanschaulich, politisch und persönlich in eine Falle.

Knox' calvinistisch-republikanischer Ansatz, der auf einen von finsterblickenden Männern gelenkten „Gottesstaat" zulief, gehörte zu der geistigen Grundausstattung einer Welt, in der es zu der Hinrichtung von Charles I. im Jahr 1649 und zu Cromwells Revolution kommen würde. Es bedurfte erst der in das politische Denken eindringenden Aufklärung und der in demokratische Strukturen verwandelten Französischen Revolution, um die Engführung von Staat, Gesellschaft und Kirche zu lockern. Mary Queen of Scots an ihrem geschichtlichen Ort im Schottland der Jahre 1561 bis 1568 blieb eingezwängt in die Konflikte zwischen katholischem und calvinistischem Bekenntnis, zwischen schottischer Krone und ihrem Anspruch auf den englischen Thron, zwischen der von einer Monarchin geforderten öffentlichen Moral und ihrer persönlichen Lebenslust. Ihr war am Ende nur die Rolle des Opfers vorbehalten.

Das persönliche Leben der Königin war von Dramatik geprägt. Sie heiratete am 29. Juli 1565 ihren Vetter Henry Darnley (Wormald 92, 198–202). Der Sekretär David Riccio wurde in Holyrood unter Beteiligung Darnleys ermordet. Am 19. Juli 1566 wurde der Thronfolger James (VI.) geboren. Darnley wollte Maria Stuart absetzen lassen und selbst als Vormund seines Sohnes regieren. Darnley wurde unter Führung von James Hepburn, Earl of Bothwell, und mit Wissen Marias am 9. Februar 1667 von einigen Adligen ermordet (Fraser 71, 231–245). Bothwell vergewaltigte Maria (Fraser 71, 255f.) und erzwang so die Ehe mit ihr.

Die am 15. Mai 1567 protestantisch geschlossene Ehe ging in dem Aufstand der schottischen Adligen gegen Bothwell, dessen Grausamkeit und Macht sie fürchteten, unter. Maria wurde von den aufständischen Adligen nach Lochleven Castle auf einer Insel im gleichnamigen See gebracht, wo sie eine Fehlgeburt hatte (Fraser 71, 270f. 276; Walker 83, 27–50). In Lochleven Castle wurde Mary Queen of Scots am 24. Juli zur Abdankung gezwungen. Ihr einjähriger Sohn wurde am 29. Juli 1567 als James VI. gekrönt. Das beschleunigende Motiv bei der Absetzung der Königin war, daß diese am 8. Dezember des gleichen Jahres fünfundzwanzig Jahre alt geworden wäre und dann alle Rechte, die während der Vormundschaft für das Kind Maria

– also seit dem Tod ihres Vaters am 14. Dezember 1542 – vergeben worden waren, an Mary Queen of Scots zurückgefallen wären. (Fraser 71, 276. 278) In dieser Lage kam den ungebärdigen Adligen das Verhängnis, in das die Königin durch Bothwell hineingerissen worden war, gerade recht. Es war vorteilhafter, ein weiteres Mal – zum letzten Mal! – einen unmündigen schottischen König zu haben.

Maria floh am 2. Mai 1568 aus ihrem Gefängnis in Lochleven. Ein der Königin ergebenes Heer wurde besiegt. Die abgesetzte Königin floh daraufhin nach England weiter und wurde in Schloß Carlisle im Nordwesten Cumbrias, an der schottischen Grenze, untergebracht. Sie versuchte, ihre Ehe mit Bothwell scheiden zu lassen und nährte neue Hoffnungen, wieder auf den schottischen Thron zu gelangen. Eine Versammlung des schottischen Adels in Perth lehnte im Juli 1569 diese Pläne mit vierzig gegen neun Stimmen ab (Fraser 71, 337). Bei der unterlegenen Minderheit war auch der Duke of Atholl, dessen Familie traditionsgemäß auf der Seite der Stuarts gestanden hatte (Blair Atholl 85, 2–3. 6. 24).

Maria Stuarts Flucht nach England brachte Elizabeth in eine prekäre Lage. Der Streit der Dynastien war zu einem politischen Dilemma mit Langzeitwirkung geworden:

> Sie konnte die Rivalin nicht nach Schottland zurückführen, da hier ihre eigenen Parteigänger das Ruder in Händen hatten, sie aber auch nicht nach Frankreich lassen, ohne sich selbst dem Risiko eines internationalen Konflikts über ihr Thronrecht auszusetzen. Ein Verbleib in England mußte Maria zum Mittelpunkt von Widerstand und Verschwörung machen. (...) Andererseits verabscheute Elisabeth aus ihrer Anschauung vom göttlichen Königsrecht und ihrer ganzen Natur nach eine offene oder geheime blutige Lösung; statt dessen zog sie vor, 19 Jahre lang unter dem Schatten dieser Frage zu leben. (Kluxen 76, 222)

Elizabeths Politik gegenüber Maria Stuart wurde wegen einer romantisierenden Verehrung für die Gefangene bereits früh kritisiert. Schon 1793/1794 bemerkte Ludwig Spittler in seinem „Entwurf der Geschichte der Europäischen Staaten“:

> Doch gegen die sorglose, unvorsichtige Maria sich zu schützen, *wäre weniger Aufwand falscher Politik notwendig gewesen.* (Günther 93, 142; Hervorhebung vom Verf.)

Schiller verklärte wenige Jahre später in seinem Trauerspiel, das im Juni 1800 zum ersten Mal in Weimar aufgeführt wurde, Mary Queen of Scots zu einer säkularisierten Heiligen, der die dunkel gezeichnete Elizabeth als Gegenfigur gegenüberstand:

> Was klagt ihr? Warum weint ihr? Freuen solltet
> Ihr euch in mir, daß meiner Leiden Ziel
> Nun endlich naht, daß meine Bande fallen,
> Mein Kerker aufgeht und die frohe Seele sich
> Auf Engelsflügeln schwingt zur ew'gen Freiheit.
> Da, als ich in die Macht der stolzen Feindin
> Gegeben war, Unwürdiges erduldend,
> Was einer freien großen Königin
> Nicht ziemt, da war es Zeit, um mich zu weinen!
> – Wohltätig, heilend, nahet mir der Tod,
> Der ernste Freund! Mit seinen schwarzen Flügeln
> Bedeckt er meine Schmach – den Menschen adelt,
> Den tiefstgesunkenen, das letzte Schicksal.
> Die Krone fühl ich wieder auf dem Haupt,
> Den würd'gen Stolz in meiner edlen Seele!
> (Friedrich Schiller, Maria Stuart, 5. Aufzug, 6. Auftritt)

So idealtypisch dürfen die Ursachen, die zur Hinrichtung Maria Stuarts am 8. Februar 1587 in Schloß Fotheringay führten, nicht umgedeutet werden. Kluxen hat gerade zutreffend gezeigt, daß Elizabeth von England zwischen 1568 und 1587 unter der dauernden Bedrohung ihres Thrones durch Mary Queen of Scots lebte.

Natürlich dichtet auch Joseph Brodsky an der Tragik Marias vorbei:

> Man wollte dich nur deshalb unterkriegen,
> weil etwas an dir unvergänglich schien:
> du warst der Zeit voraus; warst viel zu schön.
> (Brodsky 85, 77)

An welchem Punkt ihres Lebens war die Hingerichtete, die ihren Sohn zum letzten Mal sah, als er zehn Monate alt war (Fraser 71, 363–369), je ihrer Zeit voraus gewesen?

Brodsky rettet sich in den Sarkasmus des Nachgeborenen, der von der Parkbank aus Mary Queen of Scots in seine männliche Weltsicht hineinholt:

Beleidigt?
Ach geh! Die Schotten haben überlebt,
auch England ist nochmals davongekommen.
Wie immer stehst du hier im Park: besonnen,
unähnlich der, die einst die Welt erregte.
Ich mochte manche Frau mehr als dich,
doch es gab keine, die euch beiden glich.
(Brodsky 85, 81)

Der Dichter zwischen St. Petersburg und New York beschwört Maria als die schöne Königin. Er lernt sie in Paris kennen. In Westminster Abbey hätte er ihr – nicht weit von Elizabeths Grab – geschichtsnäher begegnen können. Da ruhen beide Königinnen in der Chapel of Henry VII., von dem sie ihren Anspruch auf den englischen Thron abgeleitet hatten.

James VI. wurde als James I. in Personalunion auch englischer König. Die Union der beiden Staaten scheiterte zunächst am heftigsten Widerstand in Kirche, Parlament und Bevölkerung. Die schottischen Calvinisten wehrten sich gegen die Ausdehnung der englischen Kirchenorganisation nach Schottland. In Irland brach 1641 ein Aufstand gegen die Protestanten los, der Tausenden das Leben kostete. Die Unruhen sprangen jeweils aus den Nachbarländern auf England selbst über. Der Stuart Charles I., Maria Stuarts Enkel, ging 1649 in London auf das Schafott. England trieb in den Bürgerkrieg hinein. Oliver Cromwell und Richard Cromwell dominierten die königslose Zeit zwischen 1653 und 1659. Die Union von England und Schottland kam erst 1707 zustande. Fünfundvierzig Schotten vertraten ihr Land im Unterhaus, sechzehn schottische Lords gingen in das Oberhaus. (Kluxen 76, 280. 304 f. 378)

Das Edinburgher Parlament, neben St. Giles gelegen, hatte seine politische Funktion verloren. Die Union von 1707 betraf auch nicht mehr die Stuarts: der Thron ging an die Könige des *Hauses Hanover* weiter. Und dennoch hielten die Stuarts ihren Anspruch auf den vereinigten Thron, was nach 1603 staatsrechtlich korrekt war, aufrecht.

Der *Act of Settlement* hatte 1701 festgelegt, daß nur noch Anglikaner auf den Thron gelangen durften. Damit war das umstrittene Haus Stuart von der Thronfolge ausgeschlossen. Die nächsten Könige William III., seine Frau Mary II. und deren Schwester Anne waren daher keine Katholiken mehr, wiewohl sie alle drei noch von den Stuarts abstammten. William war ein Enkel von Charles I., Mary und Anne waren Töchter von James II.

Die vom Thron ferngehaltenen direkten Nachkommen von James II. fanden nur noch unter den Jakobiten in Schottland und Irland Rückhalt. James Francis Edward Stuart – jakobitisch gezählt: James-VIII./James III. – galt als *The Old Pretender* (Thronanwärter). Aufstände der schottischen Jakobiten schlugen 1708, 1715 und 1719 fehl und gefährdeten die Könige des Hauses Hanover nicht mehr. James Francis Edward zog sich nach Rom zurück, nur noch vom Papst, von Spanien und von Frankreich als König Großbritanniens anerkannt – und von deren zuerst gern, im Lauf der Zeit jedoch immer unwilliger gezahlten Pensionen lebend. (MacLaren 80, 9)

In Rom wurde dem *Old Pretender* am 31. Dezember 1720 ein Sohn geboren: Prinz Charles Edward Louis Philip Sylvester Casimir Maria, der in den Highlands und auf den Isles bis zum heutigen Tag als Bonnie Prince Charlie geliebt und verehrt wird. Charles Edward Stuart wurde im Palazzo Santissimi Apostoli – welche eine römische Welt, und wie unvergleichbar mit einem schottischen oder englischen Schloß – geboren.

Bonnie Prince Charlie führte den jakobitischen Aufstand von 1745 an. Er rief am 19. August seinen in Rom gebliebenen Vater zum König und sich selbst zum Regenten aus. Das Heer der aufständischen Jakobiten war am 4. Dezember bereits bis nach Derby, auf dem halben Weg nach London gelegen, vorgestoßen und brachte König George II. in größte Verlegenheit. Doch auf einmal zogen sich die Aufständischen wieder nach Schottland zurück. In der *Schlacht von Culloden* wurden sie am 16. April 1746 entscheidend geschlagen. (Bold 80, 24; Kluxen 76, 423) Kluxen gibt eine nicht nur für schottische Ohren harte und empathielose Zusammenfassung:

> Auch die Jakobitengefahr war mit der Niederlage von Prinz „Bonnie Charles", dem Stuart-Prätendenten, bei Culloden 1746 endgültig beseitigt, und das alte Widerstandsnest Schottland mit der Auflösung der letzten gentilizischen Häuptlingsverbände und einer administrativen Reform dem Stande Englands angeglichen worden. (Kluxen 76, 443)

Was bedeutet das: die „Auflösung der letzten gentilizischen Häuptlingsverbände" in dem „alten Widerstandsnest Schottland", und dann auch gleich noch eine „administrative Reform" im Sinne Englands? Was England als „administrative Reform" verstanden haben mochte, erlitten die Unterlegenen als leidvolle Unterdrückung und als den Verlust der schottischen Freiheiten.

Den Schotten jedenfalls wurde das Elend der Stuarts zur Herzenssache. Robert Burns, der jakobitische Presbyterianer, schrieb in dem Klagegedicht *Lament of Mary, Queen of Scots, at the Approach of Spring* (Burns 50, 202–204) die zarteste Erinnerung an die tote Maria Stuart, gegenüber der Brodskys Sonette wie eine plumpe Anbiederung erscheinen. Seine *Birthday Ode for 31st December 1787* (Burns 50, 181f.) – *Geburtstagsoden* komponierten sonst Henry Purcell und Georg Friedrich Händel nur für die etablierten Königinnen und Könige Englands – ist der melancholische Abgesang des schottischen Dichters auf den verlöschenden Bonnie Prince Charlie. (Frahm 47, 175)

Die Flucht von Bonnie Prince Charlie nach der Schlacht von Culloden – besonders Flora Macdonalds rettende Mitwirkung bei der Überfahrt von South Uist nach Skye (McLaren 80, 196–207; Boswell 58, 119–131), bei welcher der Stuartprinz als Floras Begleiterin „Betty Burke" in Erscheinung trat – beschäftigt die Schotten bis heute. Bonnie Prince Charlie dagegen wurde ein alternder Trinker, der sommers in Pisa, winters in Rom lebte. Daß er 1766 beim Tod seines Vaters offiziell *The Young Pretender* wurde, bedeutete nicht mehr viel, wo er doch 1750 einmal in London war, bei dieser Gelegenheit dem katholischen Glauben abschwor und der Church of England beitrat, was er dann später wieder rückgängig machte (McLaren 80, 226. 262–264).

Die Franzosen rieten dem *Young Pretender*, endlich standesgemäß zu heiraten, weil sie die Linie der Stuarts *de jure* als mögliche politische Waffe gegen England fortgesetzt haben wollten – am schottischen Jakobitismus lag ihnen wenig. Also heiratete Bonnie Prince Charlie mit zweiundfünfzig Jahren am Karfreitag 1773 die zwanzigjährige Louise, Prinzessin von Stolberg (McLaren 80, 239–255). Die Ehe brachte nicht das von den Franzosen beabsichtigte Ergebnis. Louise war ganz offensichtlich unfruchtbar, und die Ehe geriet unter den Augen des Papstes zur Konfusion. Das Paar trennte sich. Der Prinz trank wieder. Louise nahm sich andere Verehrer. Der ganze Verlauf der Ehe war spätbarock, dekadent und unerfreulich. Es gab noch eine Tochter Charlotte, die am Anfang der fünfziger Jahre des

18. Jahrhunderts unehelich geboren wurde, später aber als Lady Charlotte Stuart, Duchess of Albany, legitimiert wurde (McLaren 80, 226f. 257f.). Charlotte war es, die dem von Louise verlassenen Vater bei seinem Tode beistand.

Bonnie Prince Charlie starb am 30. Januar 1788 in Rom an einem Schlaganfall. Das Todesdatum war auf den 31. Januar geändert worden, weil am 30. Januar 1649 Charles I. in London hingerichtet worden war und dieser Tag seitdem allen Stuarts als Unglückstag galt. Der Tote wurde in der Krypta des Petersdoms neben seinem Vater beigesetzt. Auf seinem Sarg, den späte Anhänger dieser so eigenartig zu Ende gegangenen Familie heute immer noch mit Blumen schmücken, stand: Carolus III Magnae Britanniae Rex. (McLaren 80, 272)

Es gab noch einen letzten Stuart in der direkten Linie. Dieser war Henry Duke of York, der Bruder von Charles Stuart. Henry war römischer Kardinal geworden und darum für die Fortsetzung der Linie nicht recht geeignet, obwohl er beim Tod seines Bruders den königlichen Namen Henry IX. annahm (Bold 80, 24). Kardinal Henry IX. überanstrengte sich finanziell und nahm in seiner Not eine jährlich zu zahlende Pension von George III. an. Endlich erkannten die Londoner Könige das an, was sich zu Füßen ihres Throns als Flugsand der schottisch-englischen Geschichte angesammelt hatte. Kardinal Henry IX. erkannte seinerseits bei seinem Tod im Jahr 1807 das Haus Hanover in königlicher Form als die legitimen Nachfolger auf dem Thron der Stuarts an.

St. Peter birgt nicht nur die Särge der letzten Stuarts in seiner Krypta, sondern in der Südostecke der Kirche selbst, nahe dem Haupteingang, weisen lateinisch beschriftete Steindenkmäler auf das Verlöschen dieser großen schottischen Familie hin. Mary Queen of Scots war 1587 in Fotheringay hingerichtet worden, und Kardinal Henry IX. Stuart starb 1807 mit einer englischen Pension in Rom. Eine mit republikanischem Verstand kaum nachvollziehbare Familiengeschichte zwischen 1371, als der erste Stuart Robert II. schottischer König wurde, und dem Jahr 1807, zwischen dem schottischen Rand Europas und der ewigen Stadt Rom.

3. Der keltische Rand Europas nach der Eroberung

Nach der Niederwerfung Irlands durch Elizabeth war die englisch-irische Geschichte nur noch von englischer Machtpolitik bestimmt, ohne daß jemals noch ein Ausgleich zwischen den beiden Konfliktparteien stattfand. Die Selbstidentifizierung der irisch-keltischen Kultur mit der katholischen Kirche hatte zwei Konsequenzen. Einerseits wurde die postkeltische Welt Irlands von den katholischen Traditionen beherrscht. Andererseits konnte die irische Kultur auf diese Weise nie mehr von der englischen Kultur aufgesogen werden. Das wäre nämlich mit Sicherheit zwischen dem 15. und 20. Jahrhundert geschehen, wenn der katholisch-irische Glaube sich nicht gleichsam wie eine trennende Wand zwischen anglikanisch-englischen Herrschaftsanspruch und irischen Freiheitsdrang geschoben hätte. Die Ähnlichkeit der irischen mit der polnischen Geschichte ist unverkennbar. In dieser war die katholische Kirche ebenfalls über viele Generationen der einzige Garant für die Bewahrung der nationalen Identität Polens.

In der Regierungszeit Elizabeths war dieses Grundmuster englisch-irischer Geschichte unverkennbar. Die Königin, die lebenslang gegen den Nachteil ihrer illegitimen Geburt zu kämpfen hatte, mußte sich gegen die Pläne der europäischen Gegner wehren, Maria Stuart auf den englischen Thron zu bringen. Papst Gregor XIII. betrieb mit Spanien und Irland eine kriegerische Diplomatie gegen England. 1578/1579 unterstützte er bewaffnete Aufstände von Irland aus, wo sein Legat Nicholas Sanders im Zusammenwirken mit spanischen Truppen den irischen Widerstand stärkte. Nachdem Elizabeth diese letzte, vom Papst geführte Militäraktion grausam niedergeschlagen hatte, blieb Rom nur noch die Möglichkeit, sich mit Spanien zusammenzutun (Kluxen 76, 225).

Die spanische Armada wurde 1588 – ein Jahr nach der Hinrichtung Maria Stuarts – von der englischen Flotte besiegt. Im September 1601 landete noch einmal eine spanische Truppe im Südwesten Irlands, um aufständische Iren zu unterstützen. Die Spanier wurden von Lord Mountjoy, dem von Elizabeth entsandten Verteidiger der Krone, besiegt (Edwards 73, 41. 57f.). Elizabeth hatte sich endgültig gegen ihre Gegner behauptet. James VI. von Schottland wurde ihr Nachfolger.

Es deuteten sich für Irland und Schottland zwei sehr unterschiedliche Zukunftsperspektiven an. Das konfessionsverschiedene Irland wurde immer wieder mit Waffengewalt – aber letztlich ohne Erfolg – an England zu fesseln versucht (Edwards 73, 55). Die enge Verbindung von irischer Kultur und Katholizismus schuf, wie wir gesehen haben, den Rahmen für das Überleben der anti-englischen Traditionen in Irland. Irland befreite sich nach jahrhundertelangem Kampf im Jahr 1922 von der verhaßten Dauerbindung an Großbritannien (Vogt 72/1, 19).

Auf der anderen Seite wurde Schottland durch die Personalunion von 1603 und die Realunion von 1707 immer enger an London gefesselt, *ohne daß* ein radikaler, die Bevölkerung tief aufwühlender Konfessionskonflikt dieser erzwungenen Einheit im Wege stand. Die spezifischen schottischen Traditionen reduzierten sich immer mehr zu einer regionalen Sonderkultur in einem vereinigten Staatswesen. Aus dieser – gemessen an Irland – viel nachteiligeren Lage heraus war es für die schottische Kultur schwerer, sich gegen die wiederholten englischen Eroberungsschübe und die sich daraus ergebende Kulturvermischung zu behaupten.

In den drei von England eroberten Gebieten wechselten Phasen des aktiven Widerstands mit Phasen der politischen Lethargie und der nationalen Verzweiflung ab. In Irland fand das nationale Leid seinen Höhepunkt in der großen Hungersnot – The Great Famine – zwischen 1845 und 1849, während der über eine Million Menschen starben und in der Folgezeit ein nicht mehr abreißender Strom von Iren zur Auswanderung gezwungen wurde. Die irische Bevölkerung, vor der Hungersnot bereits mehr als acht Millionen Menschen, reduzierte sich danach auf nur noch wenig über sechs Millionen. Die irische Hungersnot und die sich anschließende Auswanderung wirken immer noch nach, denn die Gesamtbevölkerung in Irland und Ulster beträgt nach der Bevölkerungszählung von 1990 erst etwas mehr als fünf Millionen. (Woodham-Smith 70, 409f.; Vogt 73/1, 29f.; Vogt 73/2, 274) Das schlimme Erbe der Eroberung Irlands ist der nordirische

Konflikt, der Ulster, Irland und Großbritannien nach wie vor nicht zur Ruhe kommen läßt.

Die Schotten erkannten seit dem 19. Jahrhundert in den *clearances*, bei denen ein Teil der Highlandbevölkerung von seinem Land vertrieben wurde, um Ländereien im Interesse der neuen Großgrundbesitzer für Schafzucht und Jagd zur Verfügung zu stellen, ihre nationale Katastrophe.

In Wales war die kollektive Erfahrung von den englischen Versuchen geprägt, die walisische Sprache zu verdrängen (Williams 59, 17–19). Andererseits war Wales wegen seiner Bodenschätze, wegen des Entstehens der Industrie und wegen der Möglichkeit, bei der Arbeitssuche auch in das angrenzende England auszuweichen, davor bewahrt, eine Vertreibung der Bevölkerung im größeren Stil zu erleiden.

In den Details mögen das jeweils unterschiedliche nationale Erfahrungen gewesen sein. Iren, Schotten und Waliser haben jedoch den Phänomenen wie den Ergebnissen nach die gemeinsame Erfahrung gemacht, von einer Eroberung, der nicht zu entkommen war, überrollt worden zu sein. Rebellionen, Aufstände und antienglische Bündnisse mit anderen Staaten gehörten jeweils zu den politischen Instrumenten, mit denen sich die Unterdrückten erfolglos zu befreien suchten. Erst seit 1922, als sich die Republik Irland von Großbritannien löste, wurden die Bemühungen um Dezentralisierung und das Verlangen nach Eigenständigkeit in Wales und Schottland – dort auf den Autos der herausfordernde Aufkleber „It's Scotland's oil ..." – zunehmend selbstbewußter.

Die nordirischen Unionisten sind in dieser Hinsicht in einer komplizierteren Situation, weil sie sich durch die Verfassung der Republik Irland, die in den Artikeln 2 und 3 das *ganze Irland* zum Nationalgebiet erklärt und die *Wiedervereinigung mit Ulster* zum Staatsziel macht, weiterhin an die Seite Londons gedrängt sehen. Aus dieser politischen Zwitterstellung ergeben sich auch die ideologisch rückgekoppelten Verhärtungen des nordirisch-irischen Konflikts (Vogt 74; Vogt 77, 2–9; Hermle 79, 17–50).

Die Abwanderungsverluste in den Regionen des keltischen Randes sind, wenn wir die Unterschiede wegen der Landschaftsformen einmal vernachlässigen, jeweils gut an den Angaben über die Bevölkerungsdichte abzulesen. In Irland leben nur fünfzig Einwohner auf einem Quadratkilometer. In Schottland sind es nur unwesentlich mehr, nämlich sechsundsechzig. In Nordirland sind es 113, in Wales 139 und in England sogar 369 Einwohner auf den Quadratkilometer. (Weltalmanach 94, Sp. 425.450) Die Entvölkerung im Westen und Nordwesten Irlands sowie die Leere des hebridischen Raums und der Highlands wird durch diese Zahlen enthüllt.

Die höhere Angabe für Wales zeigt, daß Wales ethnographisch bereits ein Teil der bevölkerungsreichen britischen Hauptinsel ist, wie Wales geographisch – nicht geschichtlich und politisch – ja durchaus als der westliche Teil Mittelenglands gelten kann. Und dennoch ergibt sich auch aus der Angabe für Wales bereits eine Andeutung von walisisch-keltischer Einsamkeit. Die Leere der Landschaft, die Stille des keltischen Raumes stellen sich aber erst im Norden Schottlands und auf der anderen Seite der Irischen See ein.

Wirtschaftsfragen – Bildungsfragen

Bildung und Wirtschaft sind die Felder, auf denen in der Vergangenheit erlittene Unterdrückung transzendiert und in eine autonome Entwicklung der Unterdrückten übergeführt werden kann. Die Gründung von Bildungseinrichtungen sowie eigener ökonomischer Fortschritt haben den keltischen Regionen größere politische Freiheiten verschafft und sie von London als dem Entscheidungszentrum unabhängiger gemacht. Die vor Jahrhunderten von England eroberten keltischen Randregionen wurden 1973 durch den Beitritt Irlands und Großbritanniens zur Europäischen Gemeinschaft in die größere westeuropäische Gesellschaft direkt einbezogen. Damit wurde die Gelegenheit eröffnet, die gewachsenen Abhängigkeitsstrukturen aufzubrechen und einige Formen der regionalen Unterentwicklung allmählich auszugleichen.

Eine emanzipatorische Funktion ist aber auch mit der eigenständigen Bildung am keltischen Rand eng verknüpft. Werfen wir einen Blick auf die Entstehung der ersten Universitäten in den keltischen Randregionen.

Schon im Jahr 1411 wurde in St. Andrews die *erste schottische Universität* (St. Andrews 89, 6) gegründet, der in England nur die Universitäten Oxford (1214) und Cambridge (1281–1284) vorausgingen. Die

Universität St. Andrews entstand nur kurz nach den Universitäten in Heidelberg (1386), Köln (1388) und Erfurt (1392), aber immerhin bereits ein halbes Jahrhundert vor der Universität Basel (1460). Nach St. Andrews wurden in Schottland drei weitere Universitäten gegründet: Glasgow (1450), Aberdeen (1494) und Edinburgh (1583).

Heute wird in St. Andrews stolz erklärt, daß man einen „Edelstein von einer Universität" – a gem of a university – besitze, die in einzigartiger Weise ihrer Geschichte nach schottisch – und schön gelegen sei. Im Studienjahr 1988/1989 studierten in St. Andrews viertausend Studenten, je zur Hälfte Frauen und Männer. (St. Andrews 89, 3.9) Der akademische Stolz über die roten Talare läßt Studenten und Dozenten in St. Andrews behaupten, daß manch einer und manch eine, die in Oxbridge abgewiesen wurden, liebend gern nach St. Andrews kämen.

Dem Lob St. Andrew's steht der Ruf der 1583 – vier Jahre vor der Hinrichtung Maria Stuarts – gegründeten Universität Edinburgh nicht nach. Edinburgh begann mit einer artistischen Fakultät, an der die *septem artes liberales* gelehrt wurden, und einer theologischen (also calvinistisch-presbyterianischen) Fakultät (Edinburgh 89, 9). Die Universität Edinburgh ist die viertälteste in Schottland und die sechstälteste in Großbritannien. Heute nimmt Edinburgh nach Größe und nach Qualität der Lehre einen Spitzenplatz unter den britischen Universitäten ein.

Die Schotten wissen, daß ihr Schulwesen dem englischen traditionell überlegen ist. Das geht auf John Knox, den großen Gegenspieler Maria Stuarts, zurück, der schon im 16. Jahrhundert für jede Gemeinde eine Schule forderte und die fähigsten Schüler zur Universität schicken wollte. Bis zu seinem Tod im Jahr 1572 standen ihm schon drei schottische Universitäten zur Verfügung, und Edinburgh sollte elf Jahre später noch dazukommen. Weil die reformierten Gemeinden ihre Pfarrer selbst wählten, mußten sie ein natürliches Interesse daran haben, auf gut ausgebildete Kandidaten zurückgreifen zu können. St. Mary's College in St. Andrews, 1537 kurz vor der schottischen Reformation gegründet und die beiden älteren Colleges St. Salvator's (1450) und St. Leonhard's (1512) ergänzend, ist heute noch der Sitz der theologischen Fakultät. Die Kathedrale von St. Andrews ist zwar nur noch eine Ruine, aber nirgendwo sonst in Schottland lebt die spätmittelalterliche, reformierte Universitätstradition so ungebrochen weiter wie in diesem kleinen Städtchen, das gerade einmal 15000 Einwohner hat.

Im 18. Jahrhundert war die Zahl der Analphabeten in Schottland wesentlich niedriger als in England und ebenso niedrig wie in Preußen. Schottische und preußische öffentliche Moral waren sich in puncto Rigorismus und Wertvorstellungen ohnedies ähnlich. Die Folge war auf der Ebene der Universitäten unmittelbar zu erkennen: An den vier schottischen Universitäten studierten im 18. Jahrhundert dreimal so viele Studenten wie in Oxford und Cambridge.

Immer im Sommer, wenn das Studienjahr zu Ende ist, finden dann die großen Gartenparties der schottischen Universitaten aus Anlaß des Studienabschlusses, der *graduation*, statt. Die Hochglanzphotos der talartragenden, jugendlichen Absolventen werden aufgenommen, die dann ein ganzes Leben lang in den Diensträumen oder im Wohnzimmer zur Schau gestellt werden. Der öffentliche Stolz ist auch an den *Graduation lists* der vier Universitäten ablesbar, die in den Zeitungen seitenlang abgedruckt werden. Dann nimmt jeder Interessierte zur Kenntnis, daß Fiona MacBeth in St. Andrews den Magistergrad in Kunstgeschichte erworben hat, während Brenda McClintock dasselbe in *English Language and Literature* gelang. An der Universität Glasgow wurde N. Campbell ein Magister in *Celtic/English*, ein J. R. McLachlan eben das selbe in *Scottish Literature/Scottish History*. Die Universität Aberdeen berichtete von einem Schotten auf dem Weg in die Naturwissenschaften: Kenneth MacKenzie wurde *Doctor of Science*, und von drei examinierten Juristen: Murdo Macleod, Atholl Finlayson und Fiona Mathieson wurde *Bachelor of Law*. (The Scotsman, 7. Juli 1989, 12)

In Dublin waren sich Mitte des 16. Jahrhunderts die Führer der Bürgerschaft des Nachteils bewußt, daß Irland immer noch keine Universität besaß, während Schottland schon deren drei hatte. George Brown, der Erzbischof von Dublin, hatte Edward VI. 1547 vorgeschlagen, auf dem Gelände der St. Patrick's Cathedral, die ihre katholisch-gottesdienstliche Funktion verloren hatte, und mit deren Pfründeeinkommen ein „fair and large Colledge" zu errichten. Mary Tudor, die katholische Königin, setzte den gottesdienstlichen Betrieb in St. Patrick's wieder in Gang, und die Idee von einem College in Irland verschwand erst einmal wieder von der Tagesordnung.

Der Vorschlag tauchte dreißig Jahre später erneut auf. St. Patrick's stand nicht mehr zur Verfügung, weil der anglikanische Erzbischof jetzt dem früheren Plan widersprach. Das Augustinerkloster All Hallows (Allerheiligen), eine halbe Meile östlich der Stadtmauer, war 1538 von Henry VIII. aufgehoben worden und an die Stadt Dublin gekommen. Unter dem Lord Mayor Edward Devenish wurde im Januar 1591 beschlossen,

that the scite of All Hallowes and the parkes thereof shalbe wholly given for the erecon of a Colledge there. (... daß das Gelände von Allerheiligen samt seiner Parks zur Errichtung eines College verwandt werden soll.)

Der Privy Council Elizabeths stimmte dem College in Dublin zu, das den Auftrag haben sollte,

to plant religion, civilitie, and true obedience in the hearts of this people. (... um Religion, Höflichkeit und Gehorsam in die Herzen dieses Volkes zu pflanzen.)

Die Königin unterzeichnete den Gründungserlaß am 29. Dezember 1591, der im Januar 1592 in Dublin eintraf. Die Satzung des neuen College wurde in Dublin entworfen und unter dem Datum 3. März 1591 (nach dem julianischen Kalender) in Kraft gesetzt. Das wäre nach dem gregorianischen Kalender, der für die Länder der englischen Krone erst 1752 eingeführt wurde, ein Datum im Jahr 1592 gewesen. Ganz folgerichtig hat *Trinity College Dublin* auch im Jahr 1992 sein großes Jubiläum *Trinity 400* gefeiert. (Luce 92, 1f.)

Das Dubliner College erhielt den Namen *Collegium Sanctae Individuae Trinitatis juxta Dublin a Serenissima Regina Elizabetha fundatum* (Collegium der Heiligen und Ungeteilten Trinität, bei Dublin von der Allergnädigsten Königin Elizabeth gegründet). Trinity College Dublin (TCD), die Kaderschmiede der kritischen protestantischen Intelligenz Irlands, war gegründet und begann am 9. Januar 1594 mit dem Lehrbetrieb. Das Einkommen von Trinity College wurde durch Landbesitz und königliche Zuschüsse stabilisiert. Vor der Rebellion von 1641 studierte sogar eine ganze Anzahl katholischer Anglo-Iren an dem College, da anders als in Oxford der Student sich bei der Immatrikulation nicht auf das anglikanische Glaubensbekenntnis, auf die *Thirty-nine Articles*, verpflichten mußte (Luce 92, 11f.). Streng katholischen Familien blieb dagegen nur übrig, ihre Kinder in Spanien, Frankreich oder in den Niederlanden studieren zu lassen, was die ausbildenden Institutionen regelmäßig dazu ausnutzten, die jungen Iren zu Priestern zu machen, die in Irland ein gefährliches Leben im Untergrund vor sich hatten.

Der Konfessionsgegensatz beherrschte in den nächsten Jahrhunderten die irische Bildungspolitik. Die katholische Bischofskonferenz verbot 1875 den Priestern, katholische Familien zu beraten und zu unterstützen, deren Söhne an Trinity College studierten. Das war die Reaktion darauf, daß seit dem Ende des 18. Jahrhunderts immer mehr Katholiken an TCD studierten und seit der Mitte des 19. Jahrhunderts auch Stipendien für Nicht-Anglikaner zur Verfügung standen. (The Irish Times, 26. Mai 1992, 9)

Nach einem mühseligen Prozeß, der auch die Colleges in Cork, Galway und Belfast einbezog, und in langer kontroverser Auseinandersetzung mit der katholischen Hierarchie führte erst der *Irish Universities Act* von 1908 zur *National University of Ireland*, die selbständige Colleges in Dublin, Cork und Galway und als Ausbildungsstätte für katholische Priester das St. Patrick's College in Maynooth umfaßt (Encyclopedia 71, 197f.). Zwischen diesen beiden Säulen – Trinity College Dublin und National University of Ireland – hat das Hochschulwesen der Republik Irland inzwischen seine Balance gefunden.

Einfacher verlief die universitäre Entwicklung in Wales, weil es da keinen alles beherrschenden Konfessionskonflikt gab. Vier Jahrhunderte nach der Gründung von St. Andrews wurde 1822 das *St. David's University College* in Lampeter gegründet. Lampeter war die siebte Universität im Vereinigten Königreich, obwohl seit der Gründung der Universität Edinburgh im Jahr 1583 bereits eine halbe Ewigkeit vergangen war (Lampeter 91, 11). Der kleine Ort Lampeter hat noch nicht einmal dreitausend Einwohner und liegt in einem walisischsprechenden Gebiet.

St. Andrews und Lampeter (walisisch Llanbedr, also: St. Peter) sind wegen der Übersichtlichkeit ihrer Universitäten miteinander vergleichbar: St. Andrews hat viertausend, Lampeter nur tausend Studenten. Beide sind winzige Universitäten am keltischen Rand Europas. Beide sind Stätten des kulturellen Widerstandes gegen die englische Dominanz, die eine an der Nordsee gelegen, die andere dreizehn Meilen hinter der Küste der Irischen See.

Oder ist St. Andrews noch eher mit dem 1872 gegründeten *University College of Wales* in Aberystwyth – ein Städtchen mit zwölftausend Einwohnern und viertausend Studenten, direkt an der Irischen See gelegen (Aberystwyth 91, 3.6f.) – zu vergleichen? Lampeter und Aberystwyth sind heute Bestandteile der *University of Wales*, zu der auch die Universitätseinrichtungen in Cardiff gehören.

Das Besondere in Lampeter und Aberystwyth ist, daß beide Colleges in einem Gebiet liegen, in dem das Walisische gesprochen wird. Der Universitätskatalog von Lampeter ist zweisprachig abgefaßt. In Aberystwyth wird die entsprechende Publikation sogar in beiden Sprachen – Walisisch und Englisch – getrennt aufgelegt. Um den walisischsprechenden Studenten bei der Bewahrung ihrer Sprache zu helfen, gibt es in Aberystwyth sogar zwei Studentenwohnheime, die nur ihnen offenstehen (Aberystwyth 91, 3).

Die vergleichbare Nähe von Universität und keltischer Sprache gibt es in St. Andrews nicht. Das schottische Gälisch hat sich nur in den nordwestlichen Highlands und auf den westlichen Inseln erhalten. Beide Gebiete sind jedoch nahezu entvölkert und besitzen darum auch keine Hochschuleinrichtungen. Am ehesten entspricht noch das University College in Galway mit seiner Nähe zur Gaeltacht in Connemara und Mayo der Situation in Lampeter und Aberystwyth, wiewohl aus diesem bevölkerungsarmen Raum nur wenige irischsprechende Studenten die Universitätsebene erreichen. Mit aller Zurückhaltung darf vermutet werden, daß die Nähe des Walisischen zur akademischen Bildung ein Hinweis auf die besondere Überlebensfähigkeit dieser keltischen Sprache sein könnte.

Die ökonomischen Bedingungen haben direktere und schnellere Rückwirkungen auf eine Gesellschaft als die Veränderungen durch Bildung, die sich nur in langen Zeiträumen abspielen. Die Wirtschaftsleistung Schottlands ist in der allgemeinen Wirtschaftsstatistik Großbritanniens enthalten. Im Jahr 1991 betrug das Bruttosozialprodukt pro Einwohner für Großbritannien und Ulster 16550 Dollar. Die Republik Irland erwirtschaftete im gleichen Zeitraum einen Wert von 11120 Dollar (Weltalmanach 94, Sp. 426.451). Wenn wir ohne Anspruch auf volkswirtschaftliche Genauigkeit die schottische und irische Wirtschaftskraft gleichsetzen, dann liegt die schottische Wirtschaftsleistung beträchtlich hinter der Englands zurück. Das ist dann auch der Punkt, an dem die besonderen Förderungsmaßnahmen der Europäischen Gemeinschaft für die armen Randzonen in Schottland und Irland einsetzen.

Die wirtschaftlichen Probleme der Regionen Dublin/Cork,

Glasgow/Edinburgh und Cardiff sind ihrer Struktur nach nicht unbekannt, da sie von denen anderer Verdichtungsräume kaum abweichen. Von besonderer Art sind dagegen die sozioökonomischen und soziokulturellen Probleme in den bevölkerungsarmen Randzonen des keltischen Raums.

Das vor der schottischen Küste geförderte Nordseeöl hat zu einer relativen Verbesserung der Wirtschaftsdaten und zur Schaffung von Arbeitsplätzen geführt. Andererseits sind die ökologischen Folgen, die sich daraus ergeben, unkalkulierbar, wie auch die vorhandenen Öllager irgendwann einmal erschöpft sein werden. Irland versucht schon lange und nach seinem Beitritt zur Europäischen Union verstärkt, „saubere" Industrien mit seinen Standortvorteilen niedrige Löhne, günstige Besteuerung und streikunfreundliche Arbeiterschaft ins Land zu holen. Das hat zu einigen, aber nicht zu aufsehenerregenden Ergebnissen geführt, müssen doch die ökologischen Schäden und die beschränkte ausländische Investitionsbereitschaft, die nur für die Dauer der Standortvorteile gilt, berücksichtigt werden.

Wenige typische Produkte, die – von geschickter Werbung begleitet – zu Markenzeichen Schottlands und Irlands geworden sind, haben sich in Europa und darüber hinaus eingeprägt. Harris Tweed und Whisky aus Schottland (Sager 88, 365f.; Rotary Club of Stornoway 89, 33–36), Pullover, Textilien und veredelte Fischprodukte aus Irland besitzen hohe Akzeptanz. Sie treten jedoch nur den Tourismus begleitend auf und können kaum defizitäre Staatshaushalte ausgleichen helfen. Eine Folge des Tourismus ist, daß Landesfremde zum Golfspielen kommen (Sager 88, 225–229) und später Grundstücke und Cottages erwerben, um sie permanent oder auf Zeit zu nutzen. Die damit verbundenen negativen Folgen für die lokalen Nachbarschaftsgesellschaften leuchten unmittelbar ein. Sie bleiben jedoch glücklicherweise in ihren Auswirkungen begrenzt, denn das kühle und regnerische Wetter auf der Isle of Skye und auf Achill Island darf nicht mit der Wärme Mallorcas gleichgesetzt werden – Mary Queen of Scots hin, Bölls „Irisches Tagebuch" her.

Die *trade marks* Frische, Weite und Einsamkeit werden gern auf Produkte übertragen, die mit Schottland und Irland überhaupt nichts zu tun haben. Diese vorgetäuschte Marktpräsenz wird andererseits wieder in Schottland und Irland als Sympathiewerbung verstanden, die langfristig dem eigenen Tourismus nutzt.

Die schottische und irische Tourismusindustrie wirbt selbst mit den emotional-nostalgischen Schlagworten, die sich auf dem Markt als zugkräftig erwiesen haben. Sie befindet sich damit in der schwierigen Situation, in der die Tourismuswerbung armer und unterentwickelter Länder immer steht. Hilft der Tourismus, der „reiche" Fremde in kleine, gewachsene Nachbarschaftskulturen schwemmt, der betroffenen Bevölkerung mehr, als er ihr schadet, oder verhält es sich genau umgekehrt?

Es geht darum, wie sich die „echte Aura" einer Landschaft und eines Raumes gegen die durch Werbung produzierte „falsche Aura" behaupten kann. Der Widerspruch zwischen ursprünglicher Aura und vermarkteter Aura wird auch zu einer intellektuellen, ja zu einer ethischen Frage an Autoren, die, indem sie über einen Kulturraum schreiben, zugleich für ihn werben und damit Bewegungen in Gang setzen können, die der beschriebenen Kultur schaden.

Die schottische Armut ist nicht neuen Datums. Sie hat sich in dem Maß, wie England sich wirtschaftlich entwickelte, nur noch verschärft. Der zwanzigjährige Felix Mendelssohn Bartholdy schrieb am 13. August 1829 an seine Familie in Berlin, nachdem ihm ein paar Tage zuvor das Eingangsthema zur *Hebriden-Ouvertüre* eingefallen war:

> Wir wanderten zehn Tage, ohne einem einzigen Reisenden zu begegnen; was auf der Karte als Städte oder doch Dörfer angegeben, sind einzelne Ställe nebeneinander, in denen Tür, Fenster und Schornstein aus *einer* Öffnung bestehen, die Menschen, Vieh, Licht und Rauch zugleich ein und aus läßt, in denen Ihr auf alle Fragen ein dürres Nein hört, in denen dunstiger Branntwein das einzige bekannte Getränk ist, ohne Kirche, ohne Straße, ohne Gärten, die Stube pechfinster am hellen Tag, Kinder und Hühner auf einem Strohlager, viele Hütten ohne Dach, viele noch unfertig daliegend, mit zerbröckelten Mauern, viele Brandstellen ... (Sager 88, 361)

Diese Armut war eine Folge englischer Schottlandpolitik, und wir müssen sie als die Voraussetzung dessen erkennen, was der moderne Tourist als Aura Schottlands kennt. Was Mendelssohn-Bartholdy da beschrieb, war ein *Black House*, wie es beispielsweise auf der Isle of Lewis noch zu besichtigen ist (Rotary Club of Stornoway 89, 30–32.90).

Die schottische Armut hat nie aufgehört, wenn sie sich auch auf die westlichen Inseln zurückzog. Um der gegenwärtigen Unterentwicklung zu wehren, hat der Western Isles Islands Council (Comhairle nan Eilean), der Regierung und Verwaltung der Äußeren Hebriden umfaßt, 1988 einen Strukturplan zur wirtschaftlichen Entwicklung der Inseln vorgelegt. In diesem Strukturplan werden vor dem Hintergrund der hebridischen Armut und unter dem Zwang geringer Haushaltsmittel Strategien entwickelt, wie Wirtschaft, Infrastruktur, Verkehr, Kommunikation, Bildung und Wohnungsbau zu verbessern seien. Zwangsläufig kommt der Strukturplan auch auf den Ausbau des Tourismus zu sprechen, der die wirtschaftliche Situation der Äußeren Hebriden verbessern soll. Technokratisch knapp, aber dennoch wenig überzeugend, heißt es:

> Der Council wird das Wachstum des Tourismus auf den Inseln ermutigen. (...)
>
> Der Council wird Camping- und Caravanplätze auf den Western Isles in Absprache mit den zuständigen Körperschaften Schottlands ausweisen und dabei die Rückwirkungen auf die örtliche Umgebung berücksichtigen.
>
> Der Council wird die Einrichtung weiterer Jugendherbergen im Planungsgebiet, vor allem in oder bei Stornoway, ermuntern und empfiehlt, daß die zuständigen Stellen einfache Jugendherbergen vor allem auf den kleinen bewohnten Inseln errichten. (Western Isles Structure Plan 88, 12; Übersetzung Vogt)

Mehr Tourismus als Nothelfer gegen die hebridische Armut? Was aber, wenn mehr Touristenbetten, in denen immer mehr Besucher von weither schlafen, den Verlust der gälischen Sprache und den Zerfall der ehrwürdigen Kultur der Äußeren Hebriden vollends besiegeln? Das Dilemma ist unauflösbar.

Irland zwischen Politik, Kirche und Konflikt

Conor Cruise O'Brien, der große irische Journalist und liberale Politiker, schrieb im *Irish Independent* über die unzeitgemäße Seelenlage seines Landes:

> Wir reden heiliger daher als andere Völker und stecken mehr Heiligkeit in unsere Gesetze, aber unser Verhalten ist nicht heiliger als das von irgendwem sonst. Irische Männer sind nicht heiliger als andere Männer. Irische Frauen sind nicht heiliger als andere Frauen. Irische Priester sind nicht heiliger als andere Priester. Irische Bischöfe sind nicht heiliger als andere Bischöfe.

Jede Nation war irgendwann einmal von dem Wahn befallen, besonders heilig zu sein. Engländer, Franzosen, Deutsche, Russen, Polen, Amerikaner – alle waren zu verschiedenen Zeiten in ihrer Geschichte von diesem lächerlichen Wahn beherrscht. Aber wir sind ein Fall, der sich besonders lang hinzieht, und wir sind außerhalb der Welt des fundamentalistischen Islams wahrscheinlich die einzige Nation, die sich im letzten Jahrzehnt des 20. Jahrhunderts für besonders heilig hält. (Irish Independent, 23. Mai 1992, 10; Übersetzung Vogt)

Nicht alle Iren sprechen so offen wie Conor Cruise O'Brien, aber es sind immer mehr, die es tun. Irland ist katholisch, konservativ, päpstlicher als der Papst – das sind die geläufigen Denkschablonen. Sie äußern sich in Amerika, wo viele Iren leben, auch in Witzen. Der Verfasser erfuhr ihn als George-Bush-Witz, aber der Name des Präsidenten darf ausgetauscht werden:

Präsident Bush besuchte während einer Europareise auch den Papst im Vatikan. Auf dem Schreibtisch stehen mehrere Telefone. Eins davon ist schwarz. Der Papst erklärt stolz, daß er mit diesem Apparat direkt mit Gott zu telephonieren pflege. Das möchte der Präsident, der schon in Wahlkampfnöten steckt, auch. Er zahlt dem Papst eine Million Dollar, was ihm die Sache wert ist, und spricht eine Stunde lang mit Gott – über die Welt und über den Wahlkampf in Amerika.

Gegen Ende seiner Reise kommt der Präsident nach Irland. In Armagh macht er beim Kardinal, dem katholischen Primas, einen Höflichkeitsbesuch, dabei an die irischen Wähler in Amerika denkend. Wieder stehen Telefone auf dem Schreibtisch. Eins davon ist grün. Bush erfährt, daß der Kardinal über diesen Apparat mit Gott telephoniere. Ob er Bush für eine Million Dollar auch telephonieren lasse? Aber nein, sprechen Sie getrost. Es ist nur ein Ortsgespräch.

Irland steht so katholisch vor uns, weil es durch seine Geschichte zu einem katholischen Land wurde und weil ihm die Kirche beim Kampf gegen England den nationalen Stolz und die kulturelle Identität bewahren half. Vor allem die Themen Geburtenkontrolle und Abtreibung sind politisch höchst relevant und engstens mit der gegenwärtigen Verfassungsdiskussion verknüpft.

Die Abtreibung war in Irland seit der britischen Zeit verboten. Im Jahr 1983 wurde bei einer Volksabstimmung ein totales Abtreibungsverbot in die irische Verfassung aufgenommen. Den Verträgen von Maastricht war ein irisches Zusatzprotokoll beigegeben worden, das den europäischen Gerichten jede Einflußnahme auf die Handhabung des Abtreibungsverbots in Irland nehmen sollte. Irischen Staatsbürgern sollte verwehrt sein, sich in Abtreibungssachen an die Gerichte der Europäischen Union zu wenden. Und dabei wußte man in Irland schon lange, daß jährlich mehrere tausend Frauen nach Großbritannien auswichen, um dort eine Abtreibung vornehmen zu lassen.

Diese so gern in der Öffentlichkeit verheimlichte Tatsache war schon um 1960 in einem Romanfragment von Brendan Behan Literatur geworden.

> Um Deirdres Rückkehr von der Abtreibung in Bristol zu feiern, gab's eine Party.
>
> Als ich den Katalanischen Kabinettsaal betrat, in dem sich die Gäste versammelt hatten, begrüßte mich ihr Bruder Ciarán buchstäblich mit offenen Armen.
>
> Sogar Deirdres Mutter, die knauserige alte Ziege, trat mit einem Glas Whiskey in der Hand auf mich zu und sagte: „Seien Sie uns willkommen, Brendan Behan." Ich konnte mir schon ausrechnen, weshalb ich denen willkommen war.
>
> Schließlich war ich es, der die Sache mit Deirdre geritzt hatte, damit sie nach England fahren konnte, um sich auf Krankenschein ihr Baby wegmachen zu lassen.
>
> Ihre Mutter war angeblich gläubige Katholikin, aber als ich sah, mit welcher Selbstverständlichkeit sie die Situation akzeptierte und sogar das Reisegeld und die Moneten für den Medizinmann herausrückte, war ich doch ein bißchen schockiert. (Behan 92, 8)

Ganz eindeutig hatte sich bereits vor und trotz der Volksabstimmung von 1983 viel im konservativ-katholischen Milieu Irlands geändert gehabt: katholische Loyalitäten gab es bei Deirdres Mutter nicht mehr, und eine junge Irin fuhr zur Abtreibung in das Land der Unterdrücker.

Die aus katholischer Ethik, bürgerlicher Doppelmoral und säkularisiertem Liberalismus gefügte Situation rund um das irische Abtreibungsrecht zerbrach auf einmal im Jahr 1992. Ein extremer Einzelfall – der *X Case* – stellte das geltende Rechts- und Verfassungssystem in Frage. Ein vierzehnjähriges Mädchen war von dem Vater einer Freundin vergewaltigt und geschwängert worden. Der Vorgang wurde der Polizei bekannt, als die Eltern des betroffenen Kindes um die Erlaubnis baten, in England eine Abtreibung vornehmen lassen zu dürfen. Die Abtreibung sollte am 7. Februar 1992 in London vorgenommen werden.

Auf einmal galt es, ein Offizialdelikt, welches gegen das Abtreibungsverbot in Artikel 40.3.3 der Verfassung verstieß, von Staats wegen abzuwehren. Hätten die Eltern in ihrer Gesetzestreue nicht vorher die Polizei informiert, wäre der Fall nie bekannt geworden. Die Gerichte untersagten den Eltern in erster und zweiter Instanz, die Abtreibung bei ihrer Tochter vornehmen zu lassen, woraufhin die Familie wieder von London nach Dublin zurückkehrte. Eine erneute Ausreise wurde für die Dauer der Schwangerschaft untersagt.

Als das schwangere Kind mit Selbstmord drohte, wurde der Antrag beim High Court neu eingereicht. Das oberste Gericht Irlands entschied Anfang März 1992, daß die Abtreibung wegen der Lebensgefahr für die Vierzehnjährige vorgenommen werden könne, was auch geschah. Der High Court, dessen Entscheidung in diesem Fall Verfassungsrang besaß, hatte Artikel 40.3.3 also insoweit geöffnet, daß eine Abtreibung erlaubt wurde, weil Lebensgefahr – in diesem Fall durch Selbstmord – für die werdende Mutter bestand (Vogt 92/1, 291).

Ganz Irland – die konservative und liberale Öffentlichkeit, die Kirchen (vor allem die katholische Kirche), das Parlament und die Parteien sowie die Medien – war in Bewegung gekommen und stellte sich auf den 25. November 1992 ein, an dem zeitgleich mit Parlamentswahlen über drei Verfassungsänderungen abzustimmen war. Zwei Verfassungsänderungen wurden angenommen. Die Irinnen bekamen das Recht, sich über Abtreibungsmöglichkeiten im Ausland, also in der Regel in Großbritannien, zu informieren und zur Abtreibung ins Ausland – also wieder nach Großbritannien – zu reisen. Insoweit war der Beschluß des High Court vom März 1992 in die Verfassung aufgenommen worden.

Die dritte vorgeschlagene Verfassungsänderung wurde dagegen von den Wählern verworfen. Der Text hatte in verklausulierter Form den Versuch gemacht, die Abtreibung in Irland selbst zu erlauben:

Es ist ungesetzlich, das Leben eines Ungeborenen zu beenden, es sei denn, daß ein solcher Abbruch (termination) erforderlich ist, um das Leben – in begrifflicher Unterscheidung von der Gesundheit – der Mutter zu retten. Es muß sich ausschließlich um eine Krankheit oder körperliche Unordnung (illness or disorder) der Mutter handeln, die eine wirkliche und wesentliche Gefahr für das Leben der Mutter bedeutet, nicht bloß um das Risiko eines Selbstmords (a real and substantive risk to her life, not being a risk of self-destruction). (New York Times, 28. November 1992, 4)

Doch was sollte mit dieser unlesbaren – und nahezu unübersetzbaren – dritten Verfassungsänderung eigentlich erlaubt werden? Im besten Fall war es eine engstgefaßte medizinische Indikation für eine erlaubte Abtreibung: nicht nur die Gesundheit, sondern das Leben der Mutter sollte in Gefahr sein, wobei die jederzeit mögliche Gefahr eines Selbstmords ausgeschlossen blieb.

Das war der typisch irische Versuch, das absolute Abtreibungsverbot, das die katholische Kirche hatte aufrichten lassen, im Interesse der betroffenen Frauen ein winziges Stück zu öffnen. Aber noch gegen diesen kleinen Schritt wandten sich am 25. November 1992 die konservativen Gruppen. Das Ergebnis war abzusehen gewesen. Die konservativen Gruppen in der irischen Gesellschaft lehnten zusammen mit den progressiven Wählern, denen der Textvorschlag wie die Fortschreibung des absoluten Abtreibungsverbots – die Mutter mußte fast schon tot sein, ehe ein Eingriff vorgenommen werden durfte – vorkam, die Verfassungsänderung ab.

Mit der Abstimmung am 25. November 1992 war der verfassungsrechtliche Zustand wiederhergestellt, den der High Court im März 1992 vorgegeben hatte: der drohende Selbstmord der Frau erlaubte die Abtreibung. Durch die beiden am 25. November 1992 angenommenen Verfassungsänderungen war schon erlaubt worden, daß Irinnen sich über Abtreibung informieren und im Ausland abtreiben lassen. Parlament und Regierung können auf dieser Grundlage liberalere Gesetze erarbeiten, welche die Abtreibung nach bestimmten Indikationen in Irland selbst ermöglichen. Immer unter der Voraussetzung, daß das oberste Gericht von seiner einmal eingenommenen Position nicht mehr abweicht, kann für die Zukunft eine Liberalisierung des Abtreibungsrechts erwartet werden, zumal die Mitgliedschaft Irlands in der Europäischen Union die innengeleitete Moralordnung des Landes allmählich verändern wird. Dann könnte auch das katholische Mittelalter Irlands langsam zu Ende gehen.

Das Thema der Geburtenkontrolle ist von der Abtreibungsdebatte nicht zu lösen. Der Verkauf von Kondomen war in Irland bis 1979 ganz verboten, und danach durften Ehepaare Kondome nur mit ärztlichem Rezept erwerben. Dann jedoch verabschiedete das Dáil

Éireann im Juni 1993 ein Gesetz, das den Vertrieb von Kondomen – wenn auch mit alibiartigen Begründung, das geschehe lediglich wegen der AIDS-Gefahr – freigab. War das endlich ein Schritt weg von der irischen holiness, an der sich Conor Cruise O'Brien gestoßen hatte?

Die demographische Stärke der katholischen Kirche in Irland – weit über neunzig Prozent der Bevölkerung sind katholisch – geht ganz selbstverständlich über in ihre gesellschaftliche Dominanz. Diese in den Jahrhunderten der irisch-englischen Auseinandersetzungen der Kirche zugewachsene Stellung wird von den katholischen Bischöfen auch heute noch mit unkompliziertem Selbstbewußtsein ausgefüllt. Sie wirken bei der Ausgestaltung des sozialpolitischen Bereichs und in der Bildung, bei der Formulierung der öffentlichen Moral und bei den Bemühungen, den Konflikt in Nordirland zu lösen, einflußreich mit. Wir haben das bei der kirchlichen Präsenz in den Fragen von Geburtenkontrolle und Abtreibung gerade erst gesehen. Die katholische Kirche dabei nur als „Tugendwächter und Moralapostel" (Berg 93, 56) zu denunzieren, ist eine zu wohlfeile und undifferenzierte Kritik.

Als der Konflikt in Nordirland nach 1969 eskalierte, erkannten die Kirchen, vor allem auch die katholische Kirche, daß sie auf einmal Akteure des komplizierten Konfliktscenarios geworden waren. Die Kirchen setzten sich auf allen Ebenen – Gemeinden und spezifische Einrichtungen, mittlere kirchliche Verwaltung und Kirchenleitung – analysierend und defensiv-apologetisch, manchmal hilfreich und leider allzu oft erfolglos – mit dem grausamen Terror auseinander.

William Cardinal Conway, Primas von Irland und katholischer Erzbischof von Armagh, versuchte 1972 in einem Interview, die irische Situation zu deuten:

> Die katholische Kirche, der Papst und die Bischöfe haben wiederholt zweierlei erklärt. Einmal, daß die grundlegenden Ursachen für die Unruhen in Nordirland – nämlich die soziale und politische Ungerechtigkeit – beseitigt werden müssen. Zweitens, daß die Gewalt von der Minderheit nicht eingesetzt werden darf, um zu sozialer und politischer Gerechtigkeit zu kommen. Diese Prinzipien geben in einem umfassenden Sinn die Ansicht wieder, welche die Bevölkerung immer schon hatte. Die wiederholte Bekräftigung dieser Ansicht durch die Kirche hat zweifellos dazu geführt, die öffentliche Meinung auf diese Prinzipien zu lenken.

Es ist ein großer Fehler, den gegenwärtigen Konflikt in Nordirland als einen Religionskrieg anzusehen. Im Grunde ist es ein Konflikt aus politischen und sozialen Beweggründen heraus. Dabei ist daran zu erinnern, daß die meisten Protestanten in Nordirland die Nachkommen englischer und schottischer Siedler sind, die vor dreihundert Jahren nach Irland kamen. Eine natürliche Bindung an Großbritannien und an die englische Krone liegt ihnen im Blut. Umgekehrt sind die meisten Katholiken in Nordirland irischer Abstammung, und dementsprechend liegt ihnen eine natürliche Beziehung zu einem vereinigten Irland ganz selbstverständlich im Blut. Aber es ist bloß ein geschichtlicher Zufall, daß die Siedler, die vor dreihundert Jahren kamen, Protestanten waren, weil sie *nach der Reformation* kamen. Wären sie als katholische Siedler aus Spanien oder vor der Reformation aus England gekommen, dann wäre derselbe Konflikt auch entstanden. (Vogt 72/2, 297; Übersetzung Vogt)

Das eine sind die Analysen und Erklärungsversuche. Das andere ist der endlose und alltägliche Terror in Nordirland und darüber hinaus, der sich jeder rationalen, politischen Einwirkung entzieht. Die Menschen in Nordirland pendeln zwischen Hoffnung und Verzweiflung. Immer wieder werden Konferenzen und Verhandlungsprozesse in Gang gesetzt, die jeweils wieder in Rückschlägen enden. Im August 1992 wurde in Ulster das dreitausendste Terroropfer seit 1969 gezählt. Im Vergleich mit anderen Krisengebieten der Weltpolitik ist das keine Zahl, die außergewöhnlich erschreckt. In dem engen regionalen Rahmen jedoch, in dem Irland und Großbritannien auf ein knappes Jahrtausend gemeinsamer Geschichte zurückblicken, und angesichts der Tatsache, daß in Nordirland nur eineinhalb Millionen Menschen leben, ist diese Zahl von Mordopfern in einer Generation erschreckend hoch. (Devlin 69; Coogan 71)

Auf beiden Seiten des Konflikts werden mit nicht endendem Haß Zivilisten getötet, um politische Ziele durchzusetzen – die Wiedervereinigung Nordirlands mit Irland zu erzwingen, was die republikanischen *Nationalisten* wollen, beziehungsweise die Unabhängigkeit von der Republik Irland mit Gewalt zu bewahren, was die *Unionisten* in Nordirland wollen. Spektakulär sind die Attentate, durch die die *Irish Republican Army* (IRA) London und andere englische Städte erschüttert. Am 7. Februar 1991 wurde sogar ein Granatenüberfall auf *Downing Street No 10* versucht.

Der „protestantische Terror“ der *Ulster Volunteer Force* (UVF), *Ulster Defence Association* (UDA) und *Ulster Freedom Fighters*

(UFF) greift in der Regel nicht nach Südirland über und ermordet statt dessen den katholischen Arbeiter auf dem Baugerüst, den katholischen Kaufmann in seinem Laden und den katholischen Busfahrer am Steuer – immer als Racheakt für einen vorhergegangenen Anschlag der IRA, wobei der Überblick über Ursache und Wirkung des Mordens schon lange verlorenging und nur noch der Kreislauf des Terrors übrig blieb.

1992 war das Jahr, in dem die UFF zum ersten Mal mehr Menschen ermordete als die IRA. Die Morde geschehen planlos-planvoll und, von außen gesehen, völlig irrational. Die Mörder beider Seiten morden dabei haarscharf an der Linie entlang, die zwischen den Konfessionen – die Katholiken auf der einen, die Mitglieder der protestantischen Kirchen auf der anderen Seite – verläuft. Also doch ein Konfessionskrieg in Nordirland?

Kardinal Conway hatte schon recht: es ist kein Konfessionskrieg, kein Krieg wegen theologischer und religiöser Inhalte, was sich in Nordirland abspielt. Vielmehr: es handelt sich um einen „Krieg“, in dem die Gegner soziologisch und statistisch aus getrennten Konfessionsgruppen kommen und diese als stabilisierendes Gerüst für ihre Haß- und Mordwelt benutzen. Seit den siebziger Jahren wurden viele politische Maßnahmen eingeleitet, um die wirtschaftliche und soziale Diskriminierung der Katholiken zu überwinden. Sie konnten jedoch wegen der nicht auflösbaren Haßreflexe, die immer wieder in Terror und Gegenterror einmünden, keine dauerhafte Befriedung der zerklüfteten Gesellschaft einleiten.

Das an den Konfessionen lose orientierte Milieu ist stets der Mutterboden, aus dem der zur Ideologie mutierte Haß der Terroristen auf die jeweils „andere Seite“ jeweils neu entsteht. Ein versöhnendes und konfliktüberwindendes Handeln der Kirchen kann in diese pathologischen Verhaltensmuster des Terrors auf beiden Seiten nicht mehr eindringen. Die Mörder sind „katholisch“ oder „protestantisch“, und daran wird sich auch in absehbarer Zeit wenig ändern. (Cameron Report 69; Scarman Report 72)

Der Konflikt in Nordirland hat auch eine makabre „literarische“ Dimension angenommen. Inmitten der Unruhen versuchten Opfer, Täter und Beobachter beider Seiten, ihre inneren Erfahrungen in Texten darzustellen. Das „Gebet eines Heckenschützen“ (A Sniper’s Prayer), 1972 in Londonderry entstanden, legt die beispiellose Grausamkeit des Terrors, der sich mit religiösen Verhaltens- und Denkmustern anreichert, offen.

Gebet eines Heckenschützen

Gott, Du bist gerecht. Du weißt, ich muß es tun.
Für die Befreiung meines Landes habe ich meine Treue verpfändet.
Mach meine Hand ruhig und nimm seine Seele an.
Um unsere Toten zu rächen, fordere ich meinen Tribut.
Nach Stellung, Schutz und stärkerem Gewehr
sind seine Chancen gegen mich tausend zu eins.
Er ist Soldat – ich auch.
Ich bin bereit, aus Liebe zu meinem Land zu sterben,
ich fürchte keinen Schmerz, suche keinen Gewinn –
nur mach mein Volk von seiner Kette los.
Ich hebe mein Gewehr, im Visier sehe ich ihn,
ein Instrument der Tyrannei.
Ich warte, beobachte ihn,
atme ein
und
schieße.

Ich habe es getan. Ich habe ein Leben ausgelöscht.
Gott, vergib mir, erneut bitte ich.
Sollte es ein Motiv geben, das nicht rein wäre,
– töten um des Tötens willen – ich könnte es nicht ertragen.
Deshalb, Gott: Durch diese Tat
hab ich Dich nicht entehrt.

April 1972, Derry
(White-McCorry-Smyth 74; Vogt 76, 261; Übersetzung Vogt. Sam Smyth, der bei der Textausgabe von White-McCorry-Smyth für die Sammlung der unionistisch-royalistischen Lieder zuständig war, wurde im Februar 1976 in Belfast ermordet.)

London ist schon lange an der Befriedung des nordirischen Konflikts interessiert. Alle wirtschafts- und sozialpolitischen Maßnahmen sind darauf gerichtet, die Diskriminierung der katholischen Bevölkerung Ulsters schrittweise zu beseitigen. Dabei fanden beachtenswerte Annäherungen zwischen der britischen und der Dubliner Regierung statt. Das entscheidende Defizit ist, daß es in Nordirland keine Parteien gibt, die in ihrer Politik die konfessionelle Fragmentierung überwinden und in einer Katholiken und Protestanten vereinenden Regierung zusammenarbeiten wollen.

Zwei neue Entwicklungen, die bisher noch nicht bekannt waren, treten immer mehr in den Vordergrund. Einmal hat in Nordirland schon seit geraumer Zeit eine heimliche ethnische Säuberung in der Form stattgefunden, daß in ländlichen Gebieten die konfessionelle Minderheit von Angehörigen der jeweiligen lokalen Mehrheit, die vor Terror nicht zurückschrecken, aus den Orten vertrieben werden. Zum anderen hat sich der Anteil der Katholiken in der nordirischen Bevölkerung seit den achtziger Jahren um fünf Prozent auf 43 Prozent erhöht. Es ist bereits absehbar, daß in nicht zu ferner Zukunft die Katholiken die Mehrheit aller Nordiren stellen werden (Frankfurter Allgemeine Zeitung, 13. April 1993, 8). Das kann bedeuten, daß die Angst der beiden Konfliktparteien voreinander noch mehr zunimmt und der hermetische Zirkel von Terror und Gegenterror noch viel weniger aufgebrochen werden kann. Die Elemente, die den gesellschaftlichen Konflikt zu einem *pathologischen Konflikt* machen, stehen in Nordirland nach wie vor bereit.

Die irischen Kirchen haben sich beständig darum bemüht, das Konfliktgeschehen zu deuten (Republicanism 74). Die Kirchen haben auch immer an den periodisch entstandenen Versöhnungswerken und an den Bewegungen gegen die Gewalt teilgenommen (McCreary 75, 55–73; Bleakley 72, 89–98). Solche Bewegungen entstanden jeweils dann, wenn besonders grausame und emotional anrührende Attentate stattgefunden hatten. Im Lauf der Zeit trat dann der Anlaß jeweils wieder hinter der Gewöhnung an die tägliche Gewalt zurück, bis ein neues aufwühlendes Attentat die öffentliche Erregung wieder entfachte und ein weiteres Mal Gesten der Versöhnung und des kollektiven Widerstandes gegen den irrationalen Terror auslöste.

Der Konflikt in Nordirland – ein pathologischer Konflikt, der nur noch mit guinesstrinkendem Sarkasmus aus der Perspektive einer republikanischen Kneipe (McGuffin 87, 7–13) beschrieben werden kann? Die Stereotypie des Terrors und die Monotonie der daraus folgenden Hoffnungslosigkeit werden von der kirchlichen Predigt, die ja auch ein überzeugendes Handeln zu sein hat, nicht mehr erreicht. Nichts ist verständlicher, als daß die fähigen Kirchenführer, von denen die irischen Kirchen viele haben, in der Gefahr stehen, wegen des unlösbaren Konflikts in einen öffentlichen Verbalismus auszuweichen oder sich in den innerkirchlichen Betrieb zurückzuziehen.

Wenn die katholische Kirche sich dann in ihre Innerlichkeit zurückzieht, ist sie wieder die Kirche der glühenden Marienfrömmigkeit und der unerschütterlichen Papsttreue. Dann kämpft sie für ihre starre Sexualethik, organisiert Großdemonstrationen gegen eine ihr als zu liberal erscheinende Abtreibungsregelung und pflegt die fromme Erinnerung an die Märtyrer, die ihr während der englischen Herrschaft über Irland zugewachsen sind. Die ökumenische Offenheit stößt dann an ein konfessionalistisches Sonderinteresse, das nicht mehr alles zur Lösung des nordirischen Konflikts unternimmt.

Irland ging auf der anderen Seite des Atlantiks weiter. *Mehrere Auswanderungswellen brachten Iren nach Amerika*, wo sie sich zuerst in den großen Städten der Ostküste und später in homöopathischer Verdünnung überall in Amerika ausbreiteten. Es gab ausgesprochene Irenghettos in Städten wie Jersey City und New York, die in ihrer katholischen Frömmigkeit nur noch von den Ghettos der Polen übertroffen wurden.

In Amerika wurden die armen Leute aus Connemara und Mayo in den *melting pot* eingeschmolzen. Generationenlang waren die meisten New Yorker Polizisten von irischer Abstammung. Reformgesinnte protestantische Amerikaner, die mit der Diskriminierung der irischen Einwanderer – die gehörten natürlich nicht zur Gruppe der *Wasp*-Amerikaner (White, Anglo-Saxon, Protestant) – nicht einverstanden waren, veranstalteten 1764 in New York die erste *St. Patrick's Day Parade*. Diese Parade am 17. März eines jeden Jahres war bald ein Markenzeichen New Yorks und wurde ab 1836 von dem Ancient Order of Hibernians, einem irischen Traditionsverein, veranstaltet.

Das war die New Yorker Bühne, auf der seit 1990 ein Moralstück über innerirische Seelenzustände gegeben wurde, wie es in einem irischen Provinzstädtchen nicht schöner aufgeführt worden wäre. Im Oktober 1990 begann nämlich der Streit darüber, ob die *Irish Lesbian and Gay Organization*, die Vereinigung irischstämmiger Homosexueller, sich an der nächstfolgenden St. Patrick's Day Parade beteiligen dürfe. Zu beachten ist: Bei dieser Parade die Fifth Avenue aufwärts waren schon immer alle mitmarschiert, die nur teilnehmen wollten. In Wahljahren war die Parade die erste Open-air-Veranstaltung für Politiker gewesen, die ein paar Monate später zur Wahl und Wiederwahl anstanden.

Nein, die Homosexuellen wollte man seit 1990 nicht mehr dabei haben. 1991 sagte man ihnen, daß es für sie nicht genug Raum bei der Parade gebe. Der schwarze Oberbürgermeister David N. Dinkins, der für die Teilnahme der umstrittenen Organisation gewesen war, wurde bei der Parade am 17. März 1991 mit Bierdosen beworfen und mit anti-homosexuellen Schimpfwörtern belegt. Im Jahr 1992 sagte Dinkins seine Teilnahme verständlicherweise ganz ab – zum ersten Mal seit 1923 war der *Mayor* von New York nicht mehr bei seinen Iren und denen, die sich dafür hielten. 1992 war zugleich das Jahr, in dem Bill Clinton aus Arkansas mit der Unterstützung der amerikanischen Homosexuellen zum Präsidenten gewählt wurde.

Im Oktober 1992 entschied die New York City Human Rights Commission (New York Times, 29. Oktober 1992, B 1. B 4), daß der Ausschluß der irischen Homosexuellen gegen deren auch in New York geltendes Menschenrecht verstieße und sie in unzulässiger Weise diskriminiere. Oder wurde der Anspruch des Ancient Order of Hibernians auf freie Rede und Versammlungsfreiheit – im *First Amendment* der Verfassung garantiert – durch den städtischen Rechtsspruch verletzt? Auf einmal lagen genau die Argumente bereit, durch die in Amerika die spitzfindig-spannenden Gerichtskrimis bereichert werden, die von Instanz zu Instanz bis zum Supreme Court geschoben werden. Was war die St. Patrick's Day Parade juristisch: eine *public accomodation* wie die Subway und das Metropolitan Museum of Art oder eine *private religious celebration* wie etwa eine Maiandacht in einem irischen Kloster? Das Neue daran war nur, daß seit 1764 noch nie jemand behauptet hatte, daß der Trubel auf der Fifth Avenue eine kirchliche Veranstaltung sei.

Noch im Vorfeld des mit frommen und juristischen Argumenten eskalierenden Streits hatte die Nationalkonferenz der Hibernians im Juli 1992 alle örtlichen Gruppen sicherheitshalber angewiesen, am 17. März zukünftig keine Paraden mehr zu veranstalten. Bei der unsicheren Rechtslage wollte man das eigene, enge Gewissen nicht der Gefahr aussetzen, nach zu befürchtenden Gerichtsentscheidungen mit den ungeliebten irischen Mitschwestern und Mitbürgern paradieren zu müssen – und das auch noch am Tag des heiligen Patrick, der immer für die gute Moral gestanden hatte.

So wie es Gott sei Dank immer ist, ging das Volksfestleben New Yorks auch in diesem heiklen Fall mit Hilfe einer pragmatischen Gerichtsentscheidung weiter. Die Parade war viel zu schön, als daß man sie sich wegen des banalen Streits rauben lassen wollte. An einem New Yorker Bundesgericht macht sich Judge Duffy kurzerhand zum Instrument der praktischen Vernunft und entschied, daß das riesige Fest auf der Fifth Avenue am 17. März 1993 im juristischen Sinne tatsächlich wie eine Maiandacht im abgeschlossenen Kloster zu behandeln sei. Die St. Patrick's Day Parade war und blieb eine *private religious celebration*. Die Hibernians waren es zufrieden, veranstalteten ihre Parade und feierten ohne die inkriminierten Gruppen.

Waren die New Yorker Iren auf einmal katholischer als die im alten Irland, als sie die Parade, die satzungsgemäß „die Tatsache feiert, daß alle Amerikaner – die hier geborenen und die Einwanderer – die Freiheit der Stadt auf den Straßen New Yorks genießen“ (celebrating the fact that all Americans, native and immigrant alike, enjoy the freedom of the city on the streets of New York), auf einmal so moralistisch verstanden? Was war nur in diese New Yorker Landsleute gefahren?, wunderten sich dem Hörensagen nach auch die Iren in Cork. In Cork nämlich beteiligen sich schon lange die homosexuellen Gruppen unangefochten an der St. Patrick's Day Parade. Public accomodation in Cork, aber auf der Fifth Avenue eine private religious celebration?

Die überzogene „irische Heiligkeit“ hatte New York erreicht. Conor Cruise O'Brien hatte seinen Artikel im *Irish Independent* betitelt „The Holy Show is still on the road“ Und er hatte geschrieben:

> Wir reden heiliger daher als andere Völker und stecken mehr Heiligkeit in unsere Gesetze, aber unser Verhalten ist nicht heiliger als das von irgendwem sonst. Irische Männer sind nicht heiliger als andere Männer. Irische Frauen sind nicht heiliger als andere …

Hatte er auch an die New Yorker Iren gedacht?

Der schottische Weg, sich London zu entziehen

Wales und Schottland sind ganz anders als Irland auf London bezogen. Sie wurden zu integrierten Bestandteilen desselben Staates. Die Folge war, daß die einst eroberten Regionen an der Gestaltung der englischen Politik mitzuwirken begannen. Der Ort, wo das am sichtbarsten geschehen kann, ist das Londoner Unterhaus.

Der Waliser Neil Kinnock, der die britische Labour Party seit 1983 geführt hatte, gab den Vorsitz am 18. Juli 1992 an den Schotten John Smith, den vierzehnten Parteichef der Labour Party, ab (The Independent, 18. Juli 1992, 8. 14; The Independent on Sunday, 19. Juli 1992, 3; The Sunday Times, 19. Juli 1992, B 5). Ist das schon für Vertreter der originären walisischen und schottischen Bevölkerung die Gelegenheit, die Londoner Politik entscheidend, wenn auch zunächst nur aus der Opposition heraus, mitzugestalten? Offen ist auf jeden Fall, ob die verantwortliche Gestaltung britischer Politik durch einen Waliser oder Schotten zu einer flexibleren Politik führen wird, welche die Randzonen mit ihren historisch gewachsenen Forderungen ernst nimmt und sie mit London versöhnt. Die Zwänge des Zentralstaates könnten nämlich nach wie vor so stark sein, daß sie nicht mit den Identitäts- und Autonomieerwartungen der Randzonen zu korrelieren sind. Wird ein regionenfreundlicher, modifizierter Zentralismus, ein dezidierter Regionalismus oder sogar ein systemsprengender Nationalismus die politische Zukunft Großbritanniens bestimmen?

In England, so sagte der schottische Rechtsanwalt John Smith – seit 1970 im Unterhaus und ab 1978 noch für ein Jahr Handelsminister im Kabinett Callaghan, ehe Margaret Thatcher Premierministerin wurde –, glaubten die Leute, er sähe aus wie ein Bankmanager oder ein Familiendoktor. Daß er in Wirklichkeit aussehe wie ein schottischer Rechtsanwalt, könnten sie sich nicht vorstellen, weil sie im Süden selten Gelegenheit hätten, einen solchen zu sehen. Seine Familie hatte John Smith ohnehin immer in Edinburgh gelassen, damit seine Töchter den schottischen Akzent nicht verlören (Frankfurter Allgemeine Zeitung, 8. April 1992, 14).

Als John Smith im Juli 1992 Labour-Führer wurde, hatte er gerade 96 der 277 Munros – ein *Munro* ist ein schottischer Berg mit mehr als 3000 Fuß Höhe – bestiegen. Im 19. Jahrhundert hatte Sir Hugh Munro alle schottischen Berge dieser Höhe zusammengestellt. Seitdem haben ungefähr achthundert Personen sämtliche Munros bestiegen. Sir Hugh war nicht unter ihnen, weil er einen Munro zu früh starb – er war nur auf 266 gekommen. Der erste, der alle Munros schaffte, war 1901 der Gemeindepfarrer von Rannoch. Ein ausdauernder Kletterer brauchte einmal 57 Jahre, bis er sie alle bezwungen hatte, und ein etwas leidenschaftlicherer Sportkletterer erledigte die Serie in nur 66 Tagen (The Independent on Sunday, 19. Juli 1992, 3).

John Smith, der Führer der britischen Labour Party aus schottisch-presbyterianischer Tradition, wird bei seiner Zählung inzwischen irgendwo zwischen einhundert und zweihundert Munros angekommen sein. Auf diese Weise drückt er seine Verwurzelung in der schottischen Lebensart aus und kann nebenbei die je aktuelle Zahl seiner Munros auch schon einmal sympathiebringend im Wahlkampf einsetzen. Ob aber von Schottland weit entfernt lebende englische Wähler sich davon beeindrucken lassen werden? Und ob die Vollendung der magischen Zahl 277 einmal die geeignete Voraussetzung dafür sein wird, als etwaiger Premierminister die politischen und kulturellen Gegensätze zwischen Schottland und England zu versöhnen, steht einstweilen auch noch in den Sternen.

Ihre größte Hoffnung setzen die Schotten auf die Europäische Union und auf die in den Verträgen von Maastricht verbindlich festgeschriebene *regionale Subsidiarität*. Wenn das kleine Dänemark (5,16 Millionen Einwohner) mit einer Schottland (5,1 Millionen) entsprechenden Bevölkerungszahl sich als selbstbewußter europäischer Staat aufführen darf – warum dann nicht auch das traditionsreiche Schottland? (Weltalmanach 94, Sp. 290. 425)

Im Jahr 1993 sah nur noch jeder fünfte Schotte die Zukunft seines Landes mit London verbunden. Die Optionen reichten von der *home rule* mit einem eigenen Parlament in Edinburgh (von der Labour Party, die die stärkste Partei in Schottland ist, vertreten) über eine ausgebaute *Autonomie* innerhalb Großbritanniens, die von der Scottish National Party (SNP) angestrebt wird, bis zur vollen staatlichen *Unabhängigkeit* von London. Eine Umfrage im Herbst 1992 hatte an den Tag gebracht, daß nur noch zwanzig Prozent aller Schotten weiterhin von Westminster regiert sein wollten, aber 42 Prozent für die eine oder andere Art der Loslösung von England eintraten. Überraschenderweise waren sogar 22 Prozent, also mehr als das Fünftel, das an der Union mit London festhalten wollte, dafür, daß Brüssel die Regierung in Schottland übernähme.

Natürlich sind die Ergebnisse von Umfragen, welche die politischen Einstellungen einer Bevölkerung betreffen, immer auch veränderlich. Die politischen Lernprozesse in Schottland weisen aber schon lange auf eine so oder so ausgestaltete Verfassungsänderung hin, die die Situation von vor 1707 teilweise wiederherstellen könnte. Es wird durchaus denkbar, daß dabei ein Verfassungsmodell herangezogen werden wird, das dem europäischen Gemeinschaftsrecht entlehnt ist. *Regionalisierung, Subsidiarität* und *europäischer Föderalismus* sind Begriffe, unter denen man sich im heutigen Schottland viel vorstellt und die man mit dem innerhalb Großbritanniens diskutierten Konzept einer *devolution* sehr gut verbinden kann. Zwischen Schottland und dem Freistaat Bayern hat sich eine Länderpartnerschaft entwickelt. Edinburgh ist die Partnerstadt Münchens. Nicht ungewöhnlich wäre, wenn die zwischen Schottland und europäischen Partnern schon bestehenden Beziehungen dazu instrumentalisiert werden, um die politisch-rechtlichen Beziehungen zwischen London und Schottland allmählich aufzuweichen. Die Politik der schottischen Könige war ja schon bis in die Regierungszeit Maria Stuarts hinein diesem Modell, in Europa gegen England Unterstützung zu suchen, verpflichtet.

Vor der Unterhauswahl im April 1992 wies die Londoner Regierung beständig auf die negativen Folgen hin, die für Schottland angeblich mit einer *devolution* verbunden wären: Steuererhöhungen und neue Steuern seitens eines Edinburgher Parlaments, hohe Rezession im ohnehin wirtschaftsschwachen Schottland und ständige Kompetenzstreitigkeiten zwischen zwei Parlamenten. Die Grundwelle in Richtung schottischer Autonomie wurde 1992 zwar noch einmal gebrochen, aber nach wie vor weiß man in Schottland genau, daß das Nordseeöl aus den eigenen Gewässern eine günstige Voraussetzung dafür ist, sich gegen die englische Wirtschaftskraft zu behaupten. Die Schotten sind sich auch darin sicher, daß ihr Land ökonomisch nicht ins Bodenlose stürzen wird, wenn eine Trennung von England – in welcher Form auch immer – stattfinden sollte. Die Schotten wissen sich in Übereinstimmung mit den Regionalisierungsprozessen in anderen Mitgliedsstaaten der Europäischen Union, nicht zuletzt mit denen in Italien und Spanien, und sie wissen, daß die Risiken der *devolution* durch eine aktive Regionalpolitik in Brüssel vermieden werden können.

Ausgerechnet in dieser brisanten Situation, wo sich das schottische Autonomiestreben unüberhörbar zu Wort meldete, hatte die britische Regierung im Dezember 1992 die Gipfelkonferenz der Europäischen Union, auf der Dänemark unter Hinweis auf sein Maastricht-Referendum die von ihm gewünschten Sonderkonditionen durchsetzte, nach Edinburgh – und obendrein noch nach Holyrood Palace – einberufen. Die Wahl des Tagungsortes Edinburgh sollte den Schotten wohl signalisieren, daß sie von der Großmut Westminsters nicht vergessen seien. Der Sieg des Regionalisierungsansatzes, der sich auf der Edinburgher Konferenz bei der Erfüllung aller dänischer Forderungen an die Gemeinschaft zeigte, dürfte jedoch à la longue den schottischen Autonomiewünschen und Verfassungsforderungen nur noch mehr Durchsetzungskraft einhauchen.

Schottlands politische Zukunft scheint also auf dem Weg der konsequenten Regionalisierung und der entwicklungsstimulierenden europäischen Regionalpolitik erreichbar zu sein. Gemäßigte Formen von *home rule* – ein wichtiger Begriff in der irischen Politik des 19. Jahrhunderts! – und *devolution*, eine durch Verfassungsvereinbarungen abgesicherte relative Autonomie oder sogar eine staatliche Unabhängigkeit Schottlands im Rahmen der das Ganze stabilisierenden Europäischen Union: in allen diesen Modellen könnte sich in Zukunft der Wunsch nach einer nationalen Unabhängigkeit Schottlands erfüllen. Die Mehrheit der Schotten meint, daß ihr Land dasselbe zu erreichen vermöge, was Dänemark sich erzwang.

Edinburgh wird das „Athen des Nordens" genannt, das mit seinen spätsommerlichen Festspielen schon lange ein kulturelles Zentrum Europas ist. Glasgow war 1990 die *European City of Culture*, die „Kulturhauptstadt Europas". Im Jahr 1991 übernahm das heitere Dublin die Ehre der „Kulturhauptstadt Europas". Schottland will mit Hilfe Brüssels größere Freiheiten von London gewinnen, und Irland hofft, auf dem Weg der europäischen Regionalisierungspolitik den fast unlösbaren Konflikt um Ulster austrocknen zu können.

Sei es politisch, oder sei es kulturell: die Heimkehr des keltischen Randes in die Mitte Europas ist im vollen Gange.

4. Hochkreuze, Rundtürme und keltische Musik

Für das Auge des Beobachters gehen Kunst und Architektur ineinander über. Kunst stellt sich in architektonischen Formen dar, und Architektur wird gelegentlich zum Träger vollendeter Kunst. In Irland entsteht der Eindruck eines fast nicht mehr aufzulösenden Ineinanders von kulturellen Phasen und historischen Ebenen. Kunst und Architektur aus *Dark Ages* und Mittelalter, aus Mittelalter und Moderne liegen nicht nur geographisch, sondern auch ihrem Sinngehalt nach nahe nebeneinander.

Das ist wie in Rom, wo auch immer die eine Kulturschicht über der anderen liegt und erst in der Tiefe die Welt des antiken Roms erreicht ist.

Etwa am Largo di Torre Argentina, der jahrhundertelang dicht bebaut war, bis die Römer 1926 entdeckten, daß darunter vier Tempel der antiken römischen Republik lagen. Nach der Freilegung des Platzes ragen deren Säulenreste heute in einem Zeitsprung von über zweitausend Jahren von ihrer tieferliegenden Ebene in den sich stauenden römischen Verkehr hinein.

San Clemente beim Kolosseum ist das andere wunderbare Beispiel für die Aufeinanderfolge der geschichtlichen Ebenen in Rom. Unter der Kirche des 12. Jahrhunderts liegt die ältere aus dem 4. Jahrhundert, darunter der Mithrastempel aus dem 3. Jahrhundert und das antike Haus des 1. Jahrhunderts nach Christus. San Clemente wurde 1677 *in perpetuum* den irischen Dominikanern zur Verwaltung anvertraut, was ganz sicher nichts mit der gerade erwähnten kunstgeschichtlichen Situation in Irland zu tun hatte. Aber immerhin waren mit dem Auftrag, San Clemente zu betreuen, die Iren im 17. Jahrhundert endgültig in Rom angekommen.

Ein Dominikaner des Konvents von San Clemente war der Beichtvater von Prinz Charles Edward Stuart, des Bonnie Prince Charlie. Der Prior von San Clemente wurde 1755 seines Amtes enthoben, weil er gegen die Anordnung des Vatikans den Prinzen mit königlichen Ehren empfangen hatte (Morton 86, 238–240).

Im Jahr 1808 wurde Pater Luke Concanen in Rom zum ersten Bischof von New York geweiht, mußte jedoch zwei Jahre auf seine Ausreise warten, weil Napoleons Schiffe die Mittelmeerhäfen blokkierten. An dem Tag, der endlich für die Abreise festgesetzt worden war, starb er mit zweiundsiebzig Jahren in Neapel. Der zweite Bischof von New York war Pater John Connolly, der, von Dublin aus in Marsch gesetzt, am 15. November 1815 als erster katholischer Bischof New York erreichte. In seiner neuen Diözese stieß er auf eine bedrängte Situation: für dreizehntausend Katholiken hatte der Bischof ganze vier Priester und nur drei Kirchen zur Verfügung. Es war also noch ein langer Weg bis zu den modernen und selbstgemachten Problemen der St. Patrick's Day Parade auf der Fifth Avenue. Aber lenken wir unseren Blick von den Iren in Rom und New York wieder zurück auf die Kunst in Irland selbst.

Bilder in Sandstein und Granit

Hochkreuze sind in allen Regionen des keltischen Raumes zu finden, immer eng an die Landschaften der keltischen Sprachen gebunden. Es sind also *keltische* Hochkreuze, wiewohl die eindrucksvollsten und die meisten in Irland anzutreffen sind. So sind die keltischen Hochkreuze vor allem auch *irische* Hochkreuze, *Irish high crosses* – ein verzauberndes Erbstück aus der irischen Klosterkultur. Sie gehören zusammen mit der frühen Buchmalerei in den Bereich der keltischen Kirche, aber mitnichten in den Einflußbereich der von Canterbury aus aufgebauten römisch-katholischen Kirche. Das macht Pevsner glauben, wenn er Buchmalerei und Hochkreuze elegant-unscharf dem damals noch gar nicht bestehenden England zuschlägt:

> England war zur Zeit des Beda Venerabilis in der Buchmalerei wie auch der Bildhauerei der Hochkreuze dem übrigen Europa erheblich voraus. (Pevsner 74, 288; Praz 88, 112)

Die Hochkreuze, manchmal bis zu fünf Meter hoch, tragen zu Stein gewordene Bilder aus dem Alten und Neuen Testament. Manchmal waren sie Gedächtniskreuze, dann wieder wurden sie errichtet, um große Ereignisse in der Geschichte eines Klosters für die Nachwelt festzuhalten (Milne 66, 14). Die Ost- und Westseite der Hochkreuze, oft auch die schmaleren Nord- und Südflächen, sind mit Bildflächen (panels) bedeckt, auf denen biblische Szenen wiedergegeben sind. Die Ostseite trägt meistens alttestamentliche, die Westseite neutestamentliche Szenen. Im allgemeinen nimmt die Kreuzigungsszene die Mitte der Westseite, in der sich senkrechter und waagrechter Kreuzbalken schneiden, ein. Eine Ausnahme davon ist beispielsweise das *Kinnitty High Cross*, auf dem die Kreuzigung auf der Ostseite des Kreuzes dargestellt ist. Auf der Rückseite der Kreuzigungsszene, also meistens auf der Ostseite des Hochkreuzes, erscheint die Szene des Letzten Gerichts.

Die Mittelszene des Hochkreuzes ist von einem die vier Kreuzarme zusammenschließenden Steinring (ringed high cross) umgeben, der den Kosmos, vielleicht auch die Sonnenscheibe darstellen soll. Statisch erfüllt dieser Ring zugleich die Aufgabe, die schweren, waagrechten Kreuzarme, die zur Mitte hin meist verjüngt sind, zu stabilisieren und ihr Abbrechen zu verhindern.

Die einzigen nichtbiblischen Gestalten, die auf den Hochkreuzen erscheinen, sind die ägyptischen Wüstenväter Paulus von Theben und Antonius, so auf der Ostseite des *South Cross* in *Kells*, das auch wegen der Traditionen des alten Klosters Cross of Patrick and Columba heißt.

Die auf den Hochkreuzen zitierten biblischen Szenen können mit Flechtmustern und geometrischen Ornamenten abwechseln. Aus den Mustern, abstrakten Formen und biblischen Szenen ergibt sich eine ästhetische Symphonie, die mit derjenigen der Fresken und Mosaiken spätantiker Kirchen vergleichbar ist. Der Betrachter sollte jedesmal die Inhalte seines Glaubens wiedererkennen, und vor einem Gedächtniskreuz sollte er für den beten, dem das Hochkreuz gewidmet war. Auf dem Sockel des South Cross (oder Muiredach's Cross) von Monasterboice steht in Irisch: „OR DO MUIREDACH LAS NDERNAD I CHROSSA" (... ein Gebet für Muiredach, für den – unter dem? – das Kreuz gemacht wurde) (Roe 81, 27). Das ist schon der Vorgriff auf das Emailschildchen „Bete für Kevin Cassidy, der am 20. 12. 1930 dreizehnjährig starb", das Heinrich Böll in einer Dubliner Kirche fand, oder auf die *Or do*-Schildchen, die in den Kirchen in Westirland immer noch zu finden sind.

Das Alter der Hochkreuze, die meistens aus Sandstein sind, kann nur allgemein angegeben werden. Die erste Periode ihres Entstehens lag im 9. Jahrhundert. Das Kinnitty Cross bei dem Örtchen Kinnitty in County Offaly kann sogar genau datiert werden, weil Inschriften auf beiden Seiten besagen, daß das Kreuz von einem Colman für Maelsechnaill, der von 846 bis 862 Hochkönig war, errichtet wurde (Harbison 92, 280). Von diesem einen festen Entstehungsdatum aus sind auch die anderen „Schriftkreuze“ (scriptural crosses, scripture crosses) dem 9. Jahrhundert zuzuordnen, ohne daß sich die Kunsthistoriker im letzten ganz einig werden könnten.

Die Forschung tat sich besonders schwer, die wenigen granitenen Hochkreuze einzuordnen und in Beziehung zu setzen zu den Sandsteinkreuzen, aber auch bei diesen scheint sich das 9. Jahrhundert als Entstehungszeit durchgesetzt zu haben. In diesem Zusammenhang soll bereits auf das *Hochkreuz von Moone* hingewiesen werden, das eins der schönsten irischen Hochkreuze überhaupt ist (Abbildungen 11 a und 11 b).

Die zweite bedeutende Periode, in der irische Hochkreuze entstanden, war das 12. Jahrhundert. Die biblischen Szenen traten allerdings gegenüber der früheren Zeit zugunsten dominierender Hochreliefs des Crucifixus und lokaler Heiliger zurück (Harbison 92, 18; Stalley 91, Bilder 30–32).

Die Herstellung der großen Hochkreuze stellte allein schon unter dem Aspekt der zu bearbeitenden Steinmasse eine bemerkenswerte handwerkliche Leistung dar. Wegen der detailreichen, komplizierten Ausführung der biblischen Szenen sind die Hochkreuze auch eine große künstlerische Leistung. Das *Muiredach's Cross* in *Monasterboice* wurde aus drei Teilen gearbeitet: aus einem rechteckigen, massiven Sockel, aus einem gewaltigen, tonnenschweren Mittelstück, das zu Schaft und Kreuzhaupt mit umgebendem Ring wurde, und aus einer Steinkappe in Form eines kleinen Hauses oder Schreins. Bei besonders langen Hochkreuzen konnte das Mittelstück auch aus zwei Teilen gearbeitet sein (so bei den Hochkreuzen in Moone und Castledermot, beide in County Kildare).

Die Hochkreuze des 9. Jahrhunderts können, der Entwicklung der Gattung folgend, oberflächlich in drei Gruppen eingeteilt werden: in relativ einfache Hochkreuze, in solche mit abstrakten Ornamenten (Spiralen, Wellenlinien und Rundformen – bosses – wie Knöpfe und

Nieten), die ihre Ableitung von künstlerischen Metallarbeiten noch erkennen lassen, und in solche mit voll ausgestalteten biblischen Szenen, wobei viele Übergangsformen zu beobachten sind (Stalley 91, 7).

Werfen wir einen Blick auf vier *scripture crosses:* auf das South Cross in Kells, auf das Muiredach's Cross (South Cross) in Monasterboice, auf das Cross of the Scriptures in Clonmacnoise und auf das High Cross in Moone.

Das Kloster in Kells ist wahrscheinlich im Jahr 804 von Mönchen gegründet worden, die vor den Wikingern aus Iona geflohen waren. Die Gebeine des heiligen Columba wurden 877 von Iona nach Kells gebracht. Das *Book of Kells* (Abbildungen 1 und 4) hat eine etwas gespaltene Tradition: es wurde entweder aus Iona mitgebracht, oder es wurde in Kells selbst geschrieben. Heute ist rund um die zur Church of Ireland gehörende anglikanische Ortskirche das „irische Ensemble" zusammengefügt: Reste eines Klosters, Rundturm, Friedhof und Hochkreuze (Ziegler 90, 23).

Das *South Cross*, Patrick und Columba gewidmet, ist ein scripture cross an wichtigem Ort. Auf dem Fußsockel, möglicherweise den Hügel von Golgatha, in dem das Hochkreuz als Kreuz Christi eingelassen ist, symbolisierend, sind Flechtwerk, Tiere und ein Wagenzug zu erkennen (Harbison 92, 262). Auf der Ostseite nach oben aufsteigend: Adam und Eva, Kain und Abel, die drei Männer im Feuerofen, Daniel in der Löwengrube, auf dem linken Kreuzarm die Opferung des Isaak, auf dem rechten die Wüstenväter Paulus von Theben und Antonius, an der Spitze des Hochkreuzes schließlich der harfenspielende David und das Speisungswunder mit Broten und Fischen. Auf der Westseite des South Cross erscheint die Kreuzigung und darüber das Letzte Gericht, das nach der Regel eigentlich im Zentrum der Ostseite zu erscheinen hat. Dort finden sich dafür sieben kleine, im Kreis angeordnete Rundformen (bosses), die auf den Hochkreuzen in Ahenny (County Tipperary) und Iona (St. Martin's Cross) dominierend verwandt sind (Stalley 91, Bilder 16 und 17).

Das Kloster Monasterboice wurde im 6. Jahrhundert gegründet (Roe 81, 8; MacGowan 84, 65–67). Auch in Monasterboice ist wieder das „irische Ensemble" vorhanden: Rundturm mit berühmtem West Cross, Muiredach's Cross (South Cross) und Friedhof.

Auch das *Muiredach's Cross* ist ein Bilderbuch keltisch-irischen Bibelwissens. Adam und Eva, Kain erschlägt Abel, David und Goliath, Moses schlägt Wasser aus dem Felsen, die Weisen aus dem Morgenland (die, weil neutestamentlich, eigentlich auf die gegenüberliegende Seite müßten), das Letzte Gericht mit guten und bösen Seelen, an der Spitze entweder die beiden Wüstenväter oder die Apostel Petrus und Paulus – das alles schildert die Ostseite von Muiredach's Cross. Auf der Westseite: die Verspottung Christi, der ungläubige Thomas, Christus mit Petrus und Paulus, im Zentrum die Kreuzigungsszene, auf dem linken Arm die Wache beim Kreuz, auf dem rechten eine stilisierte Auferstehung mit leerem Grab und an der Spitze eine unklar bleibende Szene. (Roe 81, 38–43. 31–34; Harbison 92, 238f.)

In Clonmacnoise, direkt am Ufer des Shannon gelegen, wirkt das „irische Ensemble" noch gewaltiger: zwei Rundtürme, mehrere Kirchen, die Ruinen der Kathedrale, ganz in der Nähe die Reste eines Nonnenklosters, der große Friedhof und gleich mehrere Hochkreuze. Clonmacnoise wurde 548/549 vom heiligen Ciarán gegründet, und noch im Zustand des Zerfalls ist zu erkennen, daß Clonmacnoise eine große und reiche „Klosterstadt" im wahren Sinne des Wortes war. Clonmacnoise war das religiöse, politische und kulturelle Zentrum im Herzen Irlands. Das mußten auch die Wikinger so gesehen haben, die dabei mithalfen, daß Clonmacnoise zwischen 834 und 1012 sechsmal geplündert und zwischen 841 und 1204 sechsundzwanzigmal gebrandschatzt wurde. Die Überfalle setzten sich immer weiter fort, bis schließlich im Jahr 1552 die englische Garnison in Athlone die letzten Schätze des Klosters entwendete, wovon es sich nie mehr erholte.

Das *Cross of the Scriptures* steht an der Westseite der ehemaligen Kathedrale und macht schon durch seinen Namen deutlich, um was es bei den meisten Hochkreuzen ging: um die bildliche Darstellung biblischer Szenen. Das Cross of the Scriptures ist nicht ganz so wuchtig wie das Muiredach's Cross und nicht so grazil wie das West Cross in Monasterboice, das wegen seiner hochragenden Gestalt auch das Tall Cross, das „schlanke Hochkreuz", heißt. (Stalley 91, Bilder 2 und 25; Harbison 92, 276–278)

Die Aufgabe der Hochkreuze? Sie gehörten ganz zwangsläufig zum irischen Kloster, in dem sie die einzelnen Bereiche voneinander trennten und Binnengrenzen markierten. Die Größe eines Klosters, die Zahl der in ihm lebenden Menschen und die Anzahl seiner Kreuze hingen wahrscheinlich direkt miteinander zusammen. Die Hochkreuze hatten eine Erinnerungsfunktion – an den Stifter, an geschehene Wunder und besondere Ereignisse konnte man sich vor dem Hochkreuz erinnern. Im Bereich eines Hochkreuzes fanden dann später Bestattungen statt, obwohl es zunächst nicht dafür bestimmt war. An den Hochkreuzen wurde gebetet und Buße getan, und sie werden an den Karfreitagen eine besondere liturgische Funktion besessen haben.

Waren die Hochkreuze für die Unterweisung des Volkes bestimmt? Das wäre bescheidener und wirkungsvoller auch auf andere Art möglich gewesen, zumal die bildlichen Darstellungen der Hochkreuze bereits einen hohen theologischen Bildungsstand voraussetzten. Sie waren darum wohl eher die künstlerisch hochentwickelte Form der frommen Selbstdarstellung und die Gelegenheit dazu, den Ehrgeiz eines wohlhabenden Klosters oder die gesellschaftliche Bedeutung eines Herrschers in der biblisch-religiös geprägten Kunstsprache der irischen Kirche auszudrücken.

Bei der Errichtung des Hochkreuzes von Moone wird es so oder ähnlich zugegangen sein, und dennoch ist dieses Kreuz ganz anders als die anderen Hochkreuze. Dieser Unterschied kann auch nicht allein auf die Verwendung von Granit aus den nahen Wicklow Mountains zurückgeführt werden. Das *Hochkreuz von Moone* ist die heimliche Majestät unter den irischen Hochkreuzen, die – im freien Anschluß an die keltische Mythologie – bereits in die ästhetische Anderswelt hineinführt.

Die archaisch-kargen, in Reih und Glied angeordneten zwölf Jünger auf der Westseite des zweiteiligen Sockels muten an wie irische Elfenwesen, die da mit gleichmütigem Gesichtsausdruck unter der Kreuzigungsszene in die Welt blicken. Wiewohl sie ganz nah bei der Kreuzigung stehen, wollte man dennoch auf den Verräter Judas nicht verzichten, weil sonst die drei Viererreihen nicht gelungen wären (Abbildung 11 a). Wie hätten denn bloß elf Jünger die vorhandene Granitfläche ausgewogen ausfüllen können?

Auf der Südseite des Sockels erscheint das Speisungswunder in klassischer Reduktion auf das Wesentliche (Abbildung 11 b). Fünf runde Brote und zwei schwimmende Fische, die allein schon der Wundergeschichte entsprochen hätten, wurden in altirischer Freiheit um zwei Aale ergänzt. Die Gestaltungslust der Bildhauer öffnete den Wunderbericht. Fünf Brote und zwei Fische sollten es nach Markus 6,38 für fünftausend Hungrige gewesen sein. Wenn zu denen noch die zwölf Elfenmänner von der Westseite nebenan kamen – die zwei unbiblischen Aale konnten überhaupt nichts schaden. Bei so viel Freude an den Einzelheiten der Speisungsgeschichte geriet die Flucht nach Ägypten in das darüberliegende kleinere Feld. Sieht die Maria auf dem Reittier nicht wie eins der Elfenmännchen von nebenan aus?

Natürlich blieb das Hochkreuz von Moone dem Themenkatalog der künstlerischen Tradition verpflichtet. Auf der Nordseite erschienen gleich mehrere Szenen aus den Legenden der Wüstenväter Paulus und Antonius, und auf der Ostseite ging es – wie schon auf dem Muiredach's Cross in Monasterboice und auf dem South Cross von Kells – um die alttestamentlichen Themen: um Daniel in der Löwengrube, um die Opferung des Isaak und um Adam und Eva sowie noch einmal um die Kreuzigung. (Harbison 92, 190f.; Seaborne 89, 50–52)

Nicht weit von Moone entfernt liegt inmitten der Wicklow Mountains *Glendalough*, das „Tal der zwei Seen". Glendalough geht auf ein von dem heiligen Kevin im 6. Jahrhundert gegründetes Kloster zurück und war wie Clonmacnoise, Kells und Monasterboice ein religiöses Zentrum im frühchristlichen Irland. Wie diese anderen Großklöster wurde auch Glendalough mehrmals von den Wikingern überfallen. Im Jahr 1163 wurde Abt Laurence O'Toole, nach seinem Tod heiliggesprochen, als Erzbischof von Dublin eingesetzt. Glendalough gehörte zu den ersten Beutestücken, die den normannisch-englischen Eroberern am Ende des 12. Jahrhunderts in die Hände fielen, und wurde 1214 endgültig mit dem Erzbistum Dublin vereinigt. (Harbison 92, 342f.)

Anders als Clonmacnoise, Kells und Monasterboice, die in flacher, offener Landschaft liegen, hat sich Glendalough in eine sanfte Schwarzwaldlandschaft zurückgezogen. In Glendalough ist das „irische Ensemble" auch ohne ein herausragendes Hochkreuz anwesend: Kirchen, Kreuze, Rundturm, das Fundament einer *beehive hut*, die Ruinen einer Kathedrale und Orte, die vorgeblich an Kevin erinnern sollen. Das Wahrzeichen von Glendalough ist *St. Kevin's Kitchen* (Abbildung 13a): Eine Kirche mit Steindach und aufgesetztem kleinem Rundturm aus dem 12. Jahrhundert, die wie eine überdimensionale beehive hut aussieht (Harbison 92, 343–345). Ein stehender Stein mit einbeschriebenem Kreuz (cross-slab), der hinter St. Kevin's Kitchen steht, wurde dem 7. Jahrhundert zugeordnet und als eine Übergangsform zu den Hochkreuzen angesehen (Seaborne 89, 43f.).

Das keltische Hochkreuz steht am Ende einer langen kunstgeschichtlichen Entwicklung. Der Weg vom einfachen Gedenkstein zum Hochkreuz verlief in den keltischen Regionen unterschiedlich und bleibt in manchen Phasen letztendlich unklar. (Abbildungen 16a und 16b)

Am Anfang mögen aufrecht stehende Gedenksteine gestanden haben, die auf Lateinisch – was Wales angeht – und Ogham oder auch in beiden Sprachen gleichzeitig beschriftet waren (Bowen 77, 47). In der frühchristlichen Zeit tauchten christliche Symbole – vor allem natürlich das Kreuz – auf den traditionellen Gedenksteinen auf und ergänzten die Inschriften (Bowen 77, 54f.).

Mit der Zeit trat das Kreuzsymbol auf den Gedenksteinen gegenüber den Inschriften immer mehr in den Vordergrund. Das Kreuz wurde in dünnen Linien in den Stein eingeritzt oder eingraviert (cross-inscribed stones, cross-decorated stones) und nahm unterschiedliche Formen an (Christian Celts 91, 56). Besonders schöne Exemplare stehen auf Skellig Michael und auf der Insel Inishmore (dort neben der Kirche des St. Ciarán).

Auf den cross-slabs trat der Stein allmählich fast ganz hinter dem Kreuz zurück, das auch schon als Halbrelief aus der Oberfläche des Steins heraustreten konnte (so das Kreuz aus dem 7. Jahrhundert neben St. Kevin's Kitchen in Glendalough: Seaborne 89, 43f.). Manchmal zeichnete ein cross-slab in seinem Umriß bereits die Form des Kreuzes nach und wurde so zu einem freistehenden Kreuz. Das Kreuz war dem Stein dann nicht mehr eindimensional eingezeichnet oder als Halbrelief aufgeprägt, sondern der Stein war selbst zu einem Kreuz geworden (Seaborne 89, 45).

Die den cross-slabs eingezeichneten Kreuze wiesen schon früh einen Ring auf, der das Kreuzhaupt einschloß und als Sonnenscheibe oder Kranz gedacht sein mochte (ringed cross). Bei der Verselbständigung der Kreuzform gegenüber dem Stein, dem sie eingearbeitet war, konnte auch der flach gravierte Ring in die Form des freistehenden Kreuzes übergehen. Es entstand damit ein ringed cross, das zur Grundlage für das ringtragende Hochkreuz (ringed high-cross) wurde.

Bild 9: Die Familie des Third Duke of Atholl. Gemälde von Johann Zoffany (1733–1810).

From His Grace the Duke of Atholl's Collection at Blair Castle, Pitlochry, Schottland.

Bild 10: Doppelportrait von Mary Queen of Scots und ihres Sohnes James VI. von Schottland (James I. von England) in Blair Castle.

From His Grace the Duke of Atholl's Collection at Blair Castle, Pitlochry, Schottland.

Bild 11 a): Hochkreuz von Moone (Co. Kildare): Die zwölf Apostel und Kreuzigung (Westseite).
Bord Fáilte, Dublin.

Bild 11 b): Hochkreuz von Moone (Co. Kildare): Wunder von den fünf Broten und zwei Fischen, bereichert um zwei Aale; Flucht nach Ägypten (Südseite).
Bord Fáilte, Dublin.

Bild 12: Skellig Michael: frühes christliches Kloster mit Bienenkorbzellen. Blick nach Südosten auf die Küste von Kerry.
Office of Public Works, Dublin.

Eine Kunstform in Stein war gefunden, welche den keltischen Raum umspannte (für Wales: Christian Celts 91, 58; für den ganzen Raum, zu dem auch Cornwall und die Isle of Man gehören: Seaborne 89, 17–28. 29–42). Die Hochkreuze wurden zusammen mit den keltischen Sprachen und der Religiosität der iroschottischen Kirche für die Kultur des Raumes konstitutiv. Die Tradition der Hochkreuze wurde unter iroschottischem Einfluß von den Angelsachsen zwar aufgenommen, aber es waren *keine irischen Hochkreuze, die in Nord- und Westengland auftauchten:*

Sie sind (aber) anders; die skulpturale Gestaltung zeigt kontinentale, ja mediterrane Motive; ihre kosmische Bezogenheit ist gemindert, sie sind dem Menschen näher; sie werden zu Memorialen. Formbildend wurden auch die irischen Kreuze, diese wohl stärkste irische Eigenleistung, in entscheidender Weise weder in England noch auf dem Kontinent. (Stoll-Roubier 66, 11)

Keltische Klöster werden zu normannisch-romanischen Kathedralen

Die keltisch-irische Kirche war ihrem Wesen nach eine missionierende Kirche, die erst nach Schottland und Wales und dann in Richtung Europa aufbrach, um ihren glühenden Glauben in der ihr erreichbaren Welt auszubreiten. Dieser vagierende Missionsimpuls besaß immer einen Zug zum Vorläufigen und Unsteten, und er lehnte es ab, sich ansiedeln und domestizieren zu lassen. Die frühen irischen Kirchen entwickelten sich aus den steingefügten Oratorien und waren darum auch nur so groß wie ein kieloben liegendes Fischerboot. Die im 12. Jahrhundert entstandene und dem heiligen Kevin gewidmete Kirche in Glendalough – St. Kevin's Kitchen – hat die alte Form des Oratoriums beibehalten (Abbildung 13a). Die missionierende keltische Kirche war noch nicht bereit, im Sinne der europäischen Architektur große Dome zu errichten:

Eine solche Welthaltung konnte vorerst nicht zur Architektur führen. Denn Architektur ist in ihrem Wesen ein Aussondern und Umschließen des Raumes, ein Bewältigen des grenzenlosen Kosmos, vor dem der Mensch ein kreatürliches Schauern empfindet und in dem er das Mysterium eines Göttlichen ahnt. (Stoll-Roubier 66, 9)

Das Beieinander von Hochkreuzen, Rundtürmen und Klöstern war darum ein rein irisches Phänomen. Zu diesem „irischen Ensemble“ gehörten noch keine großen Bauwerke, deren Repräsentationswert über ihren Gebrauchswert hinausging. Die Ergänzung der Klosteranlagen durch „Kathedralen“ setzte erst ein, als die irische Kirche im 12. Jahrhundert in die römische Kirchenorganisation einbezogen und der kontinentale Baustil auf Irland übertragen wurde. Von da an wurden die *cathedrals*, die sich mit den kontinentaleuropäischen Kathedralen in keiner Weise messen konnten, und hervorgehobenen Klosterbauten in Glendalough und Clonmacnoise sowie in Wales und Schottland St. David's und Iona gebaut.

Der kontinentaleuropäische Baustil, der im 12. Jahrhundert nach Irland kam, war die *Romanik*. Beim Bau von Cormac's Chapel auf Cashel Rock (1134 geweiht) halfen Mönche des Regensburger Schottenklosters St. Jakob mit. Die aus Clairvaux nach Irland gekommenen Zisterzienser errichteten in Mellifont eine romanische Abtei nach französischem Vorbild (1157 geweiht). Die Kirche des Nonnenklosters neben Clonmacnoise wurde 1166 fertiggestellt und mit in Irland bis dahin unerreichten romanischen Rundbogen geschmückt. Die Kirche der Nonnen ist zwar zur Ruine geworden, aber die Bogen sind stehengeblieben – als hätten sie nur darauf gewartet, ihre beglükkende Schönheit ganz unbelastet von dem einhüllenden Kirchengebäude der Nachwelt zeigen zu können. Wer im keltischen Raum sehen gelernt hat, der weiß auch, daß diese grob ornamentierten Dreifachbogen auf Iona wiederkehren, wo sie das Portal der *St. Oran's Chapel* (Abbildung 8) überwölben, und daß auch auf dieser schottischen Insel ein romanisches Nonnenkloster neben dem Kloster der Mönche entstanden war.

In dem kurzen Zeitraum von 1134, als *Cormac's Chapel* fertig war, und 1166, dem angenommenen Fertigstellungsdatum der Nonnenkirche in Clonmacnoise, entstanden in Irland etwa fünfzig romanische Bauten, deren über die die ganze Insel verteilten Reste Irland zu einem Land der Romanik machen (Encyclopedia 71, 317). Die romanischen Dreifachbögen der Nonnenkirche in Clonmacnoise, das Innere der Cormac's Chapel in Cashel (Stoll–Roubier 66, Bild 132) und das ornamentierte Westportel der Kathedrale von *Clonfert* (County Galway; Stoll–Roubier 66, Bilder 136–138) – das sind irische Wunder. Doch das filigrane gleichschenklige Dreieck, das sich einen siebenfachen Rundbogen, der auf sieben angedeuteten Säulen steht, einbeschreibt, ist mit Blüten, Ranken, Tierfratzen, abstrakten Mustern, Säulen, miniaturisierten Rundbögen und Menschenköpfen angefüllt und macht das Westportel von Clonfert zum größten dieser romanischen Wunder Irlands. Nur noch das Westportel der St. Germans Priory in Cornwall, das aus der zweiten Hälfte des 12. Jahrhunderts stammt, hat wie Clonfert einen siebenfachen, auf angedeuteten Säulen stehenden normannischen Rundbogen (Stoll–Roubier 66, Bild 69).

Der anglo-normannische Baustil wurde durch Königin Margaret – die heilige Margaret, angelsächsische Prinzessin und Frau von König Malcolm III. Canmore – nach *Schottland* gebracht. Die *St. Margaret's Chapel* im Schloß von Edinburgh ist das älteste Zeugnis dieses neuen Baustils in Schottland (Menzies–Knox–Wright 77, 5).

In *Dunfermline* gründete Margaret eine Benediktinerabtei. Die dafür erforderlichen Mönche ließ sie sich von Erzbischof Lanfranc von Canterbury schicken. Auf einer kleinen iroschottischen Vorgängerkirche, in der Margaret und Malcolm geheiratet hatten, entstand Margarets normannisch-romanische Kirche (1072–1074). König David I. erweiterte die Kirche seiner Mutter zu der großen Abteikirche, die 1150 geweiht wurde und deren Schiff das bedeutendste Beispiel des romanischen Baustils in Schottland ist. Einige Rundsäulen tragen die gleichen Zickzack- und Spiralrillen wie die in Durham Cathedral in Northumbrien, was vermuten läßt, daß Baumeister aus Durham in der Abteikirche von Dunfermline mitarbeiteten. (Macpherson–Macpherson 87, 3. 5; Stoll Roubier 66, 325)

Die Klosterkirche von Dunfermline wurde die Begräbnisstätte der schottischen Könige. Sie löste Iona, das unter den Einfluß der Wikinger geraten war und darum der schottischen Krone nicht mehr zur Verfügung stand (Menzies–Knox–Wright 77, 11), in dieser Funktion ab. Nur eine Legende behauptete, daß die heilige Margaret selbst auf Iona war. Ein Bericht von 1130 teilte mit,

daß sie – unter anderen guten Taten dieser herausragenden Fürstin *(illustrious lady)* – das Kloster Iona wiederherstellte, das *Columba*, der Diener Christi, in der Zeit von *Brude*, des Sohnes von *Meilocon*, des Königs der Picten, errichtet hatte. Iona war in den Kriegsstürmen und während der langen Zeit zur Ruine geworden. Aber diese gute Königin stattete das Kloster wieder mit Mönchen und einer Stiftung aus, damit das Werk des Herrn weiterhin geschehen konnte. (Menzies–Knox–Wright 77, 22; Übersetzung Vogt)

Das ist nur eine Heiligenlegende, die mitteilen will, daß die fromme Königin an die Traditionen der ermatteten iroschottischen Kirche anknüpfte, indem sie dabei gleichzeitig der Kirche von Canterbury in Schottland zum Durchbruch verhalf. Zuverlässig überliefert ist jedoch, daß Margaret den Mönchen von Iona Geld sandte. Das läßt sogar den Schluß zu, daß die Königin den Bau der St. Oran's Chapel veranlaßt haben könnte. Ob es nun Margaret als Bauherrin oder andere waren: der normannische Dreifachbogen über dem Kapelleneingang zitiert gleichsam die dreifachen normannischen Tür- und Fensterbögen am Nordportal von Dunfermline Abbey.

Um das Jahr 1200 bekam Iona seine große Abteikirche, als die Benediktiner neben der St. Oran's Chapel ein Kloster errichteten (Dunbar–Fisher 88, 2f.). Das iroschottische Kloster kann nach der Wikingerzeit kaum noch bestanden haben, so daß die Benediktiner lediglich an eine imaginäre Heiligkeit der kleinen Insel, auf der Columba im Jahr 563 sein keltisches Kloster gegründet hatte, anzuknüpfen brauchten. Was sie auf Iona vorfanden, war St. Oran's Chapel und der Friedhof der Könige und Stammeshäuptlinge, der noch im 19. Jahrhundert Theodor Fontane nach Iona lockte.

Während das iroschottische Kloster einmal einen bis weit in die Highlands hineinreichenden Einfluß besessen hatte, war die mittelalterliche Benediktinerabtei nur noch von lokaler Bedeutung. Das zuständige Adelsgeschlecht der Macdonalds, der Lords of the Isles, hielt das Kloster Iona bis zum Ende des 15. Jahrhunderts von dem Einfluß des Diözesanbischofs frei. Als die Macdonalds dann aber ihren Einfluß verloren, wurde Iona, das fast ein Jahrtausend lang unabhängig gewesen war, in die Diözesanorganisation eingegliedert. Der Plan, die Abteikirche zur Kathedrale für die Diözese der westlichen Inseln zu machen, wurde nicht durchgeführt. Ionas Geschichte mündete in die Reformationszeit ein, und die klösterliche Tradition brach irgendwann ab. Iona wurde eine kleine Kirchengemeinde auf einer winzigen Insel der Inneren Hebriden. Die Aura des Columbaklosters, das von 563 an die schottische Geschichte ein halbes Jahrtausend lang bis zu der Neugründung durch die Benediktiner begleitet hatte, band sich an eine einsame Insel und an immer wieder verfallende Ruinen, die erst in diesem Jahrhundert zu neuem Leben fanden (Brooks 75, 14. 17; Dunbar–Fisher 88, 30–32).

An der Westspitze von *Wales* wurde ab 1180 St. David's, die Kirche des keltischen Sant, im normannisch-romanischen Stil zur Kathedrale umgestaltet. Das war Teil einer architektonischen Sonderentwicklung im westlichen England:

Als einzige Region widerstand der Westen Englands eine Zeitlang den Stilformen des *Early English*. Schnelle, leistungsfähige Verkehrswege entlang dem Severn und beiderseits des Bristol-Kanals hielten Ideen, Entwicklungen und künstlerische Kräfte im Umlauf und trugen sie nach Wales und bis nach Irland. (Kowa 90, 95)

Die großangelegte Umgestaltung des Langhauses von St. David's wurde von Baumeistern geleitet, die zuvor schon die Kathedrale von Worcester erweitert hatten. Mit diesem Umbau wurde der Versuch unterstützt, ein von Canterbury unabhängiges Erzbistum in Wales mit Sitz in St. David's zu begründen. Dieser kirchenpolitische Versuch scheiterte an Canterbury und Henry II., weil beide im Jahr 1176 die Wahl eines Bischofs durchsetzten, der den Treueschwur auf den Erzbischof von Canterbury abzugeben bereit war. Die in St. David's gebauten Rundpfeiler, Rundbögen und Zickzackwulsten zeigen, daß normannisch-romanische Stilelemente, aber auch Bauideen aus den Kathedralen von Wells und Canterbury in St. David's Eingang fanden (Kowa 90, 96f.).

Die Ausdehnung der unmittelbaren normannisch-englischen Macht auf Irland führte seit 1171 dazu, daß die in England angewandten Baustile jeweils auch auf Irland übertragen wurden. Die Irische See bei St. David's wurde die offene Grenze, die zur Vermittlung englischer Kultur nach Irland – wenn auch stets mit entsprechender Phasenverschiebung – geradezu einlud. Georgianische und viktorianische Bauten wurden später in Irland ebenso gut wie in England errichtet.

Aus den angelsächsischen Gebieten heraus entstanden dann aber auch englische Sonderentwicklungen, die zum Kontinent hin offen standen, in den irischen und schottischen Rand hinein jedoch nicht mehr ausstrahlten. Die geographische Voraussetzung dafür war die große Entfernung des keltischen Randes vom englisch-kontinentalen Zentrum von Kunst und Kultur, und der ökonomische Grund war die Armut der eroberten Randzonen.

Sherborne Abbey in *Dorset* sei als ein Beispiel für die ästhetische Verfeinerung in einem ehemals keltischen Gebiet genommen, welche dann keine Auswirkung hatte in den weiter westlich liegenden keltischen Regionen.

In dem Gebiet der Britonen (Briten) hatten römische Güter gelegen, ehe die Sachsen in die Landschaften zwischen westlicher Kanalküste und Irischer See eindrangen. Die Britonen wurden nach Westen in Richtung Cornwall verdrängt, und in dem eroberten Wessex bildete sich eine sächsische Kultur ohne besondere keltische Wurzeln. Die von Canterbury her gegründete Diözese Winchester wurde 705 geteilt. Das Bistum Sherborne entstand, zu dem Dorset, Somerset, Devon und Cornwall – also immer mehr keltische Gebiete – gehörten.

Weil das riesige Bistum Sherborne nicht mehr zu verwalten war, wurden 909 die Bischofssitze in Wells (für Somerset) und Credition (für Devon und Cornwall) abgetrennt. Kurz vor der normannischen Eroberung wurde Sherborne im Jahr 1058 mit dem Bistum Ramsbury, das für Wiltshire und Berkshire zuständig war, vereinigt. Der Sitz des Bischofs von Ramsbury wurde 1075 nach Old Sarum und bald darauf bei der Aufgabe des Ortes Old Sarum in das direkt daneben liegende Salisbury verlegt. (Gibb 89, 1)

In Sherborne blieb die Benediktinerabtei zurück. Nur in einer Übergangszeit nach 1058 behielt der Bischof von Ramsbury – dann Old Sarum und schließlich Salisbury – die Würde eines Abtes von Sherborne bei. Ab 1122 konnten die Mönche von Sherborne ihren Abt selbst wählen, der mit dem Bischof von Salisbury nur noch administrativ zu tun hatte. Die letzte Phase begann mit der Reformation von Henry VIII., als Sherborne Abbey eine Gemeindekirche der Church of England wurde.

Es war eine große Geschichte, für die Sherborne Abbey steht: jeweils vierhundert Jahre als sächsisches Bistum, Benediktinerabtei und anglikanische Ortskirche.

Der vorletzte Bischof Alfwold (1045–1058) baute eine neue Kirche östlich neben die alte Bischofskirche und ließ die beiden Gebäude nach Art der Sachsen ineinander übergehen. Es entstand so die größte Kirche, die es in sächsischer Zeit in England gab (Gibb 89, 8). Die Benediktineräbte bauten an dem Gebäude weiter und machten Sherborne Abbey zu einer normannischen Abtei in dem sächsischen

Gehäuse, das Alfwold hinterlassen hatte. In Canterbury wurde die von den Dänen schon früher niedergebrannte Kathedrale erst ab 1096 von Lanfranc beträchtlich erweitert. Dann dauerte es noch einmal bis zu den Anfängen der Wallfahrt zum Schrein des ermordeten Thomas Becket. Die Wallfahrt machte Erweiterungen nötig, durch die Canterbury Cathedral in ihrer neuen Größe über Sherborne Abbey hinauswuchs.

Was sich dann aber im 15. Jahrhundert in Sherborne Abbey vollzog, war die Sublimierung des Schönen, war das ästhetische Wunder schlechthin in einem englischen Kirchenraum.

Was hatte sich im Chor und im Schiff von Sherborne Abbey ereignet? Kowa sagt in der trockenen Sprache des Architekturhistorikers:

> Das erste erhalten gebliebene Beispiel für die Einwölbung eines Monumentalbauwerks mit der Fächerbauweise bietet sich im ca. 1425 erbauten Chor der Benediktinerabtei von Sherborne, Dorset. (Kowa 90, 229)

Pevsner versteht sich zu der knappen Bemerkung über Sherborne Abbey, daß die Einfügung des Fächergewölbes in eine ansonsten rechtwinklig gebaute Kirche des *Perpendicular Style* „eine Note exotischer Üppigkeit ins Spiel" brachte (Pevsner 74, 100). Gibb schließlich schreibt als der Kenner, der mit seinem Gegenstand vertraut ist:

> The fan vaulting is one of the glories of the Abbey. It has remained almost untouched for 500 years ... (Das Fächergewölbe ist eine der Herrlichkeiten von Sherborne Abbey. Fast unberührt hat es fünfhundert Jahre überdauert.) (Gibb 89, 13)

In der ersten Hälfte des 15. Jahrhunderts wurde der Chor der Abtei im Perpendicular Style neu aufgebaut und mit Fächergewölbe (fan vault, fan vaulting) ausgestattet, ohne daß ein von aufständischen Bürgern 1437 gelegtes Feuer dem Bauvorhaben großen Schaden tat (Kowa 90, Anm. 570; Gibb, o. Jg., 3–5). Gegen Ende des Jahrhunderts gestaltete Abt Peter Ramsam (1475–1504) auch noch das Schiff der Abteikirche mit Fächergewölbe aus.

Erste Versuche mit dem Fächergewölbe gab es schon Ende des 13. Jahrhunderts etwa im Kapitelhaus (Chapter House) der Kathedrale von Salisbury mit einer Mittelsäule und im 14. Jahrhundert in der Grabkapelle der Familie Despencer in Tewkesbury Abbey. Das Fächergewölbe wurde dann 1412 im Kreuzgang der Benediktinerabtei von Gloucester vollendet auf einen kleinen Raum angewandt (Kowa 90, 228f.) und mit statischer, mausoleumhafter Variante schließlich zwischen 1503 und 1507 in die Henry VII Chapel der Londoner Westminster Abbey gebracht.

Die Fächergewölbe in Chorraum und Langhaus von Sherborne Abbey sind aber der Höhepunkt, der alle anderen englischen Gebäude mit fan vaults übertrifft. Die Sprache gerät an ihre Grenze und muß sich hüten, beim Versuch, die Schönheit dieser Deckengewölbe zu beschreiben, in gestammelte Belanglosigkeiten abzugleiten. In Sherborne Abbey bleibt die Mitteilungskraft des Wortes hinter der Sehkunst des Auges weit zurück.

Doch wird selbst das Auge an die Grenzen seiner Leistungsfähigkeit geführt, wenn es um die fünfundsiebzig Schlußsteine (bosses) im Chor, die vor allem Laubmuster tragen, und um die einhundertfünfzehn Schlußsteine des Langhauses geht, die hoch über den Köpfen der staunenden Besucher die Punkte markieren, wo sich die Rippen des Fächergewölbes schneiden. Zum Glück für die Nachwelt waren die bosses des Langhauses so hoch, daß die puritanischen Bilderstürmer sie nicht mehr erreichen, ja noch nicht einmal deutlich sehen konnten. Dieser günstige Umstand in Sherborne entsprach genau dem Glücksfall im Zürcher Fraumünster, wo der Schlußstein der Vierung, der eine bunte, liebliche Coronatio Mariae von 1300 trägt, auch so hoch angebracht war, daß die reformierten Bilderstürmer Zürichs der katholischen Schönheit über ihren Köpfen überhaupt nicht inne wurden.

Die Schlußsteine im Langhaus von Sherborne Abbey sind eine Schatztruhe der spätmittelalterlichen Kleinskulpturen. Mehr als die Hälfte geben auch im Langhaus Pflanzenmotive wieder: Weinlaub mit Stamm, Ranke und Trauben, fünf Rosenbündel, andere Blumenmotive. Dann aber Vögel, um einen Knochen streitende Hunde, Löwen, Männer mit Armbrust und das Wappen von Henry VII., was die Datierung auf die Zeit nach 1485 ermöglicht.

Das heiterste, lebensvollste Motiv ist die kleine Meerjungfrau, die mermaid, mit Spiegel und Kamm, mit Fischleib und, anatomisch unvollkommen, beinahe am Hals angewachsenen Brüsten – La Belle von Sherborne Abbey. Die moralistische Zensur hatte die kleine Schöne überwunden, weil sie den Benediktinern als Symbol für das Laster der Eitelkeit diente und auf ihrem hohen Schlußstein sowieso nicht mehr genau erkennbar war.

Das also ist das Wunder im Innern von Sherborne Abbey – ein Wunder aus fan vaults und bosses. Das ist eine künstlerische Verfeinerung und höchste Ästhetisierung, die im keltischen Raum so nicht erreichbar war. Die Gründe dafür sind genannt.

Es gehört zum Wesen der Wunder, daß sie einmalig bleiben und nicht multiplizierbar sind. Auch die ästhetischen Wunder bleiben nämlich Wunder, denen wir stets nur in der Haltung der Freude gegenübertreten können.

Das gilt für La Belle von Sherborne Abbey, für die zwölf Elfenmännchen im Hochkreuz von Moone und für das romanische Westportal der Kathedrale von Clonfert.

Musik zwischen Kontinent und Atlantik

Der keltische Rand Europas besitzt seine eigene Musik. Sie ist, anders als die mit dem Auge wahrgenommenen Hochkreuze und Bauten, nur dem Ohr zugänglich. Sie ist *keine keltische Musik, sondern* eine reiche, differenzierte und weithin leuchtende *Musik im keltischen Raum.* Auch die klassische Musik hat eine – zugegebenermaßen zufällige – Wurzel im keltischen Raum: die Uraufführung von Händels „Messias" fand am 13. April 1742 in Dublin statt. Im keltischen Raum entstanden eigene Instrumente, die zu Trägern der dortigen Musik wurden und mit ihr in die Musiksäle der Welt eingezogen sind.

Die gesungene Musik des keltischen Raums ist mit den keltischen Sprachen verbunden. A cappella vorgetragen, drückt sie die Gefühle der Menschen aus, die am Rand Europas und jenseits der Zwänge der modernen Welt in archaischen Strukturen und in einem in sich ruhenden Selbstverständnis leben. Europa und die Welt erkennen sich wieder in der irischen und zunehmend auch in der schottischen Musik. Die Ferne des Raumes und eine Kultur mit geschichtlicher Tiefe tönen in dieser Musik an. Sich auf die Musik des keltischen Raumes einzulassen, ist ein Versuch der inneren Neufindung. Diese Musik bedeutet eine heilende Hilfe für Menschen, die zur Kultur der Einsamkeit keinen Zugang mehr haben.

Die Brüder Grimm, die 1826 in Leipzig eine Bearbeitung irischer Elfenmärchen herausbrachten, die ein Jahr vorher in London erschienen war, stellten die Welt der Elfen als eine Welt der Musik und des Tanzes dar:

Die Elfen lieben über alles die *Musik*. Wer sie angehört hat, kann nicht beschreiben, mit welcher Gewalt sie die Seele erfülle und entzücke: gleich einem Strom dringe sie mächtig entgegen; und doch scheinen die Laute einfach, selbst eintönig und überhaupt Naturlauten ähnlich zu sein. (...)

Im kunstreichen Tanz übertreffen sie weit alles, was Menschen leisten können, und ihre Lust daran ist unermüdlich. Sie tanzen ununterbrochen, bis der Sonnenstrahl an den Bergen sich zeigt, und machen die kühnsten Sprünge ohne die mindeste Anstrengung. (Irische Elfenmärchen 62, 12)

Die von Musik erfüllte Welt der Elfen geht in das *Tír na nOg*, in das Land der ewigen Jugend, über (Botheroyd–Botheroyd 92, 17–19.329; Clarus 91, 96–98) und verbindet so die Welt der sterblichen Menschen mit der „Anderswelt“:

Abweichend von den anderen Indoeuropäern dachten sich die Inselkelten (über die festländischen ist kaum etwas bekannt) ihre Anderswelt, das Reich der Abgeschiedenen, nicht von der realen Welt getrennt, nicht als abgeschiedene Sphäre unter der Erde oder in himmlischen Gefilden, sondern im Hier und Jetzt. (Botheroyd–Botheroyd 92, 17)

Dieses Tír na nOg ist eine freundliche, heitere Welt, in der die Beschwer des Lebens aufgehoben ist:

Unter dem Wasser liegt ein Land, so gut wie oben, wo die Sonne scheint, Wiesen grünen, Bäume blühen, Felder und Wälder abwechseln, Städte und Paläste nur viel prächtiger und glänzender sich erheben und das von glücklichen Elfen bewohnt wird. (...) An gewissen Tagen bei aufgehender Sonne erscheinen diese Elfen auf der Oberfläche des Wassers, in größter Pracht und in allen Farben des Regenbogens schillernd. *Mit Musik und Tanz*, in ungezügelter Lust, ziehen sie einen bestimmten Weg auf dem Wasser dahin, das unter ihren Füßen so wenig weicht als die feste Erde unter den Tritten der Menschen, bis sie endlich im Nebel wieder verschwinden. (Irische Elfenmärchen 62, 17. Das Elfenmärchen „Der See Corrib“ zeigt die Konfrontation des keltischen Tír na nOg mit dem christlichen Glauben: ebd., 207–209.)

Die Musikgruppen, welche die irische *folk music* oder *traditional music* seit den sechziger Jahren weiterentwickelt und weltweit bekannt machten, knüpften bewußt an mythische Elemente der gälischen Kultur an. Die Musiker merkten dabei, daß der *Celtic sound* auch in ganz anderen musikalischen Kontexten viele Anhänger fand.

Die Gruppe *The Dubliners* eroberte 1967 mit dem Lied „Seven Drunken Nights" den internationalen Musikmarkt, dabei an das von Shaw über Joyce und Behan bis Böll reichende Klischee von dem allezeit trinkenden Iren anknüpfend. Die etwas später in Erscheinung tretende Gruppe *Clannad* griff mehr als The Dubliners auf irische Sagen und Mythen zurück und holte damit auch die irische Sprache in die Konzertsäle hinein. Die Celtic music wurde in den Vereinigten Staaten und in Kanada (Loreena McKennitt) aus den Einwanderergruppen heraus für einen großen Markt weiterentwickelt. Die Länder, die sich der keltischen Musik öffneten – wozu auch Deutschland gehörte –, wurden Jahr für Jahr von den *Irish Folk Festivals* – und seit Beginn der neunziger Jahre von *Scottish Folk Festivals* – besucht.

Der moderne Mythos der irischen Musik drang bei Margit Baur sogar schon versatzstückartig – irische Tänze und alte Balladen – in die neue deutsche Literatur ein:

> Zu blöd, daß sie den Plattenspieler nicht zur Reparatur gebracht hat. Aufgeschoben seit dem Frühjahr, weil er so schwer zu transportieren ist. Einmal die irischen Tänze anhören, statt immer ins Fotobuch schauen. Kurt hat ihr auch Balladen gekauft in Dublin, doch die alten Tänze haben ihr viel besser gefallen. Im Ohr sind sie ihr nicht geblieben. Zu lange her, auch nicht oft genug abgespielt; sie hat keinen Grund gehabt, sich zurückzuversetzen. Und jetzt, wo sie einen hätte, Lust jedenfalls, sind die Platten stumm. (Baur 93, 91)

Wenn Trevor Pinnock mit *The English Concert* das Sechste Brandenburgische Konzert spielt, dann hält er sich da auf, wo die englische Musikpflege schon immer ihre Mitte hatte – bei der klassischen Musiktradition des Kontinents. Daß Pinnock dann auch noch in Canterbury geboren wurde und als Chorknabe in Canterbury Cathedral seine musikalische Ausbildung begann, paßt vollkommen ins Bild.

Was die englischen Barockensembles mit Vorliebe spielen, hat keinen Bezug zu der Musik, die in Irland und Schottland auf den traditionellen keltischen Instrumenten – Fiedel (fiddle), Pfeife, Flöte, Dudelsack und Harfe – gespielt wird. Die Musiktradition des Kontinents ist eine ganze Ewigkeit entfernt von dem archaisch-strengen, selbstbeherrschten A-cappella-Gesang der Äußeren Hebriden. In ihm liegen die Wurzeln einer keltischen Musiktradition offen, die aus der alten Musik Europas nicht zu erklären sind.

Die traditionelle Musik, die als „keltische Musik“ die Leute erfreut, unterscheidet sich in den Instrumenten sowie in Stil, Spielwitz und Rhythmus von der geläufigen Musik. Die traditional music, so würde die Musikwissenschaft sagen, ist ein Teil der Volksmusik, die als Musik einer Region aus dem späten Mittelalter in die Gegenwart reicht, in Irland und Schottland jedoch auch von englischen und französischen Einflüssen geprägt ist. Die irischen Tänze *Reel, Hornpipe* und *Quadrille* haben außerirische Anknüpfungen. Die Reel kommt aus Schottland, die Hornpipe aus England, die Quadrille aus Frankreich. Nur die *Jig* (Gigue), die im späten Mittelalter in ganz England nachweisbar ist, hat unbestritten einen keltischen Ursprung (Encyclopedia 71, 389).

Erst unterhalb der Ebene der im großen Stil vermarkteten traditional music tauchen dort, wo irisch und gälisch gesungen wird, die Instrumente beiseite gelassen sind und die einfachen Gefühle der Menschen besungen werden, solche Formen von Musik auf, die in relativer Nähe zur keltischen Kultur stehen. Das will heißen, daß der bereits erwähnte A-cappella-Gesang der entlegenen Regionen am weitesten – auch geographisch – von der europäischen Musiktradition entfernt steht (Rotary Club of Stornoway 89, 28–30). Er drückt die Andersartigkeit der Celtic music am ehesten aus.

Wie wirken die hebridischen Lieder etwa von Dena Graham oder Ishbel MacAskill auf den Hörer? Er wird hineingenommen in die Klage über die toten Fischer, die während eines Sturms im Atlantik ertranken, und er wartet mit dem Mädchen auf die Rückkehr des Geliebten von hoher See. Allein schon die Melodie drückt die wehmütige Trauer der Inselleute, das ungeduldige Warten und die Freude über die Rückkehr aus, auch wenn die Worte nicht verstanden werden. Wahrgenommen werden die Armut der kleinen Bauern und Fischer. Erahnt wird der Stolz dieser Menschen auf ihre erprobte Gemeinschaft.

Schottland hat viele Arten von Musik, die aufeinander zugehen und sich mischen – die Musik der Hebridischen Inseln und der Lowlands, der Highlands und der Städte. Aus den Städten kommen Gruppen wie *Ceolbeg*, die den großen Dudelsack als Continuoinstrument, als „Dudelsack continuo“, einsetzt und dabei überraschende Übergänge zwischen Tanzstücken und meditativen Passagen herstellt. Jenseits der musikalischen Entfaltung ihrer schottischen Identität sehen manche Gruppen ihre Aufgabe auch darin, zur *Scottishness*, zur politischen Selbstfindung der Schotten beizutragen (The Guardian, 19. Dezember 1991, 5). Indem die schottischen Gruppen – wie vor ihnen die irischen – eine Brücke von der eigenen Tradition zur internationalen Unterhaltungsmusik schlagen, bleiben sie ihren Wurzeln im keltischen Raum ganz nah. John Knox hätte sie alle samt ihrer Musik exkommuniziert, aber Maria Stuart hätte zu ihren Weisen getanzt.

Der Stolz der Schotten auf ihr Land drückt sich in Liedern aus, welche die Schönheit Schottlands besingen und die durch die Musikgruppen international bekannt wurden. Aber gerade das beliebteste von ihnen über die „Bonnie, bonnie banks of Loch Lomond", über die lieblichen Ufer von Loch Lomond, hat geschichtlichen Tiefgang und schildert, wie ein jakobitischer Soldat, der von den Engländern hingerichtet werden soll, von seiner Geliebten Abschied nimmt (Frank 84, 28f.). Sie wird auf der Erde, auf der high road, zum Loch Lomond zurückkehren. Er aber wird durch das Totenreich, über die low road, viel schneller in Schottland sein, und doch werden sie sich nie wieder begegnen:

> (...)
> O' ye'll tak the high road, and I'll tak the low road,
> And I'll be in Scotland afore ye;
> But me and my true love will never meet again
> On the bonnie, bonnie banks o' Loch Lomond.

Der Schotte begegnet seinem Land mit einer Liebe, die von englischer Unterdrückung beschädigt ist. Die geschichtlichen Auseinandersetzungen mit dem Feind im Süden werden zu einer dunklen Folie, vor deren Hintergrund die Farben der schottischen Freiheit um so heller leuchten.

Das führt direkt zu den Liedern von Robert Burns (1759–1796), des mozartischen Dichters aus Alloway in Ayrshire. Seine Lieder wandern, auf Scottish geschrieben, zwischen Musik und Lyrik hin und her, dabei die Liebe zu einer Frau in Beziehung haltend zur Schönheit des Landes und zu seiner Kultur.

„Ae fond kiss, and then we sever." Wie in der elizabethanischen Lyrik hat Liebe bei Burns mit Trennung, Schmerz und Tränen zu tun, sonst wäre sie nicht schön:

Deep in heart-wrung tears I'll pledge thee,
warring sighs and groans I'll wage thee.
(Burns 50, 357f.)

Oder die Liebe ist eindeutig und zielbestimmt in „The Rigs o' Barley“:

(...)
I kiss'd her owre and owre again,
Amang the rigs o' barley.
(Burns 50, 268f.)

Sehr zart, und ein Liebeslied *at its best*:

O my luve is like a red, red rose,
that's newly sprung in June ...
(Burns 50, 402)

Und weil Schottland das Land der Tapferkeit und der Würde – „the birth-place of Valour, the country of Worth“ – ist, gilt die Generalklausel:

My heart's in the Highlands, my heart is not here,
My heart's in the Highlands, a-chasing the deer;
A-chasing the wild-deer, and following the roe,
My heart's in the Highlands wherever I go.
(Burns 50, 336)

Diese Lieder des Robert Burns leben weiter auf den *Ceilidhs*, bei denen Dudelsackmusik, Tanz und Gesang zu einem musikalischen und kulturellen Gesamtereignis werden. Was schadet es schon, wenn diese Ceilidhs wegen der Touristen in der Hauptsaison veranstaltet werden, dabei den Touristen gefallen und schottische Musik auf diesem Weg in die Welt exportiert wird?

Die Harfe (irisch: cruit) ist in Irland und Schottland die Königin der keltischen Instrumente. Sie ist schon in den altirischen Legenden erwähnt. Der Harfenspieler gehörte im alten Irland der Schicht der Adligen an. Henry VIII. ließ die keltische Harfe erstmals im Jahr 1526 auf die irischen Münzen prägen, wo sie seitdem ihren Platz hat (Encyclopedia 71, 390).

Der Resonanzkörper (body) der keltischen Harfe wurde in einem Stück aus Hainbuche oder Weide gearbeitet. Die stark gebogene Säule (pillar) und der Hals (neck) waren mit kunstvollen Silberbeschlägen und Schnitzereien verziert. Die alte keltische Harfe war mit

Metallsaiten bespannt. Seit dem Ende des 19. Jahrhunderts kamen dann moderne Instrumente auf, die mit Darmsaiten – und in neuester Zeit mit Nylonsaiten – bespannt sind.

Es gibt noch einzelne Harfenbauer, die Museumsstücke der irischen, schottischen und walisischen Harfe originalgetreu nachbauen. Bei einem solchen Mann in Cardiff können die *Trinity College Harp* des 14. Jahrhunderts oder die *Queen Mary Harp* des 15. Jahrhunderts für einen Preis von zehntausend britischen Pfund – Stand 1993 – bestellt werden. Der Harfenbauer bietet dem Käufer sogar an, ihn in die Kunst des Harfenspiels einzuweisen. Die keltischen Harfen, auf denen die Harfenistinnen unserer Zeit ihre Zuhörer verzaubern, sind nicht so alt – und sie sind billiger. Aber die Harfenmusik, die sie vortragen, führt in die Anfänge der irisch-schottischen Musiktradition hinein.

Ganz im Gegensatz zu der Situation in Irland und Schottland ist die Pflege der keltischen Musik in Wales von einer absoluten kulturpolitischen Zielsetzung her geprägt. Auf eine kurze Formel gebracht heißt das: Die walisische Musik wird intensiv betrieben, um die walisische Sprache zu bewahren und zu fördern. Darum gehen walisische Musikgruppen auch selten auf Tourneen, um den Esprit der keltischen Musik und den gutturalen Klang der walisischen Balladen nicht einem fremden Publikum vorstellen zu müssen, welches die walisische Musik lediglich als einen von vielen möglichen Kunstgenüssen versteht.

Die walisische Musik mit allen ihren Spielarten ist statt dessen ein wesentlicher Bestandteil der ganz Wales umfassenden Kulturbewegung, die jedes Jahr neu in einem nationalen Festival der Welshness und der eigenständigen walisischen Kultur ihren Höhepunkt findet. Dieses *Royal National Eisteddfod of Wales*, dem lokal und regional andere Eisteddfods vorausgehen, ist „das größte europäische Festival, auf dem die Ausübung von Musik und das Verfassen von Dichtung“ gefeiert werden (Eisteddfod 90, 1).

Das National Eisteddfod wurde erstmals im Jahr 1881 abgehalten und war von Anfang an auf die Rettung der walisischen Sprache ausgerichtet (Williams 59, 61–64). Es erhebt damit einen weitergehenden Anspruch als das *National Mod* in Schottland, welches ein allgemeinerer Wettbewerb für schottische Musik und Kultur ist und den Anspruch, die gälische Sprache in Schottland wiederzubeleben, nicht mehr hat. Das walisische große Eisteddfod findet jeweils Anfang August an wechselnden Orte und zwischen Nord- und Südwales alternierend statt. Musik, Literatur, Drama, Tanz, Ausstellungen und viele andere Veranstaltungen werden der eigenen Sprache und der Welshness zuliebe in einem gewaltigen Wochenprogramm zusammengefügt. Im Rahmen der Konzerte, die während eines Eisteddfod stattfinden, werden Händels „Messias“, Verdis Requiem und Vokalstücke von Brahms aufgeführt – die Texte sind alle in Walisisch. Das National Eisteddfod 1991 in dem kleinen Ort Mold brachte die Messe von Leonard Bernstein erstmals zur Aufführung – in Walisisch natürlich. Das Eisteddfod wird so zum Konzertpodium für die Musik der Welt. Es kann sich schlechthin alles anverwandeln – und das alles unter dem Regime der Formel *Welsh first*.

Was der walisischen Musik dabei abgeht, ist die absichtslose Heiterkeit, die inspirierende Leichtigkeit der irischen und schottischen Musik. In Wales ist die keltische Musik tendenziell zur Geisel der Kultur- und Sprachpolitik geworden. Die walisische Kultur zeigt Stärke, wenn sie sich unabhängig von allem Englischen an die Welt wendet. Selbst kleine Städtchen in Wales – beispielsweise Machynlleth und Aberystwyth, Llangollen sogar schon seit 1947 – veranstalten Musik- und Kulturfestivals mit internationalen Teilnehmern, bei denen das Interesse an der walisischen Sprache zwar zurücktritt, die Selbstdarstellung der autonomen walisischen Kultur dafür aber ganz im Vordergrund steht.

Lohnen sich die Anstrengungen für das Welsh? Der walisischsprachige Bevölkerungsteil sank bei den Zehnjahreserhebungen von 1931 bis 1981 in den Schritten 36,8 – 28,9 – 26 – 20,8 auf 18,9 Prozent. Erst in dem Zeitraum 1981–1991 hat eine Verlangsamung des Rückgangs – von 18,9 auf 18,7 Prozent stattgefunden. Die Aufschlüsselung derer, die im Jahr 1991 das Walisische sprachen, ist von einigem Interesse, denn in der Gruppe der 3–15jährigen ist ihr Anteil gegenüber den Altersgruppen 16–44 und 45–64 Jahre in allen Regionen von Wales wesentlich höher (Wales Yearbook 93, 167f.). Vorsicht gegenüber der Statistik ist jedoch geboten, denn diese jungen Walisischsprechenden sind die Kinder und die Schüler, die am Unterricht in Welsh obligatorisch teilnehmen und nach der Schulzeit diese Sprache oft wieder aufgeben. In Irland besteht seit der Unabhängigkeit eine ähnliche Regelung, ohne daß sie den bedrohlichen Rückgang des Irischen aufgehalten hätte.

Die *frühe englische Musik* entstammt der kontinentalen, also der nicht-keltischen Musiktradition. Anders als die keltische Musik wurde sie, sofern sie für den Gebrauch in der Kirche bestimmt war, auch aufgezeichnet. Die wenigen Stücke, die erhalten geblieben sind, sind damit überprüfbar geworden.

Seit der normannischen Eroberung (1066) konnten französische Einflüsse kontinuierlich auf die englische Musik einwirken. Am Ende des 14. Jahrhunderts war ein Nationalstil entstanden, der in Europa als *La Contenance Angloise* bezeichnet wurde. Musikalische Weiterentwicklungen auf dem Kontinent wurden bald nicht mehr vollständig auf England übertragen, was die englische Musik am Ende des 15. Jahrhunderts im Vergleich mit den neuen europäischen Versuchen als konservativer erscheinen ließ. Es entstand so der spezifisch englische Typus europäischer Musik – gewissermaßen das musikalische Pendant zu dem, was sich als eigengeartete englische Architektur entwickelte.

Die Reformation der Tudors mit ihren nur gemäßigten liturgischen Änderungen bewahrte die Einheit der Kirchenmusik im 16. Jahrhundert. In dieser Zeit des Übergangs schrieb William Byrd (1543–1623) als bewußter Katholik herausragende Messen für den katholischen Gottesdienst. Weil Byrd jedoch die meiste Zeit seines Lebens als „gentleman of the Chapel Royal" im Dienst Elizabeths stand, schrieb er auch mit seinem „Great Service" und den Versanthems bedeutende frühe Werke für den anglikanischen Gottesdienst (Phillips 92, 426–429).

William Byrds Versanthem „O Lord, make thy servant Elizabeth" (Phillips 92, 56f. 63f. 80.83) ist das polyphone, die imitierende Stimmführung zur Vollendung führende und auf den Textsinn konzentrierte Gebet für die Königin, deren Glauben Byrd nicht teilte, für deren Gottesdienste er aber die Musik zu schreiben hatte:

O Lord, make thy servant Elizabeth our Queen to rejoice in thy strength. Give her her heart's desire and deny not the request of her lips; but prevent her with thine everlasting blessing and give her a long life even for ever and ever. Amen.
(O Herr, laß deine Dienerin Elizabeth, unsere Königin, frohlocken in deiner Stärke. Gib ihr, was ihr Herz begehrt, und weise die Bitte ihrer Lippen nicht zurück. Steh ihr bei mit deinem beständigen Segen und gib ihr langes Leben, sogar ein Leben ohne Ende. Amen.)

Ein langes Leben hat die Königin geführt, nur die Endlosigkeit ihres Lebens ist trotz Byrds strahlenden Versanthems nicht eingetreten. Wir haben diesen gleitenden Übergang von der katholischen zur anglikanischen Kirche, der sich zeittypisch in Byrds Lebenslauf vollzog, schon am Beispiel des irischen Erzbischofs Miler MacGrath von Cashel beobachten können.

Die großen Kathedralen, in denen geschulte Chöre bei *Mattins, Evensong* und *Communion* die Gottesdienste gestalten, waren über das Land verteilte Horte der englischen Kirchenmusik. In den Kathedralen von Durham und Wells, Salisbury, Canterbury und in allen anderen haben die großen Meister ihre tagtäglichen Aufführungen. Thomas Tallis (1505–1585) und William Byrd, Henry Purcell (1658–1695) und Händel, Palestrina, Gesualdo und Allegri, J. S. Bach, Mozart, Olivier Messiaen und Benjamin Britten sind aus den anglikanischen Kathedralen nicht wegzudenken.

In Salisbury Cathedral ist heute noch eine lokal entstandene mittelalterliche Liturgie – *The Use of Sarum* – in Gebrauch. Sarum Use ist die Liturgie, die in Old Sarum benutzt wurde und nach der Aufgabe dieser in römischer Zeit entstandenen Stadt nach Salisbury übertragen wurde. Diese Liturgie des westenglischen Sarum verband angelsächsische und keltische Elemente mit solchen der Gregorianik. Später wurde Sarum Use unter normannischem Einfluß umstrukturiert und schließlich an die Church of England weitergegeben (Evans 85, 47–58). Sarum Use ist damit eine lokale Ausformung der mittelalterlichen englischen Liturgie, die mit ihren Wurzeln bis in die keltische und angelsächsische Kirche Westenglands hineinreicht.

Die englische Musik der *Renaissance* und des *Barocks* hat, obwohl sie stets im Austausch mit der kontinentalen Musik stand, ihren insularen und darum gerade so liebenswerten Charakter nie aufgegeben. Ihre Ableger kamen zwar mit den Engländern auch nach Irland und Schottland, wurden dort aber wegen der fehlenden Voraussetzungen nicht weiterentwickelt.

An Leben und Werk Georg Friedrich Händels wurden die Offenheit der englischen Musik für europäische Einflüsse und ihre eigenständige insulare Entwicklung konkret. Händel war 1712 seiner Stelle als Hofkapellmeister in Hannover ausgewichen und hatte sich in London niedergelassen, um zwei Jahre später am neuen Wirkungsort von seinem Kurfürsten nach dessen Verwandlung zum König

George I. von England, Irland und Schottland eingeholt zu werden. In London wurde Händels Werk so sehr geschätzt, daß er ganz selbstverständlich als der Nachfolger Henry Purcells, des „Orpheus Britannicus“, anerkannt wurde.

Und weil er berühmt geworden war, wurde Händel im Jahr 1741 von William Cavendish, dem Duke of Devonshire und Vizekönig von Irland, für neun Monate nach Irland eingeladen, um in Dublin mehrere Konzerte zu geben. Vor diesem Hintergrund fand die Uraufführung des „Messias“ am 13. April 1742 in *Neal's Music Hall* statt.

Die Partitur hatte Händel in nur drei Wochen im August und September 1741 geschrieben. Das im British Museum aufbewahrte Autograph enthält Händels Datierung „angefangen den 22. August 1741“ und „Fine dell Oratorio ... September 12. 1741“ (Larsen 89, 201).

Nach der Uraufführung des „Messias“ berichtete das *Dublin Journal:*

> Die Welt, wie es nur recht ist, sollte wissen, daß Mr. Handel großzügig die Einnahmen aus dieser großartigen Aufführung zu wohltätigen Zwecken zur Verfügung gestellt hat, und zwar zu gleichen Teilen für die Gesellschaft zur Unterstützung von Sträflingen, das Hospital Caritas und das Mercer's Hospital. (Friedenthal 81, 137)

Jonathan Swift lebt als schriftstellernder Dekan von St. Patrick's Cathedral in Dublin. Swift war ein Vetter von John Dryden (1631–1700; Frahne 47, 319). Händel hatte Drydens Ode „Alexander's Feast“ von 1697 im Jahr 1736 für sein gleichnamiges allegorisches Oratorium verwandt. Drydens „Ode to St. Cecilia“ (1687) wurde zum Text von Händels „Cäcilienode“, die am 22. November 1739, dem Tag der in der römischen Kirche Santa Cecilia in Trastevere beigesetzten Heiligen, in London aufgeführt wurde.

Dryden war schon lange tot, und Swift hatte sich aus der Arbeit zurückziehen müssen. Händel stattete dem kranken Dean einen Abschiedsbesuch ab, der in einem späteren Memoirenbericht erwähnt wurde:

> Swift fiel in tiefe Melancholie und erkannte niemanden mehr. Man erzählte mir, die letzten vernünftigen Worte, die er gesprochen habe, seien bei folgender Gelegenheit gefallen: Händel, als er dabei war, Irland zu verlassen, stattete ihm einen Abschiedsbesuch ab. Der Diener benötigte eine ganze Weile, ehe Swift ihn verstand. Dann rief Swift aus: „Oh, ein Deutscher, und ein Genie! Ein Wunder! Laß ihn herein.“ Der Diener öffnete die Tür nur

eben, um Händel einen Blick auf die Ruinen des größten Geistes werfen zu lassen, der je gelebt ... (Friedenthal 81, 136)

Händels Aufenthalt in Irland, sein Zusammentreffen mit Swift und die Uraufführung des „Messias" in Dublin sind von höchstem biographischem Interesse. Das alles ändert jedoch nichts daran, daß die Wirkungsgeschichte des „Messias" erst 1743 mit der Aufführung in London begann (Larsen 89, XIV. 242). Händels Expedition nach Irland war wieder zum Zentrum der englischen Musik zurückgekehrt. Der „Messias" ist einzigartig und übertrifft alle anderen Oratorien Händels (Larsen 89, 95), aber die Uraufführung in Dublin blieb nur ein musikgeschichtlicher Zufall.

Ein Jahrhundert später war es erneut die Folge der musikalischen Mittelpunktlage Londons, daß der zwanzigjährige George Bernard Shaw (1856–1950; Nobelpreis für Literatur 1925) von Dublin nach London ging, wo er seine Zeit auf das Studium von Richard Wagner und Karl Marx verteilte. Shaw schrieb unter dem Pseudonym „Corno di Bassetto" von 1889 bis 1890 Musikrezensionen für den *Star* und von 1890 bis 1894 unter seinem eigenen Namen für die *World*. Was er schrieb, war scharf und hemmungslos subjektiv formuliert und füllte in der Londoner Ausgabe der Rezensionen von 1932 drei Bände (Shaw 62/2, 6–10).

Shaw verehrte Mozart, über den er zur Jahrhundertfeier im Dezember 1891 schrieb:

> Das ist in seiner Art die letzte Vollendung, auch das größte Genie wird in dieser Richtung niemals einen Schritt weiter gehen (...)
> ... ich kann Mozart nicht gerecht beurteilen. Ich brauche nur irgendwie lebhaft an seine schönsten Werke erinnert zu werden, schon kommt mir jeder andere wie ein sentimentaler, hysterischer Pfuscher vor. (Shaw 62/2, 63. 67)

– und er verehrte die Musik Richard Wagners, der zuliebe er auch im August 1894 in Bayreuth war und von dort berichtete. Unentwegt blickte Shaw von London aus auf die europäische Musik und auf die Musik in Europa, dabei die irische Provinz und die keltische Musik weit hinter sich lassend.

Nach der Uraufführung des „Messias" in Dublin wurde noch ein zweites Mal eine Region des keltischen Raumes zum Gegenstand der europäischen Musikgeschichte. Im Sommer 1829 kam Felix Mendelssohn Bartholdy, gerade zwanzig Jahre alt, mit seinem Freund Karl

Klingemann nach Edinburgh, um von da aus durch die Highlands an die hebridische Westküste zu reisen.

Mendelssohn verarbeitete die Eindrücke, die sich ihm zwischen Oban und Iona aufgedrängt hatten, zu einer musikalischen Landschaftsmalerei: zwischen 1830 und 1832 entstand die frische, beschwingte „Hebriden-Ouvertüre“. Die „Schottische Symphonie“ (a-Moll, op. 56) kam zehn Jahre später (1842) noch dazu. Sie zeichnete mit akkustischem Aufwand zwar die Seelenlandschaften eines deutschen Romantikers nach, hatte aber mit der schottischen Landschaft wenig und mit der schottischen Musik überhaupt nichts zu tun. Bei einer Audienz im Buckingham Palace widmete Mendelssohn sein Kunstprodukt 1842 Königin Victoria (Sager 88, 361), was auf die real existierenden Schotten des 19. Jahrhunderts allerdings keinen Einfluß machte. Das Schottland der „Schottischen Symphonie“ hatte sich für das Konzertpublikum auf einen geographischen Reflex der romantischen, der kontinentalen Musik reduziert.

Die Celtic music, die aus dem keltischen Raum heraus geboren wird, leitet an zu neuem Hören von Musik. Sie ist eine Musik, die den Umweg über die kontinentaleuropäische Musiktradition – etwa über das Leipzig Mendelssohn Bartholdys – nicht geht. Die Celtic music geht auf Ursprünge zurück, die außerhalb des keltischen Raumes nicht zur Verfügung stehen.

Sie ist fremd und ehrlich.

Sie ist einfach und verständlich.

Sie ist meditativ und schön.

5. Die Literaturen am keltischen Rand Europas

Bereits in der Bretagne ist die Welt der keltischen Elfen und Zwerge – der korrigans, farfadets, korils und poulpiquets – erreicht. Auf der Halbinsel von Penmarch in der südlichen Bretagne ist eine Version der Geschichten um Tristan und Isolde angesiedelt, die nach Gottfried von Straßburg in Cornwall spielen. (Bretagne 90/1, 31) Die keltischen Mythen und Sagen waren aus Cornwall und aus dem Raum, der hinter Cornwall liegt, in die Bretagne gewandert (Bretagne 90/2, 8f.; Bretagne 92, 7f.), die Bretagne so in die Welt der keltischen Vorstellungen einbindend. Das Sagenkonglomerat, das sich um Tristan und Isolde sowie um König Arthur gebildet hatte (Botheroyd–Botheroyd 92, 172. 334), regte das Mittelalter zu immer neuer literarischer Produktion an (Malory 86; Buschinger–Spiewok 91). Die keltischen Themen hatten die europäische Literatur also schon früh erreicht, um ihr nie mehr aus den Augen zu geraten.

Die Menhire, das Ginsterlicht und das rostrote Heidekraut der Bretagne haben sich in die Gedichte Paul Celans, der von 1948 bis zu seinem Tod im Jahr 1950 in Paris lebte und nur einen kurzen Weg bis zur Bretagne, zu diesem kontinentaleuropäischen Tor in den keltischen Raum, hatte, eingeschrieben. „Le Menhir", „Bretonischer Strand", „Matière de Bretagne" heißen Celans Gedichte, die in die Metawelt hinter der realen Landschaft überleiten.

Matière de Bretagne

Ginsterlicht, gelb, die Hänge
eitern gen Himmel, der Dorn
wirbt um die Wunde, es läutet
darin, es ist Abend, das Nichts
rollt seine Meere zur Andacht,
das Blutsegel hält auf dich zu.

Trocken, verlandet
das Bett hinter dir, verschilft

seine Stunde, oben,
beim Stern, die milchigen
Priele schwatzen im Schlamm, Steindattel,
unten, gebuscht, klafft ins Gebläu, eine Staude
Vergänglichkeit, schön,
grüßt dein Gedächtnis.

(Kanntet ihr mich,
Hände? Ich ging
den gegabelten Weg, den ihr wiest, mein Mund
spie seinen Schotter, ich ging, meine Zeit,
wandernde Wächte, warf ihren Schatten – kanntet ihr mich?)

Hände, die dorn-
umworbene Wunde, es läutet,
Hände, das Nichts, seine Meere,
Hände, im Ginsterlicht, das
Blutsegel
hält auf dich zu.

Du
du lehrst
du lehrst deine Hände
du lehrst deine Hände, du lehrst,
du lehrst deine Hände
schlafen.

(Celan 80, 108)

Celans Metaphern sprengen den realen Zusammenhang der bretonischen Landschaft um der inneren Bilder des reflektierenden Ichs willen. Celan nimmt damit vorweg, was im keltischen Raum immer geschieht: der Mensch lernt, auf eine neue Weise nach sich zu fragen. Auch die Regeln des irischen Gemarkungsrechts, die einem Bauern erlauben, über die kleinen Felder des Nachbarn zum eigenen Land zu gelangen (Encyclopedia 71, 150–152), werden für Celan zu Metaphern, wenn er eine Partnerbeziehung beschreibt:

Irisch

Gib mir das Wegrecht
über die Kornstiege zu deinem Schlaf,
das Wegrecht
über den Schlafpfad,

das Recht, daß ich Torf stechen kann
am Herzhang
morgen.
(Celan 93, 83)

Ein Vorgriff auf die keltische Welt in den kunstvoll-metaphorischen Gedichten des Mannes aus Czernowitz in der Bukowina.

Auf der anderen Seite des Ärmelkanals liegt Cornwall, dessen keltische Sprache, das *Cornish*, am Ende des 19. Jahrhunderts als lebende Sprache erloschen ist. Daphne Du Maurier beschreibt in ihrem Roman „Jamaica Inn" eine Reise der Hauptperson Mary Yellan von der milden Südküste in das unwirtliche Bodmin Moor im Inneren von Cornwall:

> Dieses Land war ihr fremd; sie empfand das an sich schon als eine Niederlage. Während sie durch das trübe Kutschenfenster spähte, sah sie eine andere Welt als die, welche sie noch vor einem Tag gekannt hatte. Wie entlegen und für immer entrückt war das glänzende Wasser von Helford, die grünen Hügel, die abschüssigen Täler, die weißen Häusergruppen am Uferrand. In Helford fiel ein sanfter Regen, ein Regen, der den vielen Bäumen wohltat und sich im saftigen Grün verlor; er bildete kleine Flüsse und Bäche, die sich in den großen Strom ergossen, versank, in der dankbaren Erde, die dafür mit Blumen entgalt.
>
> Doch hier war ein peitschender, unbarmherziger Regen, der an die Kutschenfenster prasselte, und er wurde von einem harten und tauben Boden geschluckt. Keine Bäume, oder doch nur vereinzelte, da und dort, die ihre leeren Äste nach den vier Winden streckten, durch die Stürme der Jahrhunderte gebeugt und verdreht; so schwarz waren sie durch Zeit und Unwetter geworden, daß, auch wenn die Lenzluft in dieser Gegend wehte, sich keine Blüten zu öffnen getrauten, aus Furcht, ein später Frost könnte sie töten. Ein karges Land; man sah weder Hecken noch Wiesen – nur Steine, schwarzes Heidekraut und kümmerlichen Ginster. (Du Maurier 81, 6f.)

Das ist ein Cornwall, das nicht so hell leuchtet wie bei Wolfgang Hildesheimer (Hildesheimer 91) und bereits die Düsternis vorwegnimmt, mit der Schottland oder Connemara und Mayo im Nordwesten Irlands literarisch dargestellt werden. Und dabei kamen doch die englischen Künstler seit 1880 nach Newlyn und St. Ives, weil sie an der Westspitze Cornwalls ein südliches Licht zu finden meinten, das es in Großbritannien sonst nicht gab (Betjeman 78, 59). Virginia Woolf verbrachte ihre Sommer regelmäßig an der Küste von St. Ives und beschrieb in ihrem Roman „Die Fahrt zum Leuchtturm" (The Lighthouse, 1927) ein freundliches, wenn auch inzwischen ganz englisch gewordenes Cornwall.

Die Bretagne und Cornwall als die Übergänge zur keltischen Welt – mit dem nächsten Schritt ist dann Wales erreicht. Auch an Wales gibt es eine literarische Annäherung. Sarah Kirsch, auf Vortragsreise nach Wales eingeladen, verarbeitete ihre Eindrücke in dem Gedicht „Mumbles-Bay" (Frankfurter Allgemeine Zeitung, 28. Juli 1992, 25). Nichts sei gegen die deutsche Lyrik gesagt. Oder vielmehr nur das folgende: Es erfreut nicht, wenn auch Wales zu einem Land der Pubs gerät, in denen es sich während eines Sturms gut trinken läßt, nur weil es europäischen Literaten an besseren Themen fehlt. Das immer wiederkehrende Klischee von den trinkenden Nachkommen der Kelten wirkt frustrierend. Wer eine keltische Region einzig und allein von ihrem Trinkverhalten her darstellt, hat nichts verstanden und ist als Interpret der keltischen Welt ungeeignet.

Die Irische See ist in dem Text „Quite Early One Morning" von Dylan Thomas erreicht. Der 1914 in Swansea geborene Waliser starb 1953 viel zu früh während eines Aufenthaltes in New York. „Quite Early One Morning" ist in dem kleinen Küstenstädtchen New Quay in Cardiganshire angesiedelt, wo Thomas sich oft aufhielt. Der Text wurde 1945 erstmals im walisischen Programm von B. B. C. gesendet.

Eines Morgens ganz früh im walisischen Winter, an der See, die nach einer Nacht des schwarzen Heulens und Stürmens still geworden war und wieder grün dalag wie Gras, ging ich aus dem Haus, in dem ich für ein paar kalte Ferientage außerhalb der Reisezeit wohnte. Ich wollte wissen, ob es immer noch regnete, ob der Schuppen weggeblasen, Kartoffel, Rosenscheren, Rattengift, Krabbennetz, die Dosen voll rostigen Nägeln vom Sturm verweht, ob die Klippen noch da seien. Die letzte Nacht war so grausam gewesen, daß einer in der rauchigen Bar voller Schiffsbilder sagte, er fühle seinen Grabstein zittern und schwanken, obwohl er noch gar nicht tot sei. Doch der Morgen leuchtete so klar und ruhig, wie man es sich immer vorstellt, daß der nächste Tag leuchten sollte. (Thomas 87, 15; Übersetzung Vogt)

Das Ginsterlicht der Bretagne, die karge Landschaft von Bodmin Moor, der winterliche Orkan in New Quay – drei literarische Chiffren auf dem Weg zur Irischen See.

Zwischen dem *Book of Kells* und der irischen Weltliteratur

Peter Brown, der Bibliothekar des Trinity College Dublin, schrieb einmal: „Das berühmte Manuskript der Bibliothek des Trinity College in Dublin ist das *Book of Kells*. Es ist das kostbarste der Bücher, die seit dem frühen Mittelalter existieren" (Book of Kells 80, 7). Die erste Erwähnung dieses „kostbarsten der Bücher, die seit dem frühen Mittelalter existieren" – welch ein Superlativ! –, findet sich in den auf Irisch geschriebenen *Annalen von Ulster*, die von einem aufsehenerregenden Diebstahl in Kells im Jahr 1006 berichten:

Das großartige Evangeliar von Columkille, eines der wichtigsten Zeugnisse der westlichen Welt, wurde ruchlos während der Nacht aus der westlichen Sakristei der großen Steinkirche von Cennanus, und zwar wegen seines kostbaren Einbandes, gestohlen. Das Evangeliar wurde nach zwanzig Nächten und zwei Monaten mit dem Gold im Boden vergraben wiedergefunden. (Book of Kells 80, 92)

Selbstbewußt und überzeugend ist auch die Formulierung, daß es sich beim Book of Kells um die „irischen Kronjuwelen" handle. Kronjuwelen im *Long Room* oder *Old Library* des Trinity College von 1732 und Kronjuwelen im Londoner Tower – was ist der Unterschied? Im Tower bewachen die Yeomen Wardens – vulgo Beefeaters – folkloristisch gut verkleidet die englischen Kronjuwelen. Doch welche Kronjuwelen sind das? Kronen, ein paar Schwerter, die größten Diamanten der Welt. Sie alle sind Symbole und Überbleibsel einer langen Geschichte, in der erobert und gekämpft, ermordet und hingerichtet wurde, in der Schlachten gewonnen und verloren wurden. In der Seele erschrocken und unterkühlt kommt der Besucher wieder aus dem Tower in das Tageslicht zurück.

In Dublin ist es ganz anders. Im Long Room sind jeweils zwei Bände des seit 1953 in vier Teilbänden gebundenen Evangeliars ausgestellt. Die aufliegenden Seiten werden alle vier bis sechs Wochen umgeblättert, so daß im Lauf der Zeit die ganze Handschrift im Original zu betrachten ist (Mitteilung der Trinity College Library, 2. März 1993). Die irischen Kronjuwelen: das sind aufgeschlagene Seiten der Evangelien, mit wundersamen Fabeltieren und lustig gemalten Männchen bevölkert, voll mit verschlungenen Initialbuchstaben, kleinen Tiergestalten zwischen den Zeilen und verführerisch gestalteten Themenseiten, die alle miteinander in die ästhetische „Anderswelt“ hineinführen.

Das 1006 in Kells (Cennanus) entwendete „großartige Evangeliar von Columkille“ gehörte zu dem Columbakloster, das 806 von dem Abt *Cellach*, der mit seinen Mönchen vor den Wikingern aus Iona geflohen war, aufgebaut wurde und von dem heute noch das *House of Columcille* erhalten ist. Aus der Flucht des Cellach nach Kells leitet sich die Tradition her, daß das Book of Kells im Kloster Iona, im columbanischen Urkloster, geschrieben wurde und bei der Flucht der Mönche nach Kells kam (Simms 80, 24; Book of Kells 80, 32). Wie alle Hypothesen behält auch diese einen Rest von Unsicherheit, ist aber mit ihrer Verknüpfung von Iona, Book of Kells und Columbakloster in Kells durchaus hinnehmbar.

Das Book of Kells, das in seiner Entstehungszeit Schottland und Irland zusammenführte – das also sind die „irischen Kronjuwelen“ in der Obhut ziviler Bibliothekare. In der Eingangslobby der Old Library verkauft die jüngste Studentengeneration Eintrittskarten und Poster. Das Book of Kells ist mit vielen alten Drucken und mit anderen illuminierten Handschriften der insularen Tradition im gleichen Raum aufbewahrt. Rund um den Campus von Trinity liegen die Straßen, auf denen Leopold Bloom und Stephen Dedalus, von James Joyce in Bewegung gehalten, sich ihre Stadt am 16. Juni 1904 erschlossen haben. So gehören der „Ulysses“ und das Book of Kells mit je eigenem Recht in das Herz Dublins hinein. Wer vor den aufgeschlagenen Seiten des Book of Kells steht, denkt nicht mehr an den Londoner Tower zurück.

Und der Inhalt des Book of Kells? Darüber sagt Brown:

> Sein Text der Evangelien ist eine Mischung des Textes der Vulgata zusammen mit vielen Worten und Sätzen, die durch die irische Kirche aus einer früheren altlateinischen Bibelübersetzung tradiert wurden. Die Vorbilder ihrer Illustration und Dekoration sind zahlreich: aus Irland, von den Angelsachsen, vom Kontinent und möglicherweise aus noch ferneren Gegenden. Woher und wie alle diese Traditionen und Einflüsse im Book of Kells zusammenkommen, stellt sich als ein Problem, das noch auf eine völlige Lösung wartet. (Book of Kells 80, 7)

Aus der insularen Tradition der frühen iroschottischen Klöster (Book of Kells 80, 25–32; Haseloff 89, 94. 97) gingen im 7. und 8. Jahrhundert viele Bibelhandschriften hervor. Die noch erhaltenen Handschriften stellen die Forschung vor die komplizierte Frage, ob die Manuskripte der irischen oder angelsächsischen Schreibtradition entstammen. Die schwer lösbaren Unterscheidungsprobleme entschärfend, spricht Haseloff von einem einheitlichen „hiberno-sächsischen" Stil der Ornamentik (Haseloff 89, 104).

In dem angelsächsischen Northumbria im Nordosten des späteren England stießen seit dem 7. Jahrhundert die von Iona kommende irische Tradition und die von Canterbury nach Norden vordringende angelsächsische Tradition zusammen. Vor allem das Kloster Lindisfarne wurde zum Hort der Iona-Tradition, nachdem der northumbrische König Oswald, der sich im irischen Exil zum Christentum bekehrt hatte, sich 635 nicht an Canterbury, sondern an die irische Kirche wandte mit der Bitte, in seinem Land das Christentum wiederherzustellen:

> Als der Mönchsbischof Aidan aus dem Kloster Iona mit einer Gruppe Mönche ausgesandt wurde, stellte ihm Oswald die Insel Lindisfarne zur Verfügung, damit er dort eine Kirche gründen konnte.
>
> Bald gab es nicht nur in Lindisfarne, sondern auch in ganz Northumbrien columbanische Klöster, die eng mit Iona verbunden und sowohl kirchlich als auch kulturell durch die Irische Kirche beeinflußt waren. Auf Bischof Aidan folgten in Lindisfarne Bischöfe aus Iona, die die irischen kirchlichen Bräuche beibehielten. (Book of Kells 80, 29)

Der Streit zwischen der römisch-angelsächsischen Kirche von Canterbury und den columbanischen Klöstern entzündete sich an unterschiedlichen Formen der kirchlichen Praxis – irische Datierung des Osterfestes, andere Mönchstonsur, verschiedene Arten kirchlicher Ordnung – und wurde von dem Konzil von Whitby 664 zugunsten von Canterbury entschieden. Dennoch lebten die irischen Traditionen in den columbanischen Klöstern fort. Die Äbte und Bischöfe von Lindisfarne blieben noch für eine Generation mit der Irischen Kirche verbunden und ließen sich auch dann erst zögernd in die angelsächsische Kirchenorganisation hineinziehen. Das Mutterkloster Iona behielt die irische Ostertradition sogar noch bis 715 bei (Book of Kells 80, ebd.).

Was die Ornamentik der Manuskripte angeht, so führte die eng verzahnte Kirchengeschichte zwischen Canterbury und Iona auch auf künstlerischem Gebiet zu Traditionsmischungen. Von irischer Ornamentik bestimmte Handschriften wurden in Irland und Northumbria gefunden, während die angelsächsisch beeinflußte Buchmalerei sich auch in der keltischen Kirche ausbreitete. Mit der irischen und angelsächsischen Mission geriet der in Irland und Northumbrien entwickelte Dekorationsstil schließlich auch in die Klöster des Kontinents. Mehrere Handschriften bilden wegen ihrer insularen und auch hiberno-sächsischen Merkmale eine zusammenhängende Gruppe, die bis auf den Kontinent reicht. Dazu gehören folgende Handschriften:

– Book of Durrow, Irland oder Northumbrien, 2. Hälfte des 7. Jahrhunderts
– Evangeliar von Lindisfarne, Lindisfarne, Ende des 7. Jahrhunderts
– Echternacher Evangeliar, Northumbrien oder Kontinent, Anfang des 8. Jahrhunderts
– Evangeliar von Lichfield, eine Schreibstube in Wales, Anfang des 8. Jahrhunderts
– Book of Armagh, Armagh, 807. (Book of Kells 80, 74)

Die nahezu gleiche Anordnung der die Evangelien begleitenden Texte – Kanontafeln, *Breves causae, Argumenta* und Kommentare – im *Book of Durrow* und im Book of Kells legen die nahezu gleichzeitige Entstehung beider Handschriften nahe:

> Es scheint deshalb sicher, daß sowohl bei Planung wie Ausführung die Texte der Einleitung von Kells direkt vom Book of Durrow kopiert wurden (oder von einer Kopie, in welcher der Text praktisch identisch zu dem von Durrow war). (Book of Kells 80, 75)

Die ornamentierten Anfangsseiten der Evangelien im Evangeliar von Lindisfarne (Backhouse 92, 43.49.53.57) lassen selbst ungeschulte Betrachter in ihnen eine Vorstufe der strahlenden, die Höhe der Illuminationskunst bedeutenden Großbilder im Book of Kells erkennen.

Die Abbildung 1 gibt fol. 285^r des Book of Kells, die Initialseite zum Auferstehungsbericht bei Lukas 24, 1, wieder. Der Text lautet: UNA AUTEM SABBATI UALDE DELU (culo) (am ersten Tag der Woche in der Morgendämmerung . . .). In der Vulgata wird fortgesetzt: . . . venerunt ad monumentum, portantes quae paraverant aromata. Das UNA wird von vier Engeln gleichsam behütet, die unter der goldleuchtenden, auf klare Formen reduzierten Löwenmaske in der oberen rechten Ecke sitzen. Zwei der Engel halten ein Buch, die beiden anderen halten Szepter. Das könnte ausdrücken wollen, daß der Triumph des Auferstandenen (Szepter) aus dem gesprochenen Wort in das geschriebene Buch eingegangen ist. Das Christentum wird also schon an seinem Anfangstag (Ostersonntag) vom Maler als „Buchreligion“ verstanden. Die vier Engel könnten zugleich auf die zwei Männer am Grab (Lukas 24, 4) hinweisen, welche die Frauen fragten: „Was sucht ihr den Lebendigen bei den Toten?“ Im Book of Kells sind die Engel stets als Begleiter der Gottheit verstanden (fol. 7^{v} und fol. 32^{r}).

Zum eigenständigen Stil des Book of Kells gehört das vegetabil und zoomorph gestaltete Flechtwerk, das sich zu der Initiale U verdichtet. In vielen Fällen wird die Initiale nicht mehr aus schwarzen Buchstabenkörpern, sondern nur noch aus diesem Flechtwerk gebildet (z. B. die kleine Initiale fol. 250^{v} in Abbildung 4).

Das Flechtwerk wird auf fol. 200^{r} (Genealogie Christi in Lukas 4, 23–38) zur Randleiste und zugleich zum Träger der Initiale Q aus dem zwölffachen QUI FUIT. Zoomorph gemaltes Flechtwerk mit Menschenköpfen bildet als Randleiste die achtfache Initiale B des BEATI in den Seligpreisungen (fol. 40^{v}).

Fol. 250^{v} in Abbildung 4 verknüpft zwei eusebianische Sinnabschnitte – das ITA (DICO UOBIS) zu Lukas 15, 10 und das AI (T AUTEM) zu Lukas 15, 11, das Gleichnis vom verlorenen Sohn einleitend – in einem gemeinsamen Initialgebilde über die Zeilen hinweg.

Unter dem Getier, das die ohne Textkenntnis nicht lesbare Initialfigur bildet, sind Vögel, Hunde, ein Fisch und ein Salamander zu erkennen. Die Tiergestalten stammen aus einer ganz anderen, nämlich aus der keltischen Welt und haben mit dem Lukastext keine gedankliche Verbindung.

Vorformen einer irischen Literatur gab es *schon lange vor* dem Book of Kells und vor der Einführung der Schrift durch christliche Missionare des 5. Jahrhunderts, wenn man das in den druidischen Gruppen der fili (Seher), senchaid (Geschichtskundige) und bard (Sänger) gepflegte Traditionswissen so verstehen will. Die überlieferten Inhalte wurden in einem rhythmischen, alliterierenden Stil und in einer archaiischen Sprache vorgetragen, die für die einfachen Leute nicht unmittelbar verständlich war (Encyclopedia 71, 342).

Die Ankunft des Christentums führte zu Auseinandersetzungen

zwischen den druidischen fili und den christlichen „Intellektuellen“, den Priestern. Letztere konzentrierten sich zunächst ganz auf die literarische Darstellung der Bibeltexte, während die fili ihrer bisherigen religiösen Funktion beraubt wurden. Im 6. Jahrhundert begannen die Rechtskundigen innerhalb der druidischen Oberschicht, ihre Traditionen unter Verwendung des lateinischen Alphabets in frühem Altirisch niederzuschreiben. Umgekehrt gingen am Ende des 6. Jahrhunderts die christlichen Kleriker dazu über, ihre religiösen Vorstellungen in Altirisch – und nicht mehr im Latein – auszudrücken.

Das Latein blieb die Sprache der Liturgie, wie wir aus dem Book of Kells erkennen. Latein blieb auch das Kommunikationsmittel zwischen der irischen Kirche und Rom. Die Gefährdung des Irischen trat mit der englischen Sprache ein, die seit dem Mittelalter in Irland Fuß gefaßt hatte, das Irische immer mehr verdrängte und im 21. Jahrhundert irgendwann dazu führen wird, daß das Irische zu einer toten Sprache wird.

Das 8. und 9. Jahrhundert wurde zum goldenen Zeitalter der frühen irischen Literatur. Materialien aus vorchristlicher Zeit wurden gesammelt und, weil man sie nicht verstand, mit fremden Quellen verbunden, zurechtgerückt und umformuliert. Dabei war es allein schon der historische Abstand von mehr als fünf Jahrhunderten, der den klösterlichen Schreibern die alten Quellen unverständlich machte (Murphy 71/1; Murphy 71/2).

Die Mönche tradierten nicht nur altirische Quellen, sondern sie benutzten ihre Sprachfertigkeit auch zum Verfassen persönlicher Gedichte. Mönche wurden zu religiösen und weltlichen Dichtern, die ihre Muttersprache zu eleganten und transparenten Gedichten formten. Als Beispiel diene das folgende heitere Sommergedicht.

Tánic sam slán sóer	Sommer ist da, gesund und frei.
dia mbí clóen caill chíar;	Der dunkle Wald sich verneigt.
lingid ag seng snéid	Der schlanke, flinke Hirsch springt,
dia mbí réid rón rían	glatt ist der Weg des Seehunds.
(Encyclopedia 71, 343)	

Gab es eine ähnlich leichte Sprache nicht fast gleichzeitig im Kloster Tegernsee, wo eine Nonne Mitte des 12. Jahrhunderts mit „Dû bist mîn, ich bin dîn, des solt dû gewis sîn“ das erste deutsche Liebeslied in einer Sammlung lateinischer Briefe unterbrachte? Der kleine

Unterschied war, daß das kleine Liebesgedicht der bayerischen Nonne nur die muttersprachliche Stilübung zu einer lateinischen Vorlage war: „Esto securus, successor nemo futurus ..." (Wapnewski 91, 13–16).

Die gesamte in Irisch geschriebene Literatur nach dem 12. Jahrhundert kann als *mittelalterliche* Literatur angesehen werden, wenn wir die moderne irische Literatur dabei vernachlässigen.

Die frühmittelalterliche Phase (9. bis 12. Jahrhundert) war von den klösterlichen Schreibern geprägt, die sich mehr auf die Darbietung gelehrten Wissens als auf die Darstellung eigener Gefühle verstanden. Ab dem 12. Jahrhundert trat Irland allmählich in den Hauptstrom der europäischen Kultur ein. Die Voraussetzung dafür war die kirchliche Neuordnung von Canterbury und Rom her. Das führte auch zur Ausbildung einer neuen Standardsprache, die auf der zeitgenössischen Volkssprache und kaum noch auf der altirischen Sprache beruhte. Doch auch dieses „moderne" Irisch des hohen Mittelalters etablierte sich nicht als Literatursprache, weil die sozialen Umbrüche im Gefolge der anglo-normannischen Invasion zu Neugründungen kontinentaler Orden geführt hatten, die an der altirischen Kultur nicht mehr interessiert waren. Die keltischen Klöster, die sich aus der frühchristlichen Zeit herleiteten und bisher die Pflegestätten der altirischen Sprache waren, wurden aufgelöst.

Die Pflege der neuen Sprache, des *classical modern Irish*, lag bis in das 17. Jahrhundert in Händen von Hofdichtern (filidh), die das Lob der Adligen sangen und aus dieser Tätigkeit ihre wirtschaftliche Existenz gewannen. Nur ein Teil dieser Hofdichtung ist erhalten, da die neuen Klöster diese weltlichen Werke selten sammelten. Lateinische und englische Prosa geistlichen und weltlichen Inhalts wurden in das *classical standard Irish* übersetzt, weil die kontinentalen Orden – vor allem die Franziskaner – irischsprechende Mitglieder hatten und für diese geeignete Literatur bereitstellen mußten.

Die irische Literatur war am Ende des Mittelalters vom städtischen Leben und von den dort etablierten Druckpressen abgeschnitten. Sie war darum der auf Englisch erschienenen Literatur der Themenvielfalt und Wirkungsbreite nach zunehmend unterlegen. Die irischsprechende Intelligenz der Kirche hatte gegenüber den filidh zwar die höhere Bildung und auch den Zugang zu den zunkunftsweisenden Themen, wurde wegen der elizabethanischen Neueroberung Irlands

Bild 13 a): Kloster von Glendalough (Co. Wicklow, Irland): St. Kevin's Church (St. Kevin's Kitchen, etwa 12. Jahrhundert).

Bild 13 b): Verlassenes Dorf (Deserted Village) am Slievemore, Achill Island (Co. Mayo), Irland.

Beide Photos: Hermann Vogt, 1992.

Bild 14: St. David's Cathedral, St. David's, Pembrokeshire, Dyfed, Wales.
Wales Tourist Board, Cardiff.

Bild 15: Normannische Burg Llansteffan, bei Carmarthen, Dyfed, Wales.
Wales Tourist Board, Cardiff.

Bild 16 a): Pumpeius Stone (Pumpeius Carantorius), 6. Jahrhundert, mit Ogham-Schrift an Kante. Ursprünglich bei Eglwys Nynnid. Jetzt in Margam Stones Museum, Margam, West Glamorgan, Wales.

Royal Commission on the Ancient and Historical Monuments of Wales, Aberystwyth.

Bild 16 b): Ilquici Stone (Petri Ilquici), 10.–11. Jahrhundert. Ursprünglich bei Cwrt-y-defaid. Jetzt in Margam Stones Museum, Margam, West Glamorgan, Wales.

Royal Commission on the Ancient and Historical Monuments of Wales, Aberystwyth.

jedoch in den Untergrund oder ins Exil getrieben. Das Ende der traditionellen irischen Literatur war mit der Schlacht von Kinsdale (1603), die den bewaffneten irischen Widerstand zerbrach, eingeleitet (Edwards 73, 58).

Eine Folge der elizabethanischen Neueroberung war auch, daß seit dem 17. Jahrhundert irische Literatur nur noch von denen geschrieben wurde, die keine Ausbildung in der Formenvielfalt der klassischen Dichtkunst hatten. Die neuen Autoren griffen zu Stilformen, die gegenüber der klassischen Tradition einfacher, wenn auch nicht unbedingt jünger waren. Wie schon bei der Entstehung des classical modern Irish im 12. Jahrhundert fand fünfhundert Jahre später erneut eine Anpassung an die Volkssprache statt. Die militärische Niederlage der Iren führte zu einem schleichenden sozialen Wandel in der Gesellschaft, der mit der Verarmung der Sprache einherging und schließlich das Ende der mittelalterlichen irischen Literatur einleitete.

Am Ende des 18. Jahrhunderts war die bewußte Literaturproduktion auf Irisch fast ganz zum Stillstand gekommen, und die große Hungersnot (The Great Famine, 1845–1848; Anm. des Verf.) versetzte der irischen Sprache den Todesstoß. Danach hörte das Volk ... auf zu singen. (Encyclopedia 71, 344; Übersetzung Vogt)

Die begrenzte Wiederbelebung der irischen Literatur am Ende des 19. Jahrhunderts hing eng mit einem gewissen Aufschwung der Sprache zusammen. Es war vor allem ein politisch-nationalistischer Aufschwung, der das Interesse wieder auf die eigene Sprache und Literatur richtete. Die entscheidenden Anregungen kamen nicht aus den menschenarmen Gebieten der Gaeltacht, wo noch irisch gesprochen wurde, sondern von der *Gaelic League* (Conradh na Gaeilge), die 1893 gegründet wurde und sich für die Rückkehr zu der irischen Sprache einsetzte.

Der nationalistische Aufschwung wurde aus dem 19. ins 20. Jahrhundert weitergetragen. Sein Dilemma war, daß die Basis für die Wiederbelebung des Irischen so schwach war, daß von vornherein kein das ganze Land umfassender Erfolg zu erwarten war. Nunmehr standen zwar die Druckpressen für eine auflagenstarke Buchproduktion zur Verfügung, doch fehlte es an den Autoren, die auf Irisch schrieben. An der neuen irischen Literatur versuchten sich vor allem

Priester, Lehrer und Mitarbeiter der staatlichen Verwaltung, die außerhalb der Gaeltacht ausgebildet waren und immer schon mit der zeitgenössischen englischen Literatur in Berührung gekommen waren.

Die Neubelebung des irischen Nationalismus, der sich an die eigene Sprache band, hauchte dem jungen Staat Irland zwar politisches und kulturelles Selbstwertgefühl ein. Eine Blüte der modernen irischen Literatur konnte sich jedoch wegen der strukturellen Schäden, die sich aus der Kolonialgeschichte Irlands ergaben, nicht mehr entwikkeln (Enzyclopedia 71, 345–347). Wer literarischen Ruhm erringen wollte, mußte sich der englischen oder französischen Sprache bedienen.

George Bernard Shaw (1856–1950) kam aus einer englischen Familie, war Ire von Geburt und ging schon 1876 nach England. Auch für William Butler Yeats (1865–1939), den anglikanischen Nationalisten, war die englische Sprache das selbstverständliche Ausdrucksmittel, wobei er sich mit den Zielen des irischen Nationalismus vollkommen identifizierte. James Joyce (1882–1941) stammte aus der katholischen Mittelschicht Dublins, vor deren moralischen Hypokrisie er nach Europa auswich. Sean O'Casey (1884–1964) war wie Yeats protestantischer Nationalist, dessen revolutionäre Stücke im Abbey Theatre gespielt wurden. Nach Zerwürfnissen in Dublin zog sich O'Casey für den Rest seines Lebens nach Devonshire zurück. Samuel Beckett (1906–1989) entstammte einer Dubliner Hugenottenfamilie (Baird 91, 29) und siedelte 1937 nach Frankreich über.

Drei Nobelpreise für Literatur wurden an Iren vergeben: an Yeats (1923), Shaw (1925) und Beckett (1969). Nur Yeats hat sein Werk in den Dienst des irischen Freiheitskampfes gestellt, während die beiden anderen in England und Frankreich arbeiteten. Gehört es zum Wesen der irischen Weltliteratur, daß ihre Autoren die kleine Insel verlassen mußten, weil ihnen die irische Gesellschaft nicht genug Entfaltungsfreiheit gab?

Der kulturellen Verödung und dem Untergang der irischen Literatur stand die *Entstehung einer anglo-irischen Literatur* gegenüber, die sich seit dem 18. Jahrhundert aus dem Gefüge der spätmittelalterlichen englischen Literatur gelöst hatte. Diese anglo-irische Literatur, die auf dem Weg in die Neuzeit immer stärker wurde, führte ihre Wurzeln aus irischer und englischer Tradition zu einer spezifischen irischen Synthese zusammen. Gemeinsame Erfahrungen vor dem Hintergrund der miteinander erlebten Geschichte bildeten ihre Ausgangsbasis. In ihr standen sich Irisches und Englisches nicht mehr fremd gegenüber.

Das politische Ziel der anglo-irischen Literatur – die Unabhängigkeit Irlands von England – wurde schon 1698 von William Molineux, einem Dubliner hugenottischer Abstammung und 1674 an Trinity College graduiert (Luce 92, 31 f.), in der Streitschrift *The Case of Ireland's Being Bound by Acts of Parliament in England Stated* (Die Abhängigkeit Irlands von den Gesetzen des Parlaments in England) ausgesprochen. Danach sollte Irland, mit der Krone weiterhin verbunden, ein unabhängiges Parlament besitzen. Es sollte nicht zur Kolonie werden, die durch Westminster immer mehr in die Armut getrieben würde (Beckett 71, 148; Edwards 73, 94). Auch Jonathan Swift, von 1713 bis zu seinem Tod 1745 der Dekan der St. Patrick's Cathedral in Dublin, kämpfte in seinen *Drapier Letters* (1724) mit großer Entschiedenheit für die wirtschaftliche Unabhängigkeit Irlands.

Der Verfassungskampf der protestantischen *patriots* führte nur zwischen 1782 und 1800 zu einer kurzen, formal bleibenden Unabhängigkeit des irischen Parlaments. Aber schon 1800 wurde in Dublin und in Westminster in gleichlautenden Unionsakten beschlossen, daß das Dubliner Parlament ab 1. Januar 1801 im Parlament von Westminster aufgehen sollte (Beckett 71, 159–174). Die patriots hatten ihr Ziel verfehlt. Die irische Unabhängigkeit wurde erst zwischen 1916 und 1922 unter ganz anderen Voraussetzungen erreicht.

Die partielle Annäherung der gälischen und anglo irischen Kultur ging in der Zeit der Union weiter. Die anglo-irische Literatur entwickelte eine Vorliebe für eine freimütige Ausdrucksweise. Aus ihrem Umfeld kamen Männer wie Theobald Wolfe Tone und Robert Emmet, die zur Rebellion gegen die Krone übergingen. Die Tragik dieser irischen Rebellen war jedoch ihre Erfolglosigkeit (Beckett 71, 184).

Die anglo-irische Literatur des frühen 18. Jahrhunderts war von Jonathan Swift (1667–1745) dominiert. Seine Eltern waren Engländer, die sich in Dublin niedergelassen hatten. Swift studierte an Trinity College (Luce 92, 37) und wurde 1689 Sekretär des englischen Politikers Sir William Temple. Unzufrieden mit dessen beruflicher Förderung, kehrte Swift 1694 nach Irland zurück. Er wurde anglikanischer

Geistlicher und bald darauf Kaplan des Earl of Berkeley. Aus dieser bescheidenen Stellung entfloh er immer wieder nach London, immer darauf hoffend, daß ihm Freunde aus der Partei der Whigs einen gesellschaftlichen Aufstieg ermöglichen würden.

1710 verhandelte Swift im Auftrag des Primas von Irland mit der englischen Regierung über die Abschaffung des Zehnten, den die Bewohner Irlands zu zahlen hatten. Er führte die Verhandlungen so erfolgreich, daß er bei seiner Rückkehr nach Dublin mit Glockengeläut empfangen wurde (Frahne 47, 320). Swift hoffte, von den dankbaren Whigs mit einem Bistum belohnt zu werden. Dieses bekam er jedoch nicht, und Swift schloß sich den Tories an, mit den Whigs in satirischen Schriften abrechnend.

Weil Swift sich in *The Tale of a Tub* (1704) außerhalb der Kirchenlehre gestellt haben sollte, vertraute ihm Königin Anne kein höheres Kirchenamt an. In The Tale of a Tub ließ er nämlich die drei Brüder Peter, Martin und Andrew darüber streiten, wie das Testament des Vaters – gemeint ist die Bibel – auszulegen sei. Peter steht für die römische, Martin für die lutherische und Andrew für die calvinistische Kirche. Mit diesen Namen spielte Swift auf die obersten „Heiligen" der drei Kirchen an, die sich in Irland ihre Glaubenskämpfe lieferten. Swift konnte diesem Kampf um die richtige Lehre nur mit aufklärerischer Satire begegnen. In The Tale of the Tub ist die Botschaft von Nathans Ringparabel bereits drei Generationen vor Lessings Stück ausgedrückt – „Nathan der Weise" entstand erst 1775.

Der Freimut des Dubliner Geistlichen führte dazu, daß Swift von den Tories, seinen neuen Freunden, im Jahr 1713 nur das bescheidene Amt an St. Patrick's erhielt. Der Tod der Königin im Jahr 1714 und der Machtverlust der Tories nahmen Swift jede Möglichkeit, durch eine wiedergutmachende Literaturproduktion in der kirchlichen Hierarchie doch noch nach oben zu kommen. Für ihn galt fortan das Verdikt „once a Dean, always a Dean". Zugleich bedeutete das auch das große Glück für die Literatur, denn nur in dieser nachgeordneten Position, die ihm zeitlebens ausreichend viel Zorn auf die bestehenden Verhältnisse, aber auch Zeit zum Schreiben gab, wurde Swift zu dem, der er ist: zu einem der größten Satiriker der Weltliteratur neben Aristophanes und Rabelais (Frahne 47, 322).

Trinity College wurde die Kaderschmiede der englischen Literatur in Irland. George Berkeley (1685–1753), ebenso alt wie J.S. Bach und Händel, war Fellow am College. Er erreichte das, was Swift nie schaffte: Berkeley wurde 1734 der Bischof von Cloyne. Er war nicht so stark wie Swift an den Fragen der politischen Macht interessiert, schlug jedoch in seinem *Querist* (1735–1737) vor, daß Irland von England wirtschaftlich unabhängig zu sein habe und die irischen Protestanten erkennen müßten, daß ihr eigenes Wohlergehen von dem Wohlergehen aller Menschen in Irland – also auch der Katholiken – abhängig sei. Vorher schon war Berkeley mit seinen *Principles of Human Knowledge* (1710) als Philosoph zu europäischem Ansehen gekommen (Encyclopedia 71, 350).

Oliver Goldsmith (1728–1774) graduierte 1749 an Trinity College. Der Pfarrerssohn wollte Geistlicher werden, wurde aber abgewiesen. In Edinburgh begann er ein Medizinstudium, das er in Leyden abschloß. Über Frankreich, Deutschland, die Schweiz und Italien kehrte er nach London zurück. Dort blieb er auch und arbeitete als Apotheker, Armenarzt und Lehrer. In dem berühmten Roman *The Vicar of Wakefield* (1766) schilderte Goldsmith das Leben eines englischen Landpfarrers, auf den er seine familiären Erfahrungen in Irland projizierte (Frahne 47, 224f.; Encyclopedia 71, 350).

Edmund Burke (1729–1797): protestantischer Vater und katholische Mutter, 1748 an Trinity College graduiert, dann in London – eine typisch irische Existenz, die Burke aus Dublin in die größere Welt zog. So gesehen war Edmund Burke der Vorläufer von G.B. Shaw, James Joyce und Samuel Beckett. Burke war ein beeindrukkender Redner, ein Staatsmann – selbst ein Mitglied des Unterhauses – und ein politischer Denker von europäischer Bedeutung. Er unterstützte die Emanzipation, wenn auch nicht die Unabhängigkeit, der amerikanischen Kolonien. Burke trat für die Freiheit des irischen Handels und des irischen Parlaments ein, und er verwendete sich für die Emanzipation der irischen Katholiken (Frahne 47, 171f.).

Goldsmith und Burke waren, weil sie in England lebten, dem unmittelbaren Zugriff der irischen Probleme entrückt. Erst am Ende des 18. Jahrhunderts trat mit Theobald Wolfe Tone (1763–1798) ein Mann auf, der wie Molyneux und Swift im Lande selbst an Irland litt. Er setzte sogar sein Leben für eine irische Republik ein und verlor es dabei. Tone graduierte 1786 an Trinity College, studierte dann in London und Dublin die Rechte und wurde 1789 als irischer Rechtsanwalt zugelassen (Luce 92, 65f.). Die Ausbildung an Trinity College hatte ihn zu einem begeisternden Debattenredner gemacht.

Unter dem Einfluß der amerikanischen und französischen Revolution sowie gedanklich bei Molyneux und Swift anknüpfend, formulierte Tone zum ersten Mal die Ideen des irischen Republikanismus. Er gründete 1791 in Dublin und Belfast die Gruppe der *United Irishmen*, die im Gefolge der Französischen Revolution für eine von England unabhängige irische Republik eintrat. Das irische Parlament sollte zur Vertretung aller Iren werden.

Die United Irishmen trafen militärische Absprachen mit dem französischen Kriegsgegner Londons und wählten den bewaffneten Aufstand, was allemal den Tatbestand des Hochverrats erfüllte. Als ein französischer Landungsversuch in Killala Bay gescheitert war (Edwards 73, 42. 69–71) und kein größeres Expeditionsheer der Franzosen mehr zu erwarten war, wollten die United Irishmen ohne ausländische Hilfe losschlagen. Der verratene und ausgespähte Aufstand wurde im Keim erstickt. Wolfe Tone kehrte erst nach diesem fehlgeschlagenen Aufstandsversuch mit einem kleinen französischen Kontingent nach Irland zurück und landete in Lough Swilly (Co. Donegal). Auch dieses Unternehmen mußte zwangsläufig scheitern. Tone wurde verhaftet, zum Tod verurteilt und beging Selbstmord. (Beckett 71, 167–170)

Die englischsprachige Literatur des 19. Jahrhunderts war ein getreues Spiegelbild der politischen und kulturellen Entwicklung Irlands. Die einsetzende *Katholikenemanzipation* bildete sich in ihr ebenso ab wie die Erschütterungen durch die Hungersnot von 1845–1848 und die nachfolgenden Auswanderungswellen. Die Ideen der irischen Unabhängigkeit und des Republikanismus wurden aus dem 18. Jahrhundert übernommen und fortgedacht. Es gab enge personelle Verbindungen zwischen den literarisch-politischen Ansätzen und der konkreten Emanzipationspolitik. Die Literatur beeinflußte die Aufstände, und die nie ans Ziel kommenden Erhebungen wirkten wieder auf die irische Literatur zurück. Das leuchtende und zugleich tragische Beispiel für diesen Zusammenhang war der Protestant Robert Emmet, der wegen seiner Zugehörigkeit zu den United Irishmen 1798 von Trinity College verwiesen wurde, einen erfolglosen Aufstand anzettelte und als radikaler Vertreter der republikanischen Bewegung 1803 hingerichtet wurde (Beckett 71, 184; Luce 92, 67).

Trinity College Dublin hatte seit seiner Gründung 1592 einen großen Einfluß auf die liberale Grundhaltung der Church of Ireland. Im Jahr 1699 waren beispielsweise acht irische Bischöfe ehemalige Fellows von Trinity, und als neunter hatte der Bischof von Derry, der spätere Erzbischof von Dublin, zwar nicht an Trinity gelehrt, dort aber sein Studium absolviert (Luce 92, 36). Und schon gar nicht zu übersehen ist die leuchtende Spur von Trinity College in der irischen Literatur, als es darum ging, Irlands politische Freiheit von England zu reklamieren. Die Namen Molineux, Swift, Berkeley, Burke, Tone und Emmet legen dafür Zeugnis ab.

Indem sich Protestanten für die Selbständigkeit Irlands einsetzten, näherten sie sich damit ganz automatisch den verdrängten gälischen Traditionen an und machten sie – stellvertretend für die diskriminierten irischen Katholiken – immer häufiger zum Thema der Literatur. Wie es in Amerika bereits der Fall war, wuchs auch in Irland die Literatur aus einer kolonialen Phase in die Rolle einer Nationalliteratur hinein. Es dauerte allerdings noch ein weiteres Jahrhundert, bis es zu dem Allegro spirituoso der „Kathleen ní Houlihan“ und dem Allegro maestoso des „Ulysses“ kam.

Auf dem Friedhof der anglikanischen Gemeinde von Drumcliff, nicht weit von Sligo und unterhalb des mächtigen Ben Bulben, liegt das Grab von William Butler Yeats. In Frankreich 1939 gestorben und beerdigt, wurde der erste irische Nobelpreisträger für Literatur 1948 in Drumcliff beigesetzt. Yeats bekam seinen Preis im Jahr 1923, und George Bernard Shaw erst zwei Jahre später – nach dem irischen Freiheitskampf schon damals eine politisch rückgekoppelte Preisverleihung, die dem in Irland gebliebenen Iren vor dem Iren, der in England lebte, einen kurzen Vorsprung gab.

Der Grabstein trägt als Inschrift die drei letzten Zeilen der Schlußstrophe aus Yeats' Gedicht „Under Ben Bulben“:

Under bare Ben Bulben's head
In Drumcliff churchyard Yeats is laid.
An ancestor was rector there
Long years ago, a church stands near,
By the road an ancient cross.
No marble, no conventional phrase;
On limestone quarried near the spot
By his command these words are cut:

Cast a cold eye
On life, on death.
Horseman, pass by!
(Yeats 90, 208)

Von Swifts Grabspruch aus – „Swift's Epitaph" – hat Yeats eine Verbindung zwischen sich und Jonathan Swift hergestellt, die nur so interpretiert werden kann, daß Yeats, der stets einen spielerischen Umgang mit den mystischen Vorstellungen der irischen Antike pflegte, sich in der Nähe des an seinem Lebensende kranken und einsamen Dean von St. Patrick's wußte.

Der im Gedicht erwähnte Vorfahre war der Urgroßvater, über den eine Bronzetafel in der Kirche mitteilt: „In memory of the Rev. John Yeats, M. A. T. C. D., Son of Benjamin Yeats and Mary Butler his wife, and Rector of this Parish from 1811 till his death in 1846." Die Familie war also anglo-irisch und anglikanisch. Der Reverend John Yeats hatte seinen Magister artium in Trinity College Dublin erworben, was M. A. T. C. D. sagen will. Irisch waren sie in der besonderen Art, welche die gälische Armut und die quälende Hungersnot nicht zur persönlichen Heimsuchung macht. Irisch-nationalistisch war die Familie in dem Stil, daß William Butler Yeats auch zeitenweise in England leben konnte. Ein Hochkreuz und der Rest eines Rundturms nicht weit von Yeats' Grab sind die Hinweise auf ein frühes keltisches Kloster, das Columba 574 von Iona aus gegründet haben soll (Kirby 85, 67) – erneut das „irische Ensemble", und ältestes irisches Mönchsland, auf dem Yeats begraben liegt.

Yeats wollte eine irische Literatur entwerfen, die dem Land seine kulturelle Würde zurückgeben und den irischen Lesern das Bewußtsein von ihrer keltischen Herkunft vermitteln sollte. Yeats wollte seine neue irische Literatur nicht von politischer Rhetorik beherrscht sein lassen. Dafür sollte sie heroisch sein, und sie sollte auf die großen Zeiten der irischen Geschichte zurückverweisen (Yeats 90, XV; Frahne 47, 349).

Yeats stellte sich an die Spitze der keltischen Erneuerungsbewegung. 1888 gab er *Fairy and Folk Tales of the Irish Peasantry* und *Poems and Ballads of Young Ireland* heraus. Dazu kamen die Editionen *Representative Irish Tales* (1891) und *Irish Fairy Tales* (1892). 1892 veröffentlichte er auch *The Celtic Twilight*, eine Sammlung von Gedichten und Essays über seine Heimatgegend Sligo.

Yeats gründete Gesellschaften für irische Literatur in London (Rhymer's Club, 1891) und in Dublin (National Literary Society, 1892). Alle diese Aktivitäten machten Yeats zum inspirierenden Geist der *Irish Literary Renaissance* (Encyclopedia 71, 354).

Seine Liebe zum keltischen Irland wurde von seiner Liebe zu Maud Gonne überlagert und durch Maud zugleich noch mehr angefeuert. Maud Gonne war die Tochter eines englischen Obersten, die Yeats 1889 kennenlernte. Sie war von der Armut der irischen Unterschicht tief bewegt, und sie war gegenüber Vorstellungen, diese Armut durch gewaltsame Aktionen überwinden zu können, aufgeschlossen. Yeats verliebte sich in Maud Gonne. Unter ihrem Einfluß entstanden eindrucksvolle Liebesgedichte. Im Jahr 1893 erschien die Gedichtsammlung *The Rose*. Das Gedicht *To the Rose upon the Rood of Time* (An die Rose am Kreuz der Zeit) verbindet mythische Elemente mit lyrischer Weltsicht:

> Red Rose, proud Rose, sad Rose of all my days!
> Come near me, while I sing the ancient ways:
> Cuchulain battling with the bitter tide;
> The Druid, grey, wood-nurtured, quiet-eyed,
> Who cast round Fergus dreams, and ruin untold;
> And thine own sadness, whereof stars, grown old
> In dancing silver-sandalled on the sea,
> Sing in their high and lonely melody.
> Come near, that no more blinded by man's fate,
> I find under the boughs of love and hate,
> In all poor foolish things that live a day,
> Eternal beauty wandering on her way. (...)
> (Yeats 90, 10)

Abgesehen davon, daß dieses Gedicht auch an Robert Burns erinnert („O my luve is like a red, red rose"), steht das Bild von der Rose gleichzeitig für Maud Gonne, für die geistige Schönheit und für Irland.

Maud Gonne heiratete 1903 John MacBride, einen irischen Revolutionär, der im Burenkrieg gegen die Engländer gekämpft hatte (Yeats 90, XXIII). Von da an konnten Yeats' Gedichte nur noch erinnernd auf seine Liebe zu Maud, mit der er 1898 eine geistige Ehe (spiritual marriage) eingegangen war, zurückgreifen. Die geistige Ehe wurde 1908 erneuert (Yeats 90, XXVI f.). John MacBride nahm am

Osteraufstand von 1916 teil und wurde als einer der sechzehn Führer hingerichtet. Der Versuch von Yeats, sich Maud, die von ihrem Mann getrennt gelebt hatte, wieder zu nähern, wurde zurückgewiesen. Yeats heiratete im Oktober 1917 Georgia Hyde Lees. Bereits im Juni 1919 entstand das Gedicht „A Prayer for My Daughter".

Das Bild der Rose, während der Zeit der Liebe auf Maud Gonne bezogen, löste sich unter dem Schock des blutig niedergeschlagenen Osteraufstandes von seiner poetischen Bedeutung ab. In dem Gedicht *The Rose Tree* (auf den 7. April 1917 datiert) wurde der Rosenstock zu einer *moribunden Metapher ex eventu*. „The Rose Tree" ist ein Todeslied zu Ehren Irlands.

„O words are lightly spoken",
Said *Pearse* to *Connolly*,
„May be a *breath of politic words*
Has *withered our Rose Tree*;
Or maybe but a *wind* that *blows*
Across the bitter sea".

„It *needs to be but watered*",
James Connolly replied,
„*To make the green come out again*
And spread on every side,
And shake the blossom from the bud
To be the garden's pride".

„*But where can we draw water*",
Said Pearse to Connolly,
„When all the wells are parched away?
O plain as plain can be
There's nothing than our own red blood
Can make the right Rose Tree".

Das Blutopfer der beiden Revolutionäre sollte dem darniederliegenden Freiheitswillen der Iren neuen Geist einhauchen. Die blutigrote Rose wurde zum Symbol einer politischen Auferstehung durch den Tod hindurch. Im katholisch denkenden Irland wurde der sakramentale Hintergrund des Bildes gut verstanden.

William Butler Yeats – der großer Lyriker und die treibende Kraft bei der Irish Literary Renaissance. Yeats war jedoch auch der *Begründer des irischen Theaters*. Das Abbey Theatre in Dublin wurde

1904 eröffnet. Yeats war bis 1910 sein Produktionsleiter, der das Abbey zur führenden Bühne Irlands machte.

Yeats wurde bei dieser Aufgabe von Lady Gregory, der Witwe eines anglo-irischen Grundbesitzers unterstützt. Er hatte Lady Gregory 1896 zum ersten Mal in Coole Park, ihrem Herrenhaus in Co. Galway, besucht. Seit 1897 verbrachte er viele Sommer in Coole Park, um sich zu erholen und immer wieder neu zu orientieren. Lady Gregory riet ihm, das journalistische Schreiben aufzugeben und sich ganz auf das kreative Schreiben zu konzentrieren. Das Stück *The Countess Cathleen*, das Yeats für Maud Gonne geschrieben hatte, wurde 1899 in Dublin aufgeführt. Weitere Stücke folgten.

1902 wurde *Kathleen ní Houlihan* (Yeats 53, 75–88), ein revolutionäres Stück mit Maud Gonne in der Titelrolle, mit so großem Erfolg aufgeführt, daß Yeats sich später fragte, ob der mit diesem Stück angefachte Patriotismus nicht zum blutigen Aufstand von 1916 geführt habe:

> Did that play of mine send out
> Certain men the English shot?
> (Encyclopedia 71, 356)

Kathleen ní Houlihan ist ein hoch emotionalisiertes Opferspiel, in dem eine mythische Frauengestalt, die ihr Land – Irland ist damit gemeint – verlor, am Abend vor der Landung dreier französischer Schiffe in der Bucht von Killala (1798; zusammenhängend mit dem Aufstand, an dem Wolfe Tone teilnahm) in einer Bauernhütte erscheint. Sie lockt den Sohn Michael am Tag vor seiner Hochzeit von der Seite seiner Braut Delia Chahel weg in die Schlacht und in den Tod.

„There's nothing than our own red blood / Can make the right Rose Tree" hieß es 1917 in The Rose Tree – ein psychologischer Zusammenhang zwischen Kathleen ní Houlihan und der Hingabebereitschaft der Aufständischen von Ostern 1916 ist nicht von der Hand zu weisen. Eine direkte Ursache-Folge-Beziehung gab es jedoch nicht, weil der revolutionäre Republikanismus Irlands viel älter war als die Texte von Yeats. Yeats' Theaterstücke sind nur eine Facette des Widerstandswillens, der sich während des 19. Jahrhunderts bis zum Jahr 1916 aufgebaut hatte.

Noch in seinem Alter schrieb Yeats ein Gedicht, in das er Teile eines tanzhaften Volksliedes des 14. Jahrhunderts einfügte:

„I am of Ireland,
And the Holy Land of Ireland,
And time runs on“, cried she.
„Come out of charity,
Come dance with me in Ireland“.
(Yeats 90, 165)

Kathleen ní Houlihan, der Rosenstock als „the garden's pride“, „Come dance with me in Ireland“ – das ist das Allegro spirituoso der neuen irischen Literatur, das durch den Anglo-Iren Yeats – von Geburt her auf der anderen Seite der leidvollen irischen Welterfahrung stehend wie ein Grandseigneur – erklang.

James Joyce hat das „Holy Land of Ireland“ ganz anders als Yeats gesehen. Joyce hat Irland leidvoll erfahren. Der Ire, der von Jesuiten erzogen worden war – „Jugendbildnis des Dichters“ (A Portrait of the Artist as a Young Man, 1916) –, studierte Theologie mit der für ihn logischen Folge, daß er sich von seiner Kirche und von Irland, von dogmatischer und provinzieller Enge löste und auf den Kontinent ging. Darum wird seine Erinnerung heute vor allem in Zürich gepflegt (Joyce Foundation 90).

Stephen Dedalus und Leopold Bloom, die Hauptpersonen im „Ulysses“, kommen aus der irischen, aus der nicht-englischen Armut Dublins. Beide treten an dem einen Tag, an dem „Ulysses“ spielt – am 16. Juni 1904, dem „Bloomsday“ –, eine symbiotische Irrfahrt durch Dublin an (Joyce 92/2). Die Wahl ausgerechnet dieses Tages als zeitlichen Rahmen des „Ulysses“ war auch eine Liebeserklärung an Nora Barnacle: es war der Tag, an dem James Joyce das erste Rendezvous mit seiner späteren Frau hatte (Maddox 90, 65; Joyce 92/1, 11).

Der Roman über die menschliche Irrfahrt eines einzigen Tages, an dem Joyce seit 1914 arbeitete, erschien 1922 in Paris (Joyce 91, 21–29). In Amerika erst 1930 von der Zensur freigegeben, hat der „Ulysses“ in Irland stets die konservativen Gruppen erschreckt. Und dennoch ist der „Ulysses“ das Allegro maestoso, mit dem die moderne irische Literatur endgültig Weltliteratur wurde. Von da an ging es nicht mehr um die nationalistischen und republikanischen Reflexe, auch nicht mehr um die politische Freiheit von London und den seelenzerstörenden Haß gegen alles Englische. Mit dem „Ulysses“ und dem in ihm dargestellten lyrischen Strom des Unbewußten wurde die irische Literatur von den Fesseln des irischen Milieus befreit – jetzt konnten Dubliner Menschen um ihrer selbst willen beschrieben werden.

Anders als Yeats hat Joyce kein Grab in Irland gefunden. James Joyce wurde in Zürich beerdigt.

Die Straßenbahn Nummer 6 fährt von der Bahnhofstraße bis zur Endstation Zoo auf dem Züriberg. Joyce liegt auf dem Friedhof Fluntern, oberhalb des Sees. Vom Grab aus kann der See jedoch nicht gesehen werden. Joycens Grab ist das einzige herausgehobene, zu dem ein Namensschild den Weg weist. Der Rest des Friedhofs Fluntern besteht aus nichtssagenden Abteilungen und Flächen, aus Familiengräbern hier und Urnengräbern da – je nach der Art und Weise, wie man die Toten unter die Erde gebracht hat.

Eine Bronzeplastik. Der sitzende Joyce, wie man ihn von den Photos kennt. Schmales Gesicht, kleinformatige Brille, Zigarette zwischen den Fingern, ein Stöckchen neben sich. Ein offenes Buch, in dessen aufgeschlagenen Seiten drei rote Nelken liegen. Morgen nämlich hat James Joyce Geburtstag.

Im Gras eine Bronzeplatte:

> James Joyce.
> Geboren 2. Februar 1882 in Dublin.
> Gestorben am 13. Januar 1941 in Zürich.
>
> Nora Joyce Barnacle.
> Geboren 25. März 1886 in Galway.
> Gestorben 10. April 1951 in Zürich.
>
> George Joyce.
> Geboren 27. Juli 1905 in Triest.
> Gestorben 12. Juni 1976 in Konstanz.

In Irland, auf der Insel der Kathleen ní Houlihan, hätte es ganz andere Friedhöfe gegeben – nicht nur den Friedhof Glasnevin, auf dem Leopold Bloom im „Ulysses“ den toten Patrick Dignam begraben hilft. Aber die standen für Joyce nicht zur Verfügung, nachdem er der Enge der irischen Gesellschaft für immer den Rücken gekehrt hatte.

Die Literatur Schottlands

Die Oxforder Universitätsbehörden brauchten 1811 nur achtzehn Minuten, um Percy Bysshe Shelley (1792–1822) und seinen Freund Thomas Hogg wegen ihrer gemeinsamen Schrift „The Necessity of Atheism" zu relegieren (Lampedusa 93, 66f.; Frahne 47, 303). Shelley war neunzehn Jahre alt. Bald darauf ging er mit der sechzehnjährigen Harriet Westbrook nach Schottland, um dort nach schottischem Eherecht, das die Ehe Minderjähriger zuließ, zu heiraten. In unstetem Wanderleben zog Shelley dann zwei Jahre lang durch Irland, Wales und den Lake District. Yeats vorwegnehmend legte er 1813 in „Queen Mab" seinen lyrischen Traum von einer irischen Feenkönigin vor, die den Dichter durch die Zeiten trägt, ihm die Sinnlosigkeit der bisherigen Gesellschaftsformen offenbart und für die Zukunft „a happy Earth, reality of Heaven" verheißt.

Shelley war wie William Wordsworth (1770–1850), Lord Byron (1788–1824), John Keats (1795–1821) und viel später W. B. Yeats ein „Chrysostomus" unter den englischschreibenden Dichtern. Er ging 1818 nach Italien, ertrank vier Jahre später bei einem Segelunfall im Golf von Spezia und wurde auf dem römischen Cimitero protestante neben seinem Freund Keats beigesetzt. In Pisa hatte Shelley seine „Ode to the West Wind", in der intensivste Empfindungen mit einfachster, klarster Sprache verbunden waren, geschrieben:

> Heftig aufsprudelnd wird diese Ader 1820 in Pisa mit der *Ode to the West Wind*, die für sich selbst spricht und über die Worte zu verschwenden nicht nur überflüssig, sondern respektlos wäre. (Lampedusa 93, 75)

In Shelleys Imagination türmten sich die Sprachbilder zu einem ästhetischen Wunder auf. Der atlantische Westwind, der das blaue Mittelmeer aus seinen Sommerträumen riß, wurde zu einer Meditation der Hoffnung, zu einem Allegro profètico. Der Westwind machte den Dichter zu einer Lyra, die einem Wald glich, aus dem ein tiefer, herbstlicher Ton erklang. Der Westwind wurde Shelley zur Inspiration, und aus den toten Gedanken entstand für ihn der neue Geist. Der Westwind – eine Trompete der Prophetie, die einen neuen Frühling kündete.

> (...)
> Make me thy lyre, even as the forest is:

What if my leaves are falling like its own!
The tumult of thy mighty harmonies

Will take from both a deep, autumnal tone,
Sweet though in sadness. Be thou, spirit fierce,
My spirit! Be though me, impetuous one!

Drive my dead thoughts over the universe
Like withered leaves to quicken a new birth!
And, by the incantation of this verse,

Scatter, as from an unextinguished hearth
Ashes and sparks, my words among mankind!
Be through my lips to unawakened earth

The trumpet of a prophecy! O, wind,
If Winter comes, can Spring be far behind?
(Speare 68, 140f.)

Höchste sprachliche Begabung, plötzlich aufsteigend, schnell verglühend und dennoch immer weiter strahlend – das galt für Shelley, der unter diesem Tertium comparationis mit Mozart, Burns, Keats, Lord Byron und Vincent van Gogh zu einer Gruppe zusammengeschlossen war. Ihrer aller Werk hatte etwas mit dem Allegro profètico der Kunst zu tun –

Möge durch meine Lippen der unerweckten Erde
die Trompete einer Prophetie entstehen. O Wind,
wenn der Winter kommt – ist der Frühling dann noch fern?

Die „Ode to the West Wind" war im warmen Italien entstanden, nur aus Shelleys Erinnerungsstücken zusammengesetzt. Viel näher bei dem kühlen Schottland vollzog sich das kurze Leben der drei schreibenden Schwestern Charlotte, Emily und Anne Brontë in der ersten Hälfte des 19. Jahrhundert. Ihr armes Dorf Haworth lag in Yorkshire Moor. Vor der Tür des bescheidenen Pfarrhauses war schon eine „schottische" Welt – Heide, baumloses Moor, menschenleere Einsamkeit, eine verarmte Bevölkerung in kleinen hamlets und ein ununterbrochen wehender Wind, beschrieben in „Wuthering Heights" von Emily Brontë (1847). Yorkshire Moor, Lake District, Lowlands, Highlands: wie bei den Landschaftsformen Nordenglands gab es auch einen gleitenden Übergang aus der englischen in die schottische Literatur.

Viele Gedichte Robert Burns' (1759–1796), meistens in Scottish geschrieben, sind der Natur entnommen – „To a Mountain Daisy" (Burns 50, 123–125), „To a Mouse" (ebd. 61f.) – und können schnell in die Satire übergehen („To a Louse, on seeing one on a lady's bonnet at church", ebd. 122f.). Es ist bei Burns aber immer der Mensch, der vor einer Blume oder einem Tier steht, sich an ihnen orientiert und diese Situationen wahrnimmt. Die Ausweitung der Naturbetrachtung in den Bereich tiefer Gefühle hinein fand erst kurz darauf in den Gedichten der englischen Romantiker statt, wobei sich die Themen ähnlich waren. „To a Sky-Lark" und „I Wandered Lonely as a Cloud" bei Wordsworth, bei Shelley „To a Skylark", „The Cloud", „To Night" und „Ode to the West Wind", bei Keats „Ode to a Nightingale" und „To Autumn".

William Wordworth, in Cumberland und Lancashire aufgewachsen und lebenslang dem Lake District verbunden, neigte am stärksten von allen der schottischen Landschaft und Literatur zu. Während einer Reise nach Schottland hatte er sich mit Walter Scott angefreundet (Frahne 47, 347). In „The Solitary Reaper" (Speare 68, 98f.) ging es Wordsworth um das einsam singende Hochlandmädchen – „you solitary Highland Lass" –, dessen traurige Melodie das Tal erfüllt und das als Motiv über ein Jahrhundert später in Hugh MacDiarmids Gedicht „Empty Vessel" aufgegriffen ist. Wer war der schottische Anreger für Wordsworth: Robert Burns oder Walter Scott?

Original schottisch, kernig und leutselig war die Lyrik von Robert Burns (Sager 88, 36–39). Voller Humor griff er die Idyllen im Leben der einfachen Leute auf. Er widmete ihnen auf Bestellung Grabgedichte, Epitaphtexte und manchmal auch rührselige Liebesgedichte, die nicht stets den Ansprüchen der hohen Lyrik entsprachen, dafür aber immer kantabel waren.

Ein Beispiel zum Thema „Liebe überwindet Krieg" ist das Gelegenheitsgedichtchen „There Was a Bonie Lass":

> There was a bonie lass, and a bonie, bonie lass,
> And she lo'ed her bonie laddie dear;
> Till War's loud alarms tore her laddie frae her arms,
> Wi' mony a sigh, and a tear.
> (...)
> (Burns 50, 425)

Burns lebte kirchenfern, und doch war ein Element calvinistisch-asketischer Weltentsagung in seine Gedichte eingegangen, die Regeln der sekundären Sozialisation voll unter Beweis stellend. In elf nachdenklichen Strophen setzte er sich in „Man Was Made to Mourn – A Dirge“ mit dem Thema Tod auseinander (Burns 50, 8–10).

Er wandte sich aber auch mit einem Augenzwinkern den denkwürdigen Folgen eines Todes für die Überlebenden zu.

Epitaph for James Smith

Lament him, Mauchline husbands a',
He aften did assist ye;
For had ye staid hale weeks awa,
Your wives they ne'er had miss'd ye.

Ye Mauchline bairns, as on ye pass
To school in bands togither,
O tread ye lightly on his grass, –
Perhaps he was your father!

(Beklagt ihn, alle Ehemänner in Mauchline:
er half euch oft.
Denn als ihr ganze Wochen weg wart,
vermißten euch eure Frauen nie.

Ihr Kinder von Mauchline, wenn ihr in
Gruppen zur Schule geht,
dann tretet ja nur vorsichtig auf sein Gras –,
vielleicht war er euer Vater.)
(Burns 50, 469; Übersetzung Vogt)

Der Lebenskünstler Burns ließ die dunklen Aspekte dieses Todes schnell hinter sich – und das im calvinistischen Dorf Mauchline bei Ayr. Daß es sich so verhalten hatte, wie in dem Epitaph gesagt, dafür stand Burns gerade, hatte er doch im nahen Mossgiel von 1784 bis 1788 eine Farm bewirtschaftet. Außerdem waren vier Kinder des Dichters auf dem Friedhof von Mauchline beerdigt worden. Robert Burns war immer sachlich und ehrlich. Das war das schottische Erbe, das von John Knox stammte.

Das „Klagelied der Mary, Queen of Scots, beim Herannahen des Frühlings“ (Lament of Mary, Queen of Scots, on the Approach of Spring) ist eins der wichtigsten Gedichte von Robert Burns. Es geht darin nicht mehr um frivole Anzüglichkeiten und um das Gelegenheitsgedicht eines Bauernpoeten. Die Klage der Maria Stuart ist ein inniges Gedicht, in dem die erblühende Natur im Gegensatz zu der Traurigkeit der Königin steht. Die ausführlich geschilderte Schönheit des Frühlings wird durch den Hinweis auf Marias Tod von innen her zersetzt, – das Gedicht des schottischen Nationaldichters.

(...)
Now blooms the lily by the bank,
The primrose down the brae;
The hawthorn's budding in the glen,
And milk-white is the slae:
The meanest hind in fair Scotland
May rove their sweets amang;
But I, the Queen of a' Scotland,
Maun lie in prison strang.
(...)
O! soon, to me, may Summer suns
Nae mair light up the morn!
Nae mair to me the Autumn winds
Wave o'er the yellow corn?
And, in the narrow house of death,
Let Winter round me rave;
And the next flow'rs that deck the Spring,
Bloom on my peaceful grave!

(Jetzt blüht die Lilie am Ufer
und die Primel am Hang.
Im Tal sproßt der Hagedorn,
milchweiß steht die Schlehe.
Der geringste Hirsch im schönen Schottland
darf unter diesen Schönheiten umherstreifen.
Aber ich, die Königin von ganz Schottland,
muß in strenger Gefangenschaft liegen.
[...]
Bald wird die Sommersonne meine
Tage nicht mehr erhellen.
Werden die Herbstwinde für mich
nicht mehr über das gelbe Getreide wehen?
Im engen Haus des Todes soll der
Winter um mich wüten.
Die ersten Blumen, die den Frühling schmücken,
werden auf meinem friedvollen Grab blühen.)
(Burns 50, 202–204; Übersetzung Vogt)

An der Südseite der Princes Street in Edinburgh steht das neugotische Monument für Sir Walter Scott (1771–1832). Walter Scott, der Sohn eines Anwalts in Edinburgh, hatte Robert Burns 1786 gesehen, als dieser nach dem plötzlichen Erfolg seiner „Poems chiefly in Scottish Dialect" aus Ayrshire in die Hauptstadt gekommen war, eine Zeitlang in die dortige Gesellschaft eintauchte und dann wieder in den Südwesten Schottlands zurückkehrte.

Walter Scott trug dazu bei, daß sich die literarischen Stereotypen über Schottland allmählich bildeten – etwa der, daß Schottland das Land war, in dem „lords and ladies" vor Tagesanbruch zur Jagd aufbrechen:

Hunting Song

Waken, lords and ladies gay,
On the mountains dawns the day;
All the jolly chase is here
With hawk and horse and hunting-spear;
Hounds are in their couples yelling,
Hawks are whistling, horns are knelling;
Merrily, merrily mingle they,
Waken, lords and ladies gay.
(...)
(Speare 68, 121)

In großen Versdichtungen wie „The Lady of the Lake" (1810) und „The Lord of the Isles" (1813) malte Scott die Schönheiten der Highlands ab, ehe er mit seinem ersten historischen Roman „Waverley" (1814), der die Jakobitenaufstände von 1745 zum Inhalt hatte, endgültig das Genre wechselte.

Scott war 1792 Anwalt, 1799 Sheriff von Selkirk und 1812 Inhaber der Sinekure eines Sekretärs am Edinburgher Gericht geworden, als welcher er seine Zeit fast ganz dem Schreiben widmen konnte. Noch im gleichen Jahr ließ er sich auf Gut Abbotsford am Tweed nieder. 1820 wurde Scott geadelt. In Abbotsford ging es nur noch um die literarische Produktion: die Vormittage verbrachte Scott am Schreibtisch, dann ritt er aus, und abends war er mit seinen Gästen zusammen, zu denen 1830 auch einmal Felix Mendelssohn Bartholdy gehörte, ohne daß dieser Besuch den Deutschen sonderlich beeindruckt hätte (Frahne 47, 286–289).

Walter Scott war der begabte, gepflegte und seriöse Schriftsteller, der, für den Kopf seiner Leser schreibend, die Stoffe der schottischen und englischen Geschichte in die Weltliteratur einführte. Robert Burns dagegen war der Dichter aller Schotten schlechthin. Man konnte sich in seine Gedichte verlieben, weil Burns selbst liebte, und darum leben seine Gedichte in unsterblichen Liedern weiter.

T. S. Eliot schrieb am 1. August 1919 in der Literaturzeitschrift *The Atheneum*:

Der erste Abschnitt der schottischen Literaturgeschichte ist ein Teil der englischen Literaturgeschichte, als das Englische noch aus mehreren Dialekten bestand. Der zweite Abschnitt ist ein Teil der englischen Literaturgeschichte, als das Englische aus zwei Dialekten bestand – aus Englisch und Scots. Der dritte Abschnitt ist etwas ganz anderes: er ist die Geschichte einer Provinzliteratur. Und viertens kann heutzutage überhaupt keine Trennungslinie zwischen den beiden Literaturen mehr gezogen werden, die irgendwie haltbar wäre. (Dunn 92, XVII; Übersetzung Vogt)

Dieses Fehlurteil über die Bedeutung der schottischen Literatur – und damit des Scottish als Sprache – sei T. S. Eliot als einem nach England renaturalisierten Amerikaner erlaubt, obwohl er in seinem Fehlurteil die großmachtmäßige Mißachtung einer kleinen Sprache zu erkennen gibt, die in den Vereinigten Staaten üblich ist und zugleich auch englischen Einstellungen gegenüber der schottischen Sprache und Kultur entspricht. Sei es aus Ignoranz oder Arroganz gewesen: T. S. Eliot irrte in der Sache.

Die Basis des Scottish (Scots) gegenüber dem Englischen ist schwach, weil beide Sprachen so nah miteinander verwandt sind und die ökonomisch-kulturelle Dominanz des großen England gegenüber dem kleinen Schottland auch dessen Sprache schwächt, zumal eine große Mehrheit in der schottischen Bevölkerung ihre alte angelsächsische Sprache selbst lediglich als Dialekt empfindet. Dabei ist die ausgezehrte Position des Gälischen noch gar nicht berücksichtigt, wenn über die Bewahrung des Scottish nachgedacht wird. Die Sprachensituation in Schottland ist noch komplexer als in Irland. Das Scottish wird zunehmend vom Englischen aufgesogen und auf das Niveau eines unwichtigen Dialekts reduziert, während das Gälische, die uralte keltische Sprache Schottlands, sich nur noch in den westlichen Highlands, auf den Inseln und in einigen Fachbereichen von schottischen Universitäten mit großen Anstrengungen hält.

Hugh MacDiarmid (Christopher Murray Grieve) war ein moderner schottischer Dichter, der in lebenslangem Kampf gegen T. S. Eliots Scenario für eine fünfte Phase des Scottish kämpfte. Hugh MacDiarmid (1892–1978) schrieb für die Wiederbelebung des Scottish und für die Stärkung der kulturellen Identität Schottlands, die ja auch ein Element des schottischen Nationalismus geworden ist. MacDiarmids Vita nahm einen eigenwilligen Weg – zeitweise Kommunist, harter Stalinist und Nähe zu Mussolinis Faschismus. MacDiarmids Lyrik fußte auf einem eklektischen Intellektualismus und schritt, weil ihm die Betonung der Unähnlichkeit (dissimilarity) von Scottish und Englisch zu wenig war, zu einem „synthetischen Scots" (synthetic Scots), zu einem „unübersetzbaren Scots" (quite untranslatable Scots) weiter. (Dunn 92, XVII–XXIII) Die Sprachwissenschaftler werden erst später beurteilen können, ob MacDiarmids Lyrik den ihm so sehr ersehnten Impuls für das Scottish brachte, oder ob sich seine eigenwilligen Texte als nicht vermittelbar erwiesen und am Ende in neutönerischen Untiefen verloren.

Ganz unabhängig von ihrem synthetischen Sprachansatz sind Hugh MacDiarmids Gedichte aussagestark und beeindruckend, wie das folgende Beispiel, das lyrische Metaphern von Robert Burns zitiert, zeigt.

Empty Vessel

I met ayont the cairney
A lass wi' tousie hair
Singin' till a bairnie
That was nae langer there.

Wunds wi' warlds to swing
Dinna sing sae sweet,
The licht that bends owre a'thing
Is less ta'en up wi't.

(Leeres Gefäß
Ich traf auf der anderen Seite des Hügels
ein Mädchen mit ungekämmtem Haar –
einem kleinen Kind zusingend,
das es nicht mehr gab.

Die Winde, die die Welt zum Schwingen bringen,
singen nicht so schön.

Das Licht, das sich über alles breitet,
ist nichts verglichen mit diesem Lied.)
(Dunn 92, 36f.; Übersetzung Vogt)

Die Vorstellungswelt von Robert Burns bildete sich noch deutlicher in der Lyrik William Soutars (1898–1943) ab, ohne dabei den Sprachinterventionen eines „synthetic Scots“ ausgesetzt zu sein. Soutars Gedicht „The Tryst“ (Verabredung) ist ein volksliedhaftes, lebensvolles Liebesgedicht im Stile Burns' oder – zeitgenössischer – Yehuda Amichais.

The Tryst

O luely, luely cam she in
And luely she lay doun:
I kent her be her caller lips
And her breists sae sma' and roun'.

A' thru the nicht we spak nae word
Nor sinder'd bane frae bane:
A' thru the nicht I heard her hert
Gang soundin' wi' my ain.

It was about the waukrife hour
Whan cocks begin to craw
That she smool'd saftly thru the mirk
Afore the day wud daw.

Sae luely, luely, cam she in
Sae luely was she gaen
And wi' her a' my simmer days
Like they had never been.

(Verabredung
Sanft, ganz sanft kam sie herein,
und sanft legte sie sich neben mich.
Ich erkannte sie an ihren kühlen Lippen,
an ihren so kleinen und runden Brüsten.

Die ganze Nacht sprachen wir kein Wort,
lösten unsre Glieder nicht voneinander:
ich hörte die ganze Nacht,
wie ihr Herz mit meinem schlug.

Ganz früh,
die Hähne begannen zu krähen,

schlich sie im Dunklen davon, –
noch bevor der Tag dämmerte.

So sanft wie sie gekommen war,
so sanft ging sie wieder.
Mit ihr alle meine Sommertage,
als wären sie nie gewesen.)
(Dunn 92, 71; Übersetzung Vogt)

Der 1911 geborene Somhairle MacGill-Eain (Sorley MacLean), dessen Gedichte ihrer gedanklichen Kraft nach nur noch mit denen Hugh MacDiarmids vergleichbar sind, schreibt in Gälisch für einen Markt von etwa achtzigtausend potentiellen Lesern (Dunn 92, XXVI–XXX). Er übersetzt seine Gedichte jeweils selbst ins Englische. Oder dichtet Somhairle MacGill-Eain in zwei Sprachen?

Calbharaigh

Chan eil mo shùil air Calbharaigh
no air Betlehem an àigh
ach air cùil ghrod an Glaschu
far bheil an lobhadh fàis,
agus air seòmar an Dùn-èideann,
seòmar bochdainn 's cràidh,
far a bheil an naoidhean creuchdach
ri aonagraich gu bhàs.

(Golgatha
Mein Auge liegt nicht auf Golgatha,
nicht auf Bethlehem, dem gesegneten,
sondern auf einem übelriechenden Hinterhof in Glasgow,
wo das Leben bereits beim Wachsen verrottet,
auf einem winzigen Zimmer in Edinburgh –
einem Zimmer der Armut und der Schmerzen –,
wo das kranke Kind
sich krümmt und wälzt, bis es verreckt.)
(Dunn 92, 120; Übersetzung aus dem Englischen Vogt)

Auch Ian Crichton Smith (geboren 1928) dichtet in gälischer Sprache. Er beschäftigt sich in seinen Texten mit den Überlebenschancen seiner Sprache und derer Lieder.

Gälische Lieder

Ich lausche auf diese Lieder,
gesendet von einer Station in der Großstadt.

Sie gehören zu einem ganz anderen Land,
zu einem ärmeren Himmel,
zu einer Landschaft des Heidekrauts und der Steine.
Sie gehören den Seeleuten,
die in Heimweh und bei Mondschein
ihren Kurs hielten.
Sie gehören den Mädchen,
die im Dämmerlicht die Milch
in Eimern nach Hause trugen.
Sie gehören den bellenden Hunden,
der Mitternacht der Sterne,
der drohenden Gewalt des Meeres,
der Heimatlosigkeit jenseits des Äquators.
Sie gehören dem dünnen Gras,
den runzligen Gesichtern,
den Häusern, die in den Tälern zerfallen,
sie gehören den spiegelnden Fischen,
mitgebracht vom Fang.

Jetzt sind sie wie aus Glas,
dauern nur einen Augenblick
zwischen zwei Programmen,
die sie rücksichtslos einschnüren
zwischen zwei Dunkelheiten.

Shall Gaelic Die? (Wird das Gälische sterben?)

1
Ein Bild besitzt keine Grammatik. Es ist nicht schlecht, nicht gut. Es hat nur Farbe – vielleicht Orange oder Malve. Kann Picasso einen Minister verändern? Hielt er schon eine Predigt für einen Bullen?
Entstand aus seinem Pinsel ein Himmel? Wer sah eine Kirche, die orange ist?
In einer Welt der Bilder, in einer Welt ohne Sprache – würde sich der Geist nicht verirren, verloren unter den Gegenständen?

2
Leuchtreklamen in Neon, aufscheinend, verlöschend:
„Wird es ... wird es ... Wird das Gälische ... wird es ... wird das Gälische ... sterben?“
(Dunn 92, 264f., 262f.; Übersetzung aus dem Englischen Vogt)

Die schottische Lyrik nimmt mit den „Elegien“ von Douglas Dunn einen wichtigen Platz in der englischen Literatur ein, ohne daß die

Frage nach dem Überleben des Scottish und des Gälischen dabei noch eine Rolle spielte. Douglas Dunn, 1942 in Glasgow geboren, war Bibliothekar und freier Schriftsteller, ehe er 1991 Professor für englische Literatur an der Universität St. Andrews wurde. In seinen „Elegies" (1985) setzte sich Dunn mit dem Krebstod seiner Frau im Jahr 1981 auseinander.

Die Elegien waren eine seit dem 16. Jahrhundert in der englischen – und später amerikanischen – Dichtung gepflegte Gattung der reflektierenden Klage und der Trauer, die keine strenge Form einhielt. John Donne (1573–1631) ermahnt zu einem stillen, unaufgeregten Sterben:

> As virtuous men pass mildly away,
> and whisper to their souls, to go ...
> So let us melt and make no noise ...
>
> (Weil tugendhafte Menschen sanft verscheiden
> und ihrer Seele zuflüstern zu gehen, ...
> so laßt uns selbst einfach dahinschmelzen und keinen Lärm machen.)
> (Donne 86, 84)

Bei Robert Burns wird der Tod zum besten Freund:

> ... the poor man's dearest friend,
> the kindest and the best ...
> (Burns 50, 10)

Das Sterben ist für die amerikanische Lyrikerin Emily Dickinson (1830–1886) ein einfaches Geschehen –

> She died, – this was the way she died;
> And when her breath was done,
> Took up her simple wardrobe
> And started for the sun.
>
> (Sie starb – das war ihre Art zu sterben.
> Als ihr Atem aufhörte,
> nahm sie ihr schlichtes Gehäuse
> und brach zur Sonne auf.)
> (Dickinson 82, 202)

Es ist ein unspektakulärer Vorgang, bei dem der Tod den müden Wanderer in seinen Wagen einsteigen läßt:

Because I could not stop for Death,
He kindly stopped for me;
The carriage held just ourselves
And Immortality.

(Weil ich nicht für den Tod stehen blieb,
hielt er fürsorglich für mich an.
Sein Wagen beförderte nur uns zwei
und die Unsterblichkeit.)
(Dickinson 92, 199)

In Walt Whitmans „When Lilacs Last in the Dooryard Bloom'd", seiner mitreißenden Elegie auf den Tod Abraham Lincolns, wird der Tod als die „dunkle Mutter" herzugebeten, der Todeshymnus schlägt um in ein Liebeslied:

Come lovely and soothing death,
Undulate round the world, serenely arriving ...
(...)
Dark mother always gliding near with soft feet ...
(...)
Approach strong deliveress,
When it is so, when thou hast taken them I joyously sing the dead ...

(Komm, lieblicher und ruhebringender Tod,
umwoge die Welt, heiter daherkommend ...
Dunkle Mutter Tod, die stets mit leisem Fuß herantritt ...
Komm heran, starke Befreierin (oder: Gebärerin),
wenn es so ist, wenn du sie zu dir genommen hast,
dann besing ich voll Freude die Toten ...)
(Whitman 90, 269)

Von dieser starken Tradition, über den Tod zu sprechen, mußte sich Douglas Dunn abgrenzen. Dunns „Elegies" wenden sich gegen den – auch bei Rilke vorhandenen – Versuch, den Tod als Geschehen zu deuten, dem der Mensch stoisch-abgeklärt und sogar heiter gegenüberstehen kann. Die Sprache verschleiert nicht mehr Dunns Hilflosigkeit im Angesicht des Todes. Sie wird sachlich und schnörkellos. Die Krankheit, die Angst, die Trauer vor und nach dem Sterben sind beim Namen genannt. Innerhalb der literarischen Tradition der Elegien gelingen Douglas Dunn würdevolle Gedichte, weil er Pathos durch nüchterne Ehrlichkeit ersetzt.

Dreizehn Treppenstufen und der 13. März

Sie saß in ihren Kissen und empfing die Gäste.
Ich brachte Tee und Sherry wie ein Butler,
auf und ab die dreizehn Stufen aus der Teeküche.
Mir gingen die Vasen aus.

Mehr als einer kam wieder herunter und sagte:
„Ihr Zimmer ist so heiter. Sie hat keine Angst."
Selbst Alpenveilchen und Lilien hörten zu.
Ihre treue Ehrerweisung staute die Wahrheit zurück.

Die Klingel, Einkaufen, Reinigung, Post, das Telefon,
und sechsundzwanzig Stufen die Treppe hoch,
von der Haustür zum Bett. Die Unglückszahl
dreizehn gleich zweimal in meinem hohen Haus.

Besucher gleich drei-, vier-, fünfmal am Tag.
Die geweinte Erschöpfung über den Tellern und Tassen
trocknete mein Selbstmitleid aus in dieser Zeit des Schmerzes
vor dem eigentlichen Schmerz. Wieder Blumen, und keine Vasen mehr da.

Tee, Sherry, Biskuit, Kuchen und Whisky für die Schwachen.
Droben kämpfte sie mit verhaltenem Unwillen gegen den Tod –
„Ich muß da durch!" –,
lehnte Schmerzmittel ab, um klar zu bleiben.

Ein paar saßen unten, in einem Taschentuch
das Schluchzen verdrängend, ehe sie hinaufstiegen.
Sie kamen herunter: keine Angst mehr vor dem Sterben.
„Ihr Zimmer ist so heiter. Sie hat keine Angst."

Rund um die Uhr auf den Beinen,
nur die Küsse und Gespräche hielten mich aufrecht.
In diesen Stunden, das Telefon abgestellt,
dachten wir bei Kerzen an unser Leben.

John und Stuart brachten ihre Bilder für eine
Wanderausstellung. Schon sterbend,
schied sie einige aus, stimmte anderen zu –
Künstlerin, Kuratorin bis zuletzt,

gewissenhaft bis zum Schluß. Sie stellte Listen zusammen,
machte Vermächtnisse, gab Sachen weg. Mein Herz wollte brechen.
Die Freundinnen halfen ihr beim Ordnen,
eine Verschwörung der Frauen.

Nachts lag ich neben ihr, in diesen einzigartigen Stunden.
Im Flackern der Kerzen entstanden Geheimnisse:
Vögel, Flugzeuge, unsere Finger wurden zu Hasen an der Wand.
Warme, erotische Flamme des Kerzenlichts.

Traurig? Ja. Aber es war auch schön.
Auf einmal eine Welt der Stille. Die Zeit führte
ihren Hund aus an den niedrigen Mauern mit den Büschen.
Das Unaussprechbare jenseits der Worte und der Musik.

Ich sollte ihren Ehering tragen.
Er würde nicht mal am kleinen Finger passen,
ging nicht über das erste Glied. Ich verstand.
Ihre Finger waren dünn geworden, und ihre Ringe rutschten runter.

Beerdigung. Danach hatte ich sie alle zu Tee und Sherry
im „Newland Park". Sie lobten meine Geste.
Für mich: eine Situation voll Ironie, letztmals
ein verrücktes Dankeschön für ihre Treue.
(Dunn 91, 16. 18; Übersetzung Vogt)

6. Die Spiritualität des keltischen Raums

„Spiritualität" ist ein vielbemühtes Wort, wenn es darum geht, den unverwechselbaren Charakter des keltischen Raums in einen Begriff zu fassen. Immer wieder werden in erbaulichen Veröffentlichungen, die sich meditativ nennen, frühe christliche Texte aus Irland vorgelegt. Unkritisch und undifferenziert – sie werden allemal als Beweise für eine unscharf bleibende „keltische Spiritualität" herangezogen. Dabei können solche Texte mit alten – und richtigen – Gottes- und Lebensweisheiten mit einigem Geschick auch in ganz anderen kulturellen Zusammenhängen gefunden werden, die mit dem keltischen Raum überhaupt nichts zu tun haben.

Wenn es eine spezifische Spiritualität des keltischen Raums gibt, wovon hier ausgegangen wird, dann hat sie nichts mit den naiv-erbaulichen, religiös rückgekoppelten „keltischen" Spruchweisheiten, die auf dem Niveau des Poesiealbums verharren, zu tun. Selbst die seriöse Literatur ist nicht frei von der Gefahr, mystisch-wabernde Geschichten zu erfinden und zum Schaden für die wahre Spiritualität des keltischen Raumes als „irisch" auszugeben. So mündet beispielsweise die Geschichte „Der Mönch Benda" von Marie Luise Kaschnitz (Kaschnitz 60) – eine legendenhafte Erzählung um einen einfältigen irischen Mönch, der zeitlebens verspottet wurde und erst im Tod zur Erfüllung seiner geistlichen Berufung kommt – unwiderlegbar ein in die Sorte von Literaturproduktion, die schlecht und erbaulich, aber auf keinen Fall „irisch" ist.

Die geradezu inflationär herauskommenden Reiseführer für den keltischen Raum haben sich bereits, geschäftstüchtig den Neigungen der Leute folgend, des Begriffs der Spiritualität und eines neokeltischen Gedankenguts bemächtigt (Weißmann 91, 116–125; Russell 92). Sie setzen dabei eine lange keltizistische Traditionslinie fort, die auch Rudolf Steiner beeinflußte, wie er seinerseits von ihr beeinflußt wurde (Steiner 80, 271–289; Steiner 87, 103–115; Vorträge am 10. September und 7. Dezember 1923).

Wir wollen feststellen, ob es trotz des Mißbrauchs, der mit der Spiritualität des keltischen Raums getrieben wird, und im Rücken von England, das wie ein unscharf machender Filter vor dem keltischen Raum liegt, etwas gebe, was sich unter diesem Begriff zusammenfassen läßt. Beckett hat nicht nur in einem historischen Sinn recht:

> In der Vergangenheit kam nahezu jeder wichtige Einfluß, der Irland vom Kontinent aus erreichte, durch den Filter England. (Beckett 71, 1f.)

Der St. Galler Mönch Ermenrich wußte schon im 9. Jahrhundert:

> Ich glaube, wir dürfen nicht schweigen von der Insel Irland, die zwischen Spanien und Britannien liegt; denn von dort ist uns ein Strahl großen Lichtes gekommen –.

War das schon ein früher Fingerzeig auf eine keltische Spiritualität, nicht ganz unparteiisch und aus einem iroschottischen Kloster heraus vorgetragen?

George Bernard Shaw nannt Irland einmal die „Insel der Heiligen“:

> „Die Insel der Heiligen“ ist keine inhaltsleere Phrase. Religiöser Genius ist eins unserer hervorragenden nationalen Produkte, und Irland ist kein schlechter Fels, um auf ihm eine Kirche zu erbauen. Heilig und schön ist die Seele des katholischen Irland: seine Gebete sind lieblicher als die Klauen und Zähne des Protestantismus, aber nicht so wirkungsvoll im Umgang mit den Engländern. (Shaw 84, 27; Übersetzung Vogt)

War diese verständnisvolle, beinahe liebevolle Einlassung auf das katholische Irland die Bestätigung seiner Spiritualität, die selbst den Sarkasten Shaw erfaßt hatte?

Der Glaube der Londoner Kellnerin, die sich auf der nächtlichen Überfahrt von Liverpool nach Dublin mit dem Priester unterhielt, war ganz unirisch zerbrochen:

> Ein Streichholz flammte unter der grün-grauen Reisedecke auf, ein scharfes Profil wurde für wenige Sekunden sichtbar.
>
> „Ich glaube nicht an Gott“, sagte die zarte klare Stimme, „nein, ich glaube nicht an Gott – warum sollte ich da nicht Priester und Whisky (nein, Whiskey hätte Böll schreiben müssen, denn es spricht eine Irin, keine Schottin!), Nonnen und Biskuits in einem Atem nennen; ich glaube auch nicht an Kath-

leen ni Houlihan, an dieses Märchenirland ... Ich war Kellnerin in London, zwei Jahre lang: ich hab' gesehen, wieviel leichte Mädchen ..."

„Mein Kind", sagte der Priester leise.

„... wieviel leichte Mädchen Kathleen ni Houlihan nach London geliefert hat; die Insel der Heiligen."

„Mein Kind.!"

„So nannte mich auch der Pfarrer zu Hause: mein Kind ... Er kam mit dem Fahrrad, einen weiten Weg, um uns sonntags die Messe zu lesen, aber auch er konnte nichts dagegen tun, daß Kathleen ni Houlihan ihr Kostbarstes exportierte: ihre Kinder. Gehen Sie nach Connemara, Father – soviel schöne Landschaft auf einmal, mit so wenig Menschen drin, haben Sie sicher noch nicht gesehen; vielleicht lesen Sie einmal eine Messe bei uns, dann sehen Sie mich sonntags fromm in der Kirche knien."
(Böll, Irisches Tagebuch, Ankunft I)

Aber was ist denn mit der Spiritualität, die aus dem keltischen Raum kommt, gemeint, wenn sie nicht ein anderes Wort für erbauliche Belanglosigkeit bleiben soll? Es ist schwer in einem einzigen, flächigen Begriff die vielen Konnotationen eines komplexen Sachverhalts zusammenzufassen. Ganz sicher ist, daß diese Spiritualität nicht zu reduzieren ist auf ein christliches Phänomen. Die Irrwege der mit den Kirchen verbundenen Geschichte lassen nicht zu, die im keltischen Raum erahnbare Spiritualität christlich zu vereinnahmen – die Kirchen sind im keltischen Raum ebenso kritikwürdig wie andernorts auch. Auf der anderen Seite darf die Spiritualität, nach der hier gefragt wird, auch nicht keltizistisch vereinnahmt werden – gerade so als warte jenseits der Fehlsamkeiten der christlichen Geschichte eine keltische „Anderswelt" aus Wahrheit und Harmonie. Diese Form der Schwarmgeisterei haben die Menschen im keltischen Raum nicht verdient.

Die im keltischen Raum in Erscheinung tretende Spiritualität – von den Menschen zustimmend ergriffen und kritisch geprüft – steht allerdings auch nicht im Gegensatz zum christlichen Denken (Bryce 89; Allchin – de Waal 88, IX–XV; de Waal 90), denn sonst hätten Schottland den starren Ernst der Presbyterianer und Irland den dogmatischen Moralismus der katholischen Kirche nicht ertragen. Auf der Suche nach der Spiritualität des keltischen Raums halten wir uns am besten an die Beispiele, weil emotionale, psychologische und anthropologische Dinge nur konkret wahr sind.

Die Studenten der Universität St. Andrews hatten einmal diesen Song, mit einem Rest von Scottish und zur Melodie eines Kirchenliedes zu singen, in ihrem Liederheft:

The Presbyterian Cat

There was a Presbyterian cat
Went searching for her prey,
She foond a moose within the hoose
Upon the Sawbath day.

The people all were horrified,
And they were grieved sair;
And straightway led that wicked cat
Before the ministair.

The ministair was horrified
And unto her did say:
„O, naughty cat, to catch a moose
Upon the Sawbath day."

„The Sawbath's been, frae days of yore,
An institution."
So they straightway led that wicked cat
To execution.

(Es gab 'mal eine presbyterianische Katze,
die nach Beute suchte.
Sie fand eine Maus, im Haus,
am Sawbath Day.

Alle Leute waren erschüttert
und hochbetrübt.
Schnurstracks brachten sie die verfluchte Katze
zum Ministair.

Der Ministair war auch erschüttert
und sprach zu ihr:
„Du nichtswürdige Katze – am
Sawbath Day eine Maus zu fangen …"

„Der Sawbath war seit ältesten Zeiten
eine geheiligte Institution."
Also führten sie diese verfluchte Katze
zur Hinrichtung.)
(Song Book 58, 12; Übersetzung Vogt)

So elegant-ironisch das Lied ist, so tief führt es auch in die schottisch-presbyterianische Kultur hinein. Das Volk in Gemeinschaft mit seinem Pfarrer hält den *Sabbath Day*, setzt in rechtsförmigem Verfahren eine ideologisch verhärtete Glaubensposition gegen das wirkliche Leben durch und greift zur Abwehr eines weiteren moralischen Verfalls auf ein Exekutionsmuster der Reformationszeit zurück – die „presbyterian cat", das arme Tier, wird ertränkt. Das Lied greift das Thema der Sonntagsheiligung auf, die im presbyterianischen Schottland immer eine wichtige Rolle spielte.

Die calvinistische Theologie entnahm die rigide Praxis der Sonntagsheiligung dem Alten Testament, in dem ja der Sabbat als Ruhetag nach dem sechstägigen Schöpfungswerk Gottes für das Volk Israel angeordnet war. Die schottische Theologie war so konsequent, daß sie den Sonntag, der nach allgemein-christlicher Vorstellung der erste Wochentag ist, durch den alttestamentlichen Sabbat, den Sabbath Day (im Studentenlied: Sawbath Day), ersetzte und zum letzten Wochentag machte. In einem bedeutenden Reiseführer wurde konsequenterweise britisch-zurückhaltend auf mögliche Widrigkeiten am Sabbath Day hingewiesen:

> Der schottische Sonntag ist, obwohl er schon lange nicht mehr so ernst begangen wird wie früher, immer noch ein stiller Tag, und die Reisenden müssen auf eine Einschränkung ihrer Aktivitäten vorbereitet sein (must be prepared for a relaxation in their activivities). (Muirhead 59, LIII; Übersetzung Vogt)

Die Züge und die Schiffe verkehrten nicht am Sonntag – pardon: am Sabbath Day –, und die Reiseseiten kontinentaler Zeitungen mausern sich angesichts dieses Problems oft zu feuilletonistischen Glanzstücken. So schrieb Peter Born einmal in der „Neuen Zürcher Zeitung" über die Situation auf North Uist, Benbecula und South Uist:

> Als öffentliches Verkehrsmittel gibt es einen Bus, der fährt ein- bis höchstens dreimal täglich, ausgenommen Sonntag selbstverständlich. An Sonntagen fährt auf den Äußeren Hebriden kein Schiff, kein Bus, startet kein Flugzeug, erhält man nirgends Benzin oder Whisky. Sonntage sind Nichttage. Hin und wieder sieht man Parolen, die zur strikten Einhaltung der heiligen Sabbatruhe auffordern und gleichzeitig alles sündhafte Weltliche verdammen. Nun,

wir haben die schottischen Sonntage überlebt. (Neue Zürcher Zeitung, 20./21. Mai 1982, 36)

Die strikte Sonntagsheiligung gilt vor allem auf den nördlichen Inseln der Äußeren Hebriden, die calvinistisch sind (Cooper 77, 15–25). Sie gilt nicht ganz so streng auf den südlichen Inseln Barra, South Uist und Benbecula, deren Bevölkerung durch die Reformationszeit hindurch katholisch blieb und eine unkompliziertere Art besitzt, den Sonntag zu verleben. Von Benbecula aus brach am 28. Juni 1746 der geschlagene Bonnie Prince Charlie im Boot der Flora Macdonald nach Skye auf, um von dort auf gefährlichen Umwegen nach Frankreich zu flüchten.

An einsamen Stellen finden sich manchmal Hinweisschilder, die zur gewissenhaften Einhaltung des Sabbath Day auffordern (Abbildung 5). Sonntags gibt es keine Dienstleistungen. Geschäfte und Restaurants sind geschlossen. Es fällt schwer, eine warme Mahlzeit zu bekommen. In den kleinen Dörfern auf Lewis und Harris kommt es vor, daß am Sonnabend die Zigarettenautomaten geleert werden – Sabbatruhe auch für die Raucherlungen. Ein ehrwürdiger „ministair" der Free Church of Scotland, einer auf den Hebriden starken radikal-konservativen Abspaltung von der Church of Scotland (Free Church Year Book 92, 5; Steel 79, 92–110), hat in den sechziger Jahren in zündenden gälischen Predigten dagegen polemisiert, daß der Prince of Edinburgh sonntags Pferdepolo spiele, statt in der Kirche zu sein. Die lebensvollen Themenpredigten, welche die heiligen Puritaner der Äußeren Hebriden gegen das Königshaus schleudern, haben sich vermehrt, weil die Royals in Verbindung mit der Londoner Regenbogenpresse immer neue Denkanstöße für die frommen Moralisten liefern.

Aus der Lehre der Free Church of Scotland, leicht despektierlich auch „Wee Frees" genannt, folgte zwingend, daß ihr Reverend Angus Smith 1967 die Insel Skye alkoholfrei, „dry", machen wollte und dabei nur knapp scheiterte. Einem Schulleiter hatte derselbe Angus Smith einmal die Kommunion verweigert, weil er an einem Burns Night Supper teilgenommen hatte. Die Nähe dieses moralischen Rigorismus zu dem ins Politische gewendeten demagogischen Presbyterianismus eines Ian Paisley in Belfast ist mit Händen zu greifen.

Natürlich ist der ultra-presbyterianische Radikalismus im Land des Whiskys nicht jedermanns Sache, was auch das Motiv für einen alten Witz im „Punch" abgab:

Matrose: Mann über Bord.
Kapitän: Wer ist es?
Matrose: Es ist der Pfarrer.
Kapitän: Welche Kirche?
Matrose: Free Church.
Kapitän: Alle Kraft voraus!
(Cooper 77, 19)

Was früher einmal für ganz Schottland galt, gilt heute nur noch für einen bestimmten Teil der Äußeren Hebriden. Die konservativen Abspaltungen von der Church of Scotland, zu denen die Wee Frees gehören, haben die puritanisch-radikalen theologischen und ethischen Positionen an sich gebunden, während die moderne Church of Scotland sich zu einer liberalen Kirche weiterentwickelt hat. Die allgemeine Modernisierung der schottischen Gesellschaft führte gleichzeitig dazu, daß sich das traditionelle rigoristische Milieu an die Ränder Schottlands zurückzog. Das heißt für die rigide Sonntagsheiligung: nur noch an der Westküste und auf den Äußeren Hebriden kämpfen die Menschen politisch für den Sabbath Day. Auf der Isle of Lewis ist außerhalb der Kirchengemeinden die „Lord's Day Observance Society" (Cooper 77, 19) tätig, die das Regionalparlament Comhairle nan Eilean (Western Isles Islands Council) zu einer konservativen Politik in der Sonntagsfrage anhält. (Vgl. „Sabbath I" bei Ausländer 93, 45f.)

Der erklärte Wille der Inselbevölkerung, den Sabbath Day zu bewahren, ist schon seit vielen Jahren in die Defensive geraten, weil bedeutende wirtschaftliche Veränderungen außerhalb des hebridischen Raums ausgelöst wurden. In der Vergangenheit war die Glasgower Schiffahrtslinie MacBrayne ein schottischer Mythos, über den schon die Schulkinder reimten:

The Earth belongeth to the Lord
and all that it contains,
excepting for the Hebrides,
for they are all MacBrayne's.

MacBrayne war die Reederei, die – wie alle wußten – die Inseln seit Menschengedenken mit dem Festland und untereinander verbunden hatte. Ohne MacBrayne gab es in Westschottland schlechterdings keine Verkehrsmöglichkeiten über das Meer, wobei der Sabbath Day bei allen Beteiligten als sakrosankt galt.

In den sechziger Jahren führten ein stärkeres Passagier- und Güteraufkommen, der Einsatz größerer Schiffe und höhere Gewinnabsichten der Reederei zu Plänen, die Routen zu den Inseln auch sonntags befahren zu lassen. Im Jahr 1965 wurden an den Sonntagen die Fährfahrten nach der Isle of Skye, die unmittelbar vor der Küste liegt, gegen den großen Widerstand der Bevölkerung aufgenommen.

Nach einer langen Beruhigungsphase war es dann 1989 soweit, daß Caledonian MacBrayne, wie die Reederei inzwischen wohlklingend hieß, zum Sonntagssprung auf die Äußeren Hebriden ansetzte und Schiffe von Uig (Skye) nach Lochmaddy auf North Uist verkehren ließ. Proteste, Hafenblockaden in Lochmaddy und administrative Interventionen des Inselparlaments Comhairle nach Eilean konnten die Sonntagsfähre nach North Uist nicht verhindern: „Comhairle loses battle against Sunday ferries“ titelte die *Stornoway Gazette* am 1. Juli 1989.

Weil die Inselleute jetzt fürchten mußten, daß Caledonian MacBrayne als nächstes auch die Sonntagsschiffe zu den noch verbliebenen Inseln verkehren lassen werde, massierte sich der Widerstand auf Harris und Lewis. Die *Stornoway Gazette* artikulierte die allgemeine Stimmung:

> Laßt sie nicht denken, daß wir ihnen jemals vergessen, was sie tun und wie sie es tun. Cal Mac – einstmals der Freund aller Inselbewohner, hat das Vertrauen betrogen, das die Inselleute viele Generationen lang in sie gesetzt haben. (Stornoway Gazette, 14. September 1990)

Im Sommer 1990 ermittelten die Umfragen von Zeitungen und BBC, daß in Lewis und Harris zwei Drittel der Bevölkerung gegen die Sonntagsfähren waren (Times, 15. September 1990, 3). Es mag sein, daß diese überwältigende Ablehnung Caledonian MacBrayne einstweilen veranlaßte, die für das Frühjahr 1991 angekündigten Sonntagsfähren nach Lewis und Harris doch nicht einzusetzen. Die angedrohte Entschlossenheit, den Kampf für den Sabbath Day zum Endkampf gegen die böse Welt, die in der Gestalt von MacBrayne ihre Hand nach den frommen Inseln ausstreckt, zu machen, ließ erst einmal Ruhe einkehren. Die Manager fürchteten die negative Publizität und setzten auf Zeitgewinn, wie ja schon zwischen 1965, als die ersten Sonntagsfähren nach Skye kamen, und 1989, als North Uist erstmals sonntags angelaufen wurde, eine ganze Generation verstrich.

Von Comhairle nan Eilean war im Sommer 1993 zu erfahren, daß Caledonian MacBrayne ihre Absicht, sonntags auch Harris und Lewis anzulaufen, aufrechterhielten. Die „Suilven“, die von Ullapool auf dem Festland nach Stornoway verkehre, solle in einigen Jahren durch ein neues und schnelleres Schiff ersetzt werden, so daß sich die Frage der Sonntagsfähre dann wieder stellen werde.

Ein „ministair“ der Free Church schrieb triumphierend: „Yes, the islanders by God's grace successfully resisted MacBrayne.“ Er wird sich allerdings, was die Zukunft des Fährverkehrs angeht, geirrt haben. Es wird nur ein paar Jahre länger dauern, bis Cal Mac auch die letzte Festung des schottischen Sabbatarianismus geschleift haben wird.

Im Studentenlied aus St. Andrews erschien der Sabbath Day als eine gegen die Natur gerichtete religiöse Veranstaltung – die arme Katze wurde ertränkt. Richtig, und dennoch hat der Sabbath Day sehr viel mit der Spiritualität zu tun. Die Menschen auf den Inseln fühlen sich einer uralten Tradition verpflichtet, die wir getrost als unzeitgemäß, unpraktisch, gesetzlich und als theologisch nicht zu rechtfertigen ansehen dürfen, weil es sich auch so verhält. Und dennoch kann die angemessene Reaktion darauf nicht die modernistische, rechthaberische Kritik und die Firmenpolitik von Caledonian MacBrayne sein.

Wer einen Sonntag auf Lewis erlebt, erfährt Ungewohntes. Wir nehmen eine große Stille wahr, die etwas mit der Mystik der Einsamkeit, mit der Kultur der Einsamkeit zu tun hat. Menschen werden uns zeitgleich, die aus ihren kulturellen Wurzeln Anleitung für ein bescheidenes Leben gewinnen, aus dem schon viele in die Städte weggegangen sind. Wir lernen Menschen kennen, die am Sonntag in ihren Versammlungsstätten die gälischen Psalmen singen, Kinder unterrichten, miteinander sprechen und gemeinsam über die Welt nachdenken. Indem sie in ihren Versammlungen und zu Hause miteinander sprechen, leisten sie einen wichtigen Beitrag zur Bewahrung des Gälischen (The Scotsman, 3. August 1979, 8). Sie verhalten sich so, wie sich chassidische Juden in Jerusalem und Amisch in Pennsylvania auch verhalten: sie leben gegen den Strom der Welt und wollen sich ihre Überzeugungen nicht zerbrechen lassen.

Diese hebridische Spiritualität verdient Anerkennung, weil sie in Tiefen hinabführt, zu denen der Zugang ansonsten verschüttet ist. Sabbath Day – ein singuläres kulturelles Phänomen an entlegenem Ort, aber auch der Blick auf Menschen, die aus ihren Wurzeln leben und in ihren Gemeinden eine spirituelle Mitte bewahren. Der Sabbat bedeutete nie die Knebelung der Menschen. Der Sabbat war von Anfang an der Tag der Freiheit des Volkes, der Tag der Freude und der Errettung. Welch eine herbe Spiritualität der Wee Frees –.

Sollen wir also, weil das alles so weit entfernt liegt vom *common sense*, doch besser zu der aufgeklärten Ironie der Reiseführer zurückkehren?

Ein Sonntag auf Lewis ist so trostlos wie zehn Sonntage auf dem Festland. Es fängt damit an, daß die Sonne scheint und kein Mensch sich draußen blicken läßt. Die Felder leer, die Straßen totenstill. Es ist wie bei einem Giftgasalarm, es ist Sonntag. (...) Wer sonntags Auto fährt, ist Tourist oder gottlos. (Sager 88, 370)

Angst vor der Stille – oder könnte es beim Sabbath Day doch um etwas Vernünftiges gehen, was auch dem Fremden einleuchtet?

Zu hören, wie der Gesang eines gälischen Psalms durch die Stille eines hebridischen Sabbath-Abends getragen wird, ist eine unvergeßliche Erfahrung. Sie bringt den Hörer beinahe zu den Anfängen der gälischen Musik zurück. (Rotary Club of Stornoway 89, 28; Übersetzung Vogt)

Ob Bill Brandts Photographien von Skye – nur noch in abgestuften Schwarz- und Grautönen und von aller Farbe befreit (Brandt 86, Tafeln 5, 38, 40) – und Paul Strands Bilder von den Äußeren Hebriden (Abbildungen 2 und 3) in die herbe Spiritualität des keltischen Raumes hineinziehen können?

Wie verhalten sich überhaupt Spiritualität und Aura zueinander? Könnte die Aura ein Wesensteil der einsamen und entlegenen Landschaften sein, in Liedern, in Gedichten, in Literatur Ausdruck findend und sich in ihnen zu Symbolen verdichtend? Könnte die Aura des keltischen Raumes das Wesenhafte von Landschaften sein, das in photographische Bilder eingeht und auf vergilbten Postkarten und auf alten Kalenderblättern zeitlos wiedererkannt wird? Gehen wir davon aus, daß die Spiritualität ein Teil der Aura sei –. Sie wäre dann ein Phänomen, welches die Emotionen, die Seele affiziert. Wenn die Spiritualität des keltischen Raums den für die Reflexion, für die Meditation offenen Bereich in uns anspricht, dann spricht sie auch die Schicht in uns an, in der die religiösen Vorstellungen wurzeln.

Die Spiritualität hat reflektive, meditative und religiöse Wertigkeit. In jeder ihrer drei Erscheinungsweisen regt die Spiritualität zu gleichen Ergebnissen an. Menschen beginnen, sich neu zu verstehen. Sie werden ihrer selbst inne. Sie kommen auf längst vergessene Gedanken zurück. Angeleitet durch die Spiritualität lernen Menschen, innerhalb der Grenzen ihrer sterblichen Existenz zu leben. Was können wir mehr von dem Kulturraum, den wir den keltischen Raum nennen, verlangen?

Regen, Nebel und abweisende Berge sind Metaphern für die Aura des keltischen Raums. Namen können zu Symbolen der Einsamkeit werden. Mayo unter literarischer Beteiligung Bölls, die Hebriden, Wester Ross und Ardnamurchan in Schottland (Ardnamurchan 81, 1; Bild 7).

Die Impressionen sind nur wahr, wenn sie konkret sind. Der Regen in Mayo ist konkret, wenn er die Torfbrocken durchnäßt, die am Tag zuvor gestochen wurden. In der kahlen Landschaft zwischen Ballycroy und Bangor zaust der Wind das ewiggrüne Gras, das am Straßenrand wächst. In die Weite verstreut kleine Häuser, ohne daß Menschen zu sehen sind. Kein hebridischer Sabbath Day ist nötig, um das Land leer erscheinen zu lassen.

Wie auf den hebridischen Inseln: auch in Mayo kämpfen die Menschen gegen die arme Natur. Wie auf den „Hebrides“: dieser Kampf bringt weder Ruhm noch Reichtum. Zu beiden gehört eine Aura ohne strahlenden Glanz. Geduldet ist nur das beharrliche, zähe Festklammern am kargen Land.

Mayo – eine Erinnerung an den Tod, an den der anderen und an den eigenen. Das ist eine Lebensschule in asketischer Bescheidenheit. Die Ansprüche der Menschen an das Leben sind gering. Ihre Gedanken gehen häufiger in die Vergangenheit als in die Zukunft. Das Auge sieht ohne die Sonne nur noch Grautöne. Die Berge stecken im Nebel – oder sind es bereits die Wolken? Die kleinen Lämmer rennen als erste weg, bedächtiger folgen ihnen die Mütter.

Die Impressionen und die Wirklichkeiten gehen ineinander über. Im Norden Schottlands und in Mayo findet die stets gleiche Gewöhnung an die Leere und an die Einsamkeit statt. Die Menschen aus den Stadtregionen geraten an den Rändern Schottlands und Irlands an den Rand ihrer bisherigen Selbsterfahrung. Ein ärmer und einfacher verlaufendes Leben wird vorstellbar, weil es hier sichtbar ist. Sinnfragen tauchen auf, und neue Fragen stellen sich ein. Von Connemara bis Mayo, von Ardnamurchan bis Lewis ist die Armut anwesend. Nur wegen der kleinen Zahl der Betroffenen ist sie dem Besucherblick kaum wahrnehmbar. Diese Armut löst Impulse aus, sie zu minimalisieren und romantisch zu verklären. Die Aura des Landes darf aber nicht von der genauen Beobachtung der Armut, auf der sie aufbaut, entbinden. Die Impressionen am keltischen Rand Europas sind nur wahr, wenn sie nicht schöngefärbt werden.

Die Impressionen sollen konkret sein. Konkret ist auch, daß die Aura der keltischen Landschaften die Sinne verführt. Je nach Region vollzieht sich der Eintritt in diese Aura auf anderen Wegen.

Die Überquerung des Severn ist bereits der Übergang nach Wales, in das Land der keltischen Sants, von denen die vergewaltigte Non zur Mutter des Nationalheiligen wurde. In Wales gehen englisches Mittelalter, walisische Geschichte und alte keltische Kultur fließend ineinander über.

Von Fishguard bei St. David's aus sind es nur wenige Stunden, um nach Irland, auf die „Insel der Heiligen", zu gelangen.

Schottland fängt eigentlich schon in Yorkshire bei Scotch Corner an, wo sich die Straßen in Richtung Westen und Osten teilen. Bei Carlisle im Westen, das fast noch zum Lake District gehört, liegt gleich auf schottischer Seite Gretna mit dem noch kleineren Gretna Green, wo die spektakulären „runaway marriages" beginnen, weil schottisches Eherecht seit alter Zeit die jungen Leute früher aufeinander losläßt. Die östliche Annäherung an Schottland verläuft über Berwick upon Tweed, dem letzte Ort im angelsächsischen Northumbria, an der Nordseeküste entlang nach Edinburgh.

Erst wenn wir in Wales, Irland und Schottland angekommen sind, merken wir, wie vielformig die keltische Welt in Wirklichkeit ist. Die angelesenen Vorstellungen lösen sich auf, weil sie mit der Wirklichkeit der Landschaften nicht übereinstimmen. Nur die selbstgewonnenen Perspektiven verhelfen zu neuen Einsichten. Das Wissen, daß der keltische Raum nicht nur durch die Bed and Breakfast-Schilder zusammengehalten ist, sondern eine übergreifende Aura und inspirierende Spiritualität besitzt, müssen wir selbst gewinnen – gerade weil es bisweilen die Spiritualität der Vergänglichkeit ist, wie sie Fontane auf Iona begegnete:

> Die Tumuli sind zerfallen, und die Grabsteine liegen verwittert da, nirgends eine Inschrift oder Jahreszahl, die Auskunft geben könnte. (Fontane 89, 231)

Die gälischen Namen sind ein Teil der Aura. Das Örtchen Kilmory auf Ardnamurchan gewinnt eine geschichtliche Tiefendimension, wenn es als Cille-Mhoire, die Kirche der Maria, wahrgenommen wird. Eilean na Hearadh, Eilean Leodhais – so heißen Harris und Lewis auf Gälisch.

Zu der Aura des Raumes gehören auch die bescheidenen Blumen – die hebridischen Orchideen und die Calluna vulgaris, das in der Zeit der Blüte glühende Heidekraut, und die Silberdistel. Die Silberdistel hat Rainer Kunze angeregt:

> Sich zurückhalten
> an der erde
>
> Keinen schatten werfen
> auf andere
>
> Im schatten der anderen
> leuchten
> (Kunze 87, 33)

– auch an dem Beispiel einer unscheinbaren Silberdistel kann die Aura in Spiritualität übergehen.

Die Spiritualität tritt, fest in den jährlichen Kalender eingebunden, auch im dionysischen Gewand in Erscheinung: als Burns Night am 25. Januar, während der sie den Geburtstag des schottischen Nationaldichters whiskyselig feiern, und als Bloomsday, den bürgerschrekkenden Dublinspaziergang Leopold Blooms vom 14. Juni 1904 wiederholend.

Und gehört es nicht zur Spiritualität der Liebe, wenn ein in der Nähe von Birmingham geborener Ire, dessen Großeltern in Mayo gelebt hatten, im Jahr 1912 zur Ehre eines irischen Mädchens das Evergreen schrieb:

> It's a long way to Tipperary, to the
> sweetest girl I know ...?

Daß Iona nach einer lokalen Tradition beim Weltuntergang wie ein gesegnetes Blatt auf der allzerstörenden Flut schwimmen werde, hatte schon Theodor Fontane beeindruckt (Fontane 89, 232). Hinter dieser hoffnungsfrohen Zukunftserwartung für Iona steht das Wissen der keltischen Naturreligion um die Heiligkeit des eigenen Landes. In den Landschaften des keltischen Randes werden heute noch die heiligen Quellen verehrt, weil aus ihnen Gesundheit sprudle.

Die keltische Spiritualität wanderte in die frühchristliche Zeit hinüber, und die Spiritualitäten zweier Religionen flossen zu einer zusammen. Die nachträgliche Katholisierung – erst Jahrhunderte danach – gelang glücklicherweise nur so unvollständig, daß die keltische Freude am Sein und an den natürlichen Dingen erhalten blieb.

Sogar die strenge Askese der Mönche wurde von einem bescheidenen Wohlleben und von einem überschäumenden Naturgefühl überhöht. Die Aura, die er um sich wahrnahm, ergriff im frühen 9. Jahrhundert einen Schreibermönch so sehr, daß er zu dichten begann.

Scribe's Reverie

A hedge of trees surrounds me,
A blackbird's lay sings to me.
Above my lines booklet
The thrilling birds chant to me.

In a grey mantle from the top of bushes
The cuckoo sings;
Verily – may the Lord shield me –
Well do I write under the greenwood.

(Der Traum des Schreibers

Eine Baumhecke umgibt mich,
mir erklingt das Lied der Amsel.
Über meinem Buch:
jubelnde Vögel singen für mich.

Im grauen Mantel, aus der Spitze der Büsche,
singt der Kuckuck.
Wahrlich – Gott möge mich beschützen –:
es schreibt sich angenehm unter grünen Bäumen.)
(O'Malley 85, 130; Übersetzung Vogt)

Die Aura des Ortes, an dem er schrieb, hatte diesen Schreibermönch erfaßt – hatten ihn die reflektiven, meditativen und religiösen Anteile der keltischen Spiritualität alle auf einmal überwältigt?

Vom Wesen der Einsamkeit

Irland und Schottland werden von vielen Touristen besucht. Beide Länder wollen diesen Besucherstrom, weil der Tourismus als wichtiger Wirtschaftsfaktor verstanden wird. Doch wo genau liegt die Grenzlinie, von der an die große Touristenzahl durch das Reiseland – konkret: durch Irland und Schottland – nicht mehr bewältigt werden kann?

Diese Grenze ist dort erreicht, wo die gesellschaftlichen Verhaltensmuster durch die Touristenscharen aufgelöst werden und die eingetretenen Veränderungen auch nicht mehr als hinzunehmende Modernisierungsimpulse legitimierbar sind. Die Sorge der katholischen Kirche um die Moral der irischen Bevölkerung und der Kampf der Inselbewohner auf Lewis und Harris gegen die Zerstörung des *Sabbath Day* haben an diesem Punkt zumindest teilweise ihre Berechtigung. In Irland wie auf den Äußeren Hebriden befürchten die Menschen, daß ihre „Kulturen der Einsamkeit" durch den Einbruch der fremden Welt zerstört werden könnten.

Der keltische Raum steht nur für einen sanften, nicht jedoch für einen aggressiven Tourismus offen. Es geht um eine empathische Annäherung an die „Kulturen der Einsamkeit". Die für den keltischen Rand paradigmatischen Wetterverhältnisse – Regen, Nebel, kühle Temperaturen – wirken sich dabei noch vorteilhaft aus: die schlimmeren Kulturzerstörungen finden in den wärmeren und sonnigeren Gegenden Europas statt. Die empathische Annäherung an den keltischen Raum setzt ein exploratives Verhalten der Reisenden voraus. Der voyeuristische Umgang mit seinen Landschaften, Menschen und Kulturen schließt sich aus. Die Sensibilisierung für die „Kulturen der Einsamkeit" fängt schon zu Hause an.

Sensible, nachdenkliche und intelligente Reisende sind gefragt. Das ist weder elitär noch dünkelhaft gemeint. Wer wollte nicht sensibel, nachdenklich und intelligent St. David's, das *Book of Kells*,

Skellig Michael, die Einsamkeiten Mayos und der Äußeren Hebriden, die Aura der violettleuchtenden Highlands und die angenehme Wärme einer Teestube in St. Andrews wahrnehmen?

In den „Kulturen der Einsamkeit“ wurden Dörfer, ganze Counties und viele Inseln verlassen, und dieser Prozeß des Leerwerdens setzt sich immer weiter fort. (Abbildungen 7 und 13b) Die Einsamkeit Schottlands haben die Auswanderer in Amerika wiedererkannt: dem armen Schottland liegt auf der anderen Seite des Ozeans die kanadische Atlantikprovinz *Nova Scotia* gegenüber.

Natürlich kann der Begriff der Einsamkeit auch in immer kleinere Münze gewechselt werden, um am Ende als Kitsch über die Bühne zu gehen. Dann würde zu der Zerstörung der gewachsenen Kulturen am Rand Europas auch noch der Betrug an den Besuchern hinzukommen. Wir müssen begreifen, daß die Einsamkeiten Irlands und Schottlands aus permanenten Übergängen zwischen Land, Inseln und Meer bestehen. Die Menschen im keltischen Raum wollen sich in diesen Übergängen behaupten, und ihre archetypischen Erfahrungen wurden in Mythen, Gedichten und Musik niedergelegt.

„Gehen Sie nach Connemara, Father – soviel schöne Landschaft auf einmal, mit so wenig Menschen drin, haben Sie sicher noch nicht gesehen ...“ Das ist das Land der Einsamkeit, an dem sie sich festhalten. Die Menschen, die von draußen kommen, können die Einheit der Kulturen im keltischen Raum, auch die sie verbindende Einsamkeit, oft viel besser erkennen als diejenigen, die immer in dieser Welt leben. Der Besucher von weither erfaßt das zu Vergleichende in seiner inneren Einheit. Es ist so: wer aus der Mitte der Landmasse an den keltischen Rand Europas kommt, kann die Ähnlichkeit der Landschaften, die Verwandtschaft der Teilkulturen und den *Cantus firmus* der Einsamkeit erst ganz erfassen.

Kann er die Einsamkeit auch besser ertragen? Er kann es nicht, weil ihm dazu die Erfahrung fehlt und die „Spiritualität der Einsamkeit“ ihm a priori nicht zur Verfügung steht. Die „Spiritualität der Einsamkeit“ drückt sich in einem irischen Segensspruch aus:

May the road rise to meet you.
May the wind be always at your back.
May the sun shine warm upon your face,
the rain fall soft upon your fields
and, until we meet again,

may God hold you
in the palm of His hand.

Die „Spiritualität der Einsamkeit“ kann im keltischen Raum erinnert und erlernt werden, wobei die, die in den keltischen Raum reisen, unbewußt an die „Iromanie“ des Mittelalters (Ochsenbein – Schmuki – von Euw 90, 5) anknüpfen. Die Aura des keltischen Raums besitzt eine therapeutische Wirkung. Die Besucher werden angeregt, sich der Einsamkeit zu öffnen und ihre Wahrnehmungen auszusprechen. Der Eindruck entsteht, immer schon hier gewesen zu sein und später hierher zurückkehren zu wollen.

Wer schon im keltischen Raum war, will wieder in ihn heimkehren – und er kommt auch wieder zurück, weil die Phantasie der Erinnerung ihm dabei hilft. Diese Phantasie der Erinnerung ist voller Kraft, denn sie leistet die Anstrengung, die Heimkehr in die Einsamkeit auch zu realisieren. Wie Menschen mit der Einsamkeit ihres Lebensraumes, die ja auch ein Teil der Einsamkeit des Lebens selbst ist, umgehen können, das erlernen wir im keltischen Raum.

Wir haben von der empathischen Annäherung an den keltischen Rand gesprochen. Auf diese Welt am Rande Europas muß ein Mensch sich vorbereiten, langsam, ganz langsam sich auf sie einstellen (Vogt 92/2, 117). Tut er es nicht, bleibt nur die Geschäftigkeit der großen Städte, die stets die Maske einer Flucht ist. Die Einsamkeit im keltischen Raum mutet einem die Anstrengung der Selbsterkenntnis zu. Wenn der Wind nur leise weht, wird das eigene Herz hörbar. Wer in die Stille hineinhört, hört in sich selbst hinein und beginnt, sich selbst zu verstehen. Dazu sind Willen nötig und Gelassenheit. Weil beide oft fehlen, ist vielen die Flucht in die Städte lieber, wo aus dem Getriebensein soviel Lärm kommt, daß das eigene Innere wieder unhörbar ist. Wenn sie nur ausgehalten wird: die Weite des keltischen Raums hat in einem eine analytische und eine therapeutische Funktion.

* * *

Womit soll ein Buch, das sich um die „Kulturen der Einsamkeit“ am keltischen Rand Europas bekümmerte, am geschicktesten enden? Mit einem markigen – oder mit einem gedankenschweren allerletzten Satz? Ein solcher Satz könnte wieder viel zerstören, wenn der Leser überhaupt bis zum Schluß ausgehalten hat. Hat der Leser aber bis zu dieser Stelle durchgehalten, dann hat er im letzten Satz keine Belehrung mehr nötig. Jeder gedankenschwere Satz würde für diesen gutwilligen Menschen zu einer platten Wiederholung, die ihn nur beleidigt, ihm aber überhaupt nichts mehr sagt.

Wie also das Buch schließen? Am besten persönlich und unkompliziert.

Da bieten sich Verse an, die von mittelalterlichen Skriptoren im Kloster von St. Gallen unvermittelt und *out of the blue* den allerheiligsten Handschriften angehängt wurden. Dieser Ausweg würde sogar gut passen, weil das Kloster St. Gallen ja sowieso etwas mit dem keltischen Rand Europas zu tun hat, wie der aufmerksame Leser inzwischen weiß.

Nicht schließen möchte ich mit dem offenherzigen Vers:

Non bene prandetur
cum panis abesse videtur.
(Es frühstückt sich nicht gut,
wenn Brot mir fehlen tut.)

Dieser Schlußsatz könnte zu sehr als Verkaufswerbung in eigener Sache mißverstanden werden. Auf dieser letzten Seite macht sie ohnedies keinen Sinn mehr. Der Satz würde dem treuen Leser auch Verdruß bereiten, weil er mit dem Kauf des Buches ohnedies zum Frühstück des Autors beitrug.

Geeignet – weil am Ende einer langen Anstrengung auch zutreffend – wäre folgender Vers aus St. Gallen:

Sic est scriptori novissimus versus
quomodo naviganti novissimus portus.
(So dünkt den Schreiber das letzte Wort
wie den Schiffer der nächste Port.)

Ich entscheide mich – Dominik Jost für die Zitate dankend (Jost 93, 202–204) – für einen letzten Satz, der den Freudensprung nach getaner Arbeit am kürzesten ausdrückt:

Libro completo
saltat scriptor pede laeto.

Literatur

ABERYSTWYTH 91: Aberystwyth. The University College of Wales. The Undergraduate Prospectus for 1991–92, Aberystwyth 1991. – ALLCHIN–DE WAAL 88: A. M. Allchin–Esther de Waal, Hrsg., Threshold of Light. Prayers and Praises from the Celtic Tradition, London ²1988. – ANGENENDT 90: Arnold Angenendt, Das Frühmittelalter. Die abendländische Christenheit von 400 bis 900, Stuttgart–Berlin–Köln 1990. – ARDNAMURCHAN 81: Ardnamurchan Parish Church, Hrsg., Ardnamurchan. Annals of the Parish, Edinburgh 1981. – ASHE 92: Geoffrey Ashe, Kelten, Druiden und König Arthur. Mythologie der Britischen Inseln, Olten–Freiburg i. Br. 1992. – AUSLÄNDER 93: Rose Ausländer, Die Musik ist zerbrochen. Gedichte, Frankfurt a. M. 1993. Fischer Taschenbuch, 11154.

BACKHOUSE 92: Janet Backhouse, The Lindisfarne Gospels, Oxford ²1992. – BAIN 89: Robert Bain, The Clans and Tartans of Scotland. Enlarged and re-edited by Margaret O. MacDougall, Glasgow–London 1989. – BAIR 91: Deirdre Bair, Samuel Beckett, Hamburg 1991. – BARLEY 93: Nigel Barley, Traurige Insulaner. Als Ethnologe bei den Engländern, Stuttgart 1993. – BAUMANN – HOYER – SNOWDON 87: Peter Baumann – Ole Hoyer – Wendy Snowdon, Schottland. Highlands and Islands, Freiburg i. Br.–Basel–Wien 1987. – BAUMANN–HOYER–SNOWDON 91: Peter Baumann–Ole Hoyer–Wendy Snowdon, Irland, Freiburg i. Br.–Basel–Wien ³1991. – BAUR 93: Margrit Baur, Alle Herrlichkeit, Frankfurt a. M. 1993. – BECKETT, J. C. 91: James Camlin Beckett, Geschichte Irlands, Stuttgart 1971. Kröners Taschenausgabe, 419. – BECKETT, S. 81: Samuel Beckett, Dramatische Dichtungen in drei Sprachen, Frankfurt a. M. 1981. – BEHAN 92: Brendan Behan, „Das gleiche noch mal!“ Romanfragment und 14 Streiflichter, Hamburg 1992. – BENJAMIN 77: Walter Benjamin, Das Kunstwerk im Zeitalter seiner technischen Reproduzierbarkeit. Drei Studien zur Kunstsoziologie, Frankfurt a. M. 1977. Edition Suhrkamp, 28. – BERG 93: Wolfhart Berg, Irland, München 1993. – BETJEMAN 78: The Best of Betjeman. Selected by John Guest, Harmondsworth 1978. – BETJEMAN 82: John Betjeman, Church Poems, London 1982. – BLAIR CASTLE 85: Blair Castle. An Illustrated Survey of the

Historic Scottish Home of the Duke of Atholl. Compiled under the Supervision of the 9th and loth Dukes of Atholl, Derby 1985. – BLEAKLEY 72: David Bleakley, Peace in Ulster, London–Oxford 1972. – BÖLL 61: Heinrich Böll, Irisches Tagebuch, München 1961. dtv 1. – BOLD 80: Alan Bold, Scotland's Kings and Queens, Andover, Hants. 1980. – BOOK OF KELLS 80: Peter Brown, Das Evangeliar von Kells. Book of Kells, Freiburg i. Br.–Basel–Wien 1980. – BOOK OF KELLS 93: Irland und das Book of Kells. Ausstellung im Gutenberg-Museum Mainz, 6. Februar–12. April 1993. Bearbeitet von Anton von Euw, Zürich 1993. – BOSWELL 58: James Boswell, The Journal of a Tour to the Hebrides with Samuel Johnson, London–New York 1958. Everyman's Library, 387. – BOTHEROYD–BOTHEROYD 92: Sylvia Botheroyd–Paul F. Botheroyd, Lexikon der keltischen Mythologie, München 1992. – BOURKE 92: Eva Bourke, Schwindelig vor Erlösung. Lyrik aus dem Westen Irlands, in: Irland Journal III, 2/92, 26–28. – BOWEN 77: E. G. Bowen, Saints, Seaways and Settlements in the Celtic Lands, Cardiff 1977. – BOWEN 82: E. G. Bowen, The St. David of History. Dewi Sant: Our Founder Saint. Address given to the Friends of St. David's Cathedral on the occasion of the 800th anniversary of the building of the Cathedral, 1181–1981, Aberystwyth 1982. – BRANDT 86: Bill Brandt, Literary Britain. Photographed by Bill Brandt. With an Introduction by John Hayward, edited and with an Afterword by Mark Haworth-Booth, New York 1986. – BREEZE 89: David J. Breeze, The Northern Frontiers, in: Malcolm Todd, Hrsg., Research on Roman Britain: 1960–89, London 1989. Britannia Monograph Studies, 11; S. 37–60. – BRETAGNE 90/1: Pierre Deux, Hrsg., Die Bretagne. Das „savoir vivre" einer französischen Provinz, Köln 1990. – BRETAGNE 90/2: Hermann Schreiber–Heinz Wohner, Bretagne, München 1990. – BRETAGNE 92: Anselm Spring–Martin Ebel, Bretagne, Freiburg i. Br.–Basel–Wien 1992. – BRODSKY 85: Joseph Brodsky, Römische Elegien und andere Gedichte, München 1985, Edition Akzente. – BROOKS 75: John Brooks, Welcome to Iona, Norwich 1975. – BRYCE 89: Derek Bryce, Symbolism of the Celtic Cross, Lampeter, Wales 1989. – BURNS 50: Robert Burns, Poems, London–New York 1950. Everyman's Library, 94. – BUSCH 89: Bernd Busch, Belichtete Welt. Eine Wahrnehmungsgeschichte der Fotografie, München 1989. – BUSCHINGER–SPIEWOK 91: Danielle Buschinger–Wolfgang Spiewok, Hrsg., Tristan und Isolde im europäischen Mittelalter, Stuttgart 1991.

CAMERON REPORT 69: Disturbances in Northern Ireland. Report of the Commission appointed by the Governor of Northern Ireland. Presented to Parliament by Command of His Excellency the Governor of Northern Ireland, September 1969, Belfast 1969. – CELAN 80: Paul Celan, Die Niemandsrose. Sprachgitter. Gedichte, Frankfurt a. M. 1980. Fischer Taschenbuch,

2223. – CELAN 93: Paul Celan, Fadensonnen, Frankfurt a.M. 1993. Suhrkamp Taschenbuch, 2165. – CELTS 91: Venceslas Kruta u. a., The Celts, New York 1991. – CHAUNU 89: Pierre Chaunu, Europäische Kulturen im Zeitalter des Barock, Frankfurt a.M. 1989. Fischer Wissenschaft, 7421. – CHRISTIAN CELTS 91: Mark Redknap, The Christian Celts. Treasures of Late Celtic Wales, Cardiff 1991. – CLARUS 91: Ingeborg Clarus, Keltische Mythen. Der Mensch und seine Anderswelt, Olten–Freiburg i. Br. 1991. – COLLINS, M. E. 69: M. E. Collins, Conquest and Colonisation, Dublin 1969. Reihe: A History of Ireland, hrsg. Margaret MacCurtain. – COLLINS, A. 74: Anna Collins, Irish Myth and Magic, Dublin 1974. – CONSTITUTION OF IRELAND 80: Bunreacht Na héireann (Constitution of Ireland), Dublin 1980 (mit späteren Verfassungsänderungen). – COOGAN 71: Tim Pat Coogan, The I. R. A., London 1971. – COOPER 77: Derek Cooper, Hebridean Connection. A View of the Highlands and Islands, London–Henley–Boston 1977. – CORKERY 89: John Corkery, Cluain Chiarain. The City of Ciaran, Longford, Ireland ²1989. – CORNFORTH–HUGHES-HARTMAN 90: John Cornforth–George Hughes-Hartman, Inveraray Castle, Derby 1990.

DANIELS 89: Charles Daniels, The Flavian and Trajanic Northern Frontiers, in: Malcolm Todd, Hrsg., Research on Roman Britain: 1960–89, London 1989. Britannia Monograph Studies, 11; S. 31–35. – DELDERFIELD 81: Eric R. Delderfield, Kings and Queens of England and Great Britain, London ³1981. – DEVLIN 69: Bernadette Devlin, Irland: Religionskrieg oder Klassenkampf? The Price of My Soul, Reinbek 1969. Rororo Aktuell, 1282. – DE WAAL 90: Esther de Waal, Hrsg., The Celtic Vision. Selected and Edited from the Carmina Gadelica, London ²1990. – DICKINSON 82: Emily Dickinson, Collected Poems of Emily Dickinson, New York 1982. – DOBLE 86: G. H. Doble: Lives of the Welsh Saints. Edited by D. Simon Evans, Cardiff (1971) 1986. – DOHERTY 89: Charles Doherty, Zur Struktur der frühen Kirchen in Irland, S. 29–37 in: Johannes Erichsen, Hrsg., Kilian, Mönch aus Irland – aller Franken Patron. Aufsätze, München 1989. Veröffentlichungen zur bayerischen Geschichte und Kultur, 19. – DONNE 86: John Donne, The Complete English Poems, edited by A. J. Smith, London 1986. Penguin Classics. – DUKES OF ATHOLL 85: 9th and loth Dukes of Atholl, Hrsg., Blair Castle, Derby 1985. – DU MAURIER 81: Daphne du Maurier, Gasthaus Jamaica, München 1981. Knaur Taschenbuch, 781. – DUNBAR–FISHER 88: John Dunbar–Ian Fisher, Iona, hrsg. Royal Commission on the Ancient and Historical Monuments of Scotland, Edinburgh ²1988. – DUNN 91: Douglas Dunn, Elegien. In Nachdichtungen von Evelyn Schlag, Frankfurt a. M. 1991. – DUNN 92: Douglas Dunn, Hrsg., The Faber Book of Twentieth-Century Scottish Poetry, London–Boston 1992.

EDINBURGH 89: University of Edinburgh, Hrsg., Undergraduate Prospectus, 1990 Entry, Edinburgh 1989. – EDWARDS 73: Ruth Dudley Edwards, An Atlas of Irish History, London 1973. University Paperbacks, 505. – EHRENTREICH 66: Alfred Ehrentreich, Hrsg., Englische Märchen, München 1966. Goldmanns Gelbe Reihe, 1798. – EISTEDDFOD 90: Eisteddfod. An Introduction to the National Eisteddfod of Wales, its Language and its Attractions. Published by the National Eisteddfod of Wales Council, Cardiff 1990. – ELLIS 88: Peter Berresford Ellis, The Celtic Revolution. A Study in Anti-Imperialism, Talybont, Wales ²1988. – ENCYCLOPEDIA 71: Encyclopedia of Ireland, Dublin (1968), Nachdruck 1971. – ERICHSEN 89: Johannes Erichsen, Hrsg., Kilian: Mönch aus Irland, aller Franken Patron. Aufsätze, München 1989. Veröffentlichungen zur bayerischen Geschichte und Kultur, 19. – EVANS, S. 85: Sydney Evans, Salisbury Cathedral. A Reflective Guide, Salisbury 1985. – EVANS, D. S. 86: D. Simon Evans, Our Early Welsh Saints and History, in: G. H. Doble, Lives of the Welsh Saints, edited by D. Simon Evans, Cardiff 1986; S. 1–55.

FITZGERALD 89: Michael Fitzgerald, Pembrokeshire Churches, Newport, Dyfed 1989. – FONTANE 89: Theodor Fontane, Jenseits des Tweed. Bilder und Briefe aus Schottland, Frankfurt a. M. 1989. Insel Taschenbuch, 1066. – FONTANE 91: Theodor Fontane. Wanderungen durch England und Schottland. 2 Bände, Berlin ²1991. – FORT AUGUSTUS ABBEY 81: Fort Augustus Abbey. Centenary Edition, St. Ives, Cambridgeshire 1981. – FRAHNE 47: Karl Heinrich Frahne, Von Chaucer bis Shaw. Eine Einführung in die Literatur Englands, Hamburg 1947. – FRANK 84: Karlhans Frank, Hrsg., Schottische Lieder und Balladen. Texte und Noten mit Begleit-Akkorden, Frankfurt a. M. 1984. Fischer Taschenbuch, 2989. – FRASER 71: Antonia Fraser, Maria. Königin der Schotten, München 1971. Heyne Biographien, 4. – FREE CHURCH YEAR BOOK 92: The Free Church of Scotland, Hrsg., Year Book, 1992–1993, Edinburgh 1992. – FREUND 79: Michael Freund, Die Große Revolution in England. Beginn eines heroischen Zeitalters, München 1979. Heyne Geschichte, 28. – FRIEDENTHAL 81: Richard Friedenthal, Georg Friedrich Händel in Selbstzeugnissen und Bilddokumenten, Hamburg (1959) 1981. Rowohlts Monographien, 36.

GALLIEN IN DER SPÄTANTIKE 80: Römisch-Germanisches Zentralmuseum, Hrsg., Gallien in der Spätantike. Von Kaiser Konstantin zu Frankenkönig Childerich, Mainz 1980. – GEBHARD–LORENTZEN 93: Rupert Gebhard–Andrea Lorentzen, Die Kelten in Bayern, München 1993. Hefte zur bayerischen Geschichte und Kultur, 15. – GEUTER 61: Bruno Geuter, Irland. Insel unter dem Kreuz, Mönchengladbach 1961. – GIBB 89: J. H. P. Gibb, Sherborne Abbey, Sherborne, Dorset ²1989. – GIBB o. Jg.: J. H. P. Gibb, Fan Vaults and

Medieval Sculpture of Sherborne Abbey, Sherborne, Dorset o. Jg. – GIFFORD 81: Douglas Gifford, Hrsg., Scottish Short Stories, 1800–1900, London–New York 1981. The Scottish Library. – GOLD AUS IRLAND 81: Michael Ryan–Mary Cahill, Gold aus Irland. Gold-, Silber- und Bronzeschmuck dreier Jahrtausende, Frankfurt a. M. 1981. – GORMAN 57: Herbert Gorman, James Joyce. Sein Leben und sein Werk, Hamburg 1957. – GRANT 89: James Shaw Grant, Enchanted Island, Stornoway 1989. – GREENE 85: David Greene, Hrsg., An Anthology of Irish Literature. 2 Bände, New York 1985. – GREENE–O'CONNOR 90: David Greene–Frank O'Connor, Hrsg., A Golden Treasury of Irish Poetry, A. D. Six Hundred to Twelve Hundred, Minneapolis 1990. – GÜNTHER 93: Horst Günther, Hrsg., Europäische Geschichte. Ein Lesebuch, Frankfurt a. M. 1993. Insel Taschenbuch, 1478.

HÄNEL–GEROLD 91: Wolfram Hänel–Ulrike Gerold, Irland, Olten–Freiburg i. Br. 1991. – HAMLIN–LYNN 89: Ann Hamlin–Christopher J. Lynn, Zur Archäologie früher kirchlicher und profaner Siedlungen in Irland, S. 57–73 in: Johannes Erichsen, Hrsg., Kilian, Mönch aus Irland – aller Franken Patron. Aufsätze, München 1989. Veröffentlichungen zur bayerischen Geschichte, 19. – HANSON 68: Richard P. C., Saint Patrick. His Origins and Career, Oxford 1968. – HANSON 71: Richard P. C. Hanson, English Translation of the „Confession" and the „Letter to Coroticus" of Saint Patrick, in: Nottingham Medieval Studies, vol. XV, 1971, S. 3–26. – HARBISON 89: Peter Harbison, Skulpturen in irischen Klöstern des ersten Jahrtausends n. Chr. und ihre hypothetischen Vorbilder auf dem Kontinent, S. 85–92, in: Johannes Erichsen, Hrsg., Kilian, Mönch aus Irland – aller Franken Patron. Aufsätze, München 1989. Veröffentlichungen zur bayerischen Geschichte und Kultur, 19. – HARBISON 92: Peter Harbison, Guide to National and Historic Monuments of Ireland, including a selection of other monuments not in State care, Dublin (1970) ²1992. – HASELGROVE 89: Colin Haselgrove, The later Iron Age in Southern Britain ans beyond, S. 1–18, in: Malcolm Todd, Hrsg., Research on Roman Britain: 1960–89, London 1989. Britannia Monograph Series, 11. – HASELOFF 89: Günther Haseloff, Irische Handschriften des 7. und frühen 8. Jahrhunderts, S. 93–106, in: Johannes Erichsen, Hrsg., Kilian, Mönch aus Irland – aller Franken Patron. Aufsätze, München 1989. Veröffentlichungen zur bayerischen Geschichte und Kultur, 19. – HENIG 89: Martin Henig, Religion in Roman Britain, S. 219–234, in: Malcolm Todd, Hrsg., Research on Roman Britain: 1960–89, London 1989. Britannia Monograph Studies, 11. – HERMLE 79: Reinhard Hermle, Der Konflikt in Nordirland. Ursachen, Ausbruch und Entwicklung unter besonderer Berücksichtigung des Zeitraums 1963–1972. Eine Fallstudie zum Problem innergesellschaftlicher politischer Gewalt, München–Mainz 1979. Entwicklung und Frieden, Wissenschaftliche

Reihe, 19. – HETMANN 91: Frederik Hetmann, Hrsg., Märchen aus England, Frankfurt a. M. 1991. Fischer Taschenbuch, 10686. – HEUSS 64: Alfred Heuß, Römische Geschichte, Braunschweig ²1964. – HILDESHEIMER 91: Wolfgang Hildesheimer, Zeiten in Cornwall, Frankfurt a. M. 1991. Suhrkamp Taschenbuch, 1866. – HÖPFL 65: Heinz Höpfl, Geschichte Englands und des Commonwealth, Frankfurt a. M. 1965. – HOOCK 92: Jochen Hoock, Ereignis und Konstruktion. Zum Verhältnis von Ereignis- und Strukturgeschichte, S. 41–53 in: Friedrich Balke–Eric Méchoulan–Benno Wagner, Hrsg., Zeit des Ereignisses – Ende der Geschichte?, München 1992. Materialien der Zeit; Reihe A, Band 9. – HORN–MARSHALL–ROURKE 90: Walter Horn–Jenny White Marshall–Grellan D. Rourke, The Forgotten Hermitage of Skellig Michael, Berkeley 1990. California Studies in the History of Art, Discovery Series, 2.

INNES-SMITH 89: Robert Innes-Smith, Glamis Castle. Seat of the Earl of Strathmore and Kinghorne, Derby 1989. – IRISCHE ELFENMÄRCHEN 62: Irische Elfenmärchen. Übersetzt und eingeleitet von den Brüdern Grimm, Stuttgart 1962. – IRLAND 61: Hannes Betzler–Horst Munzig–Peter Schünemann, Irland, München 1961.

JACKSON 74: Robert Wyse Jackson, Archbishop Magrath. The Scoundrel of Cashel, Dublin-Cork 1974. – JEDIN–LATOURETTE–MARTIN 87: Hubert Jedin–Kenneth Scott Latourette–Jochen Martin, Hrsg., Atlas zur Kirchengeschichte. Die christlichen Kirchen in Geschichte und Gegenwart, Freiburg i. Br. 1987. – JOHNSON–ROSE 90: Nicholas Johnson–Peter Rose, Cornwall's Archaeological Heritage from Prehistory to the Tudors: 8000 BC–AD 1540, Truro 1990. – JONES–ELIS 92: Gwyn Jones–Islwyn Ffowc Elis, Hrsg., Classic Welsh Short Stories, Oxford 1992. – JOST 93: Dominik Jost, Hrsg., Bodensee. Reisebuch, Frankfurt a. M. 1993. Insel Taschenbuch, 1490. – JOYCE 60: James Joyce, Jugendbildnis des Dichters. A Portrait of the Artist as a Young Man, Frankfurt a. M. 1960. Exempla Classica, 11. – JOYCE 61: James Joyce, Dublin. Novellen, Frankfurt a. M. 1961. Fischer Taschenbuch, 414. – JOYCE 62: James Joyce, Ulysses, London 1962. – JOYCE 66: James Joyce, Ulysses. Mit einer Einführung von C. Giedion-Welcker. 2 Bände, München 1966. Sonderreihe dtv, 49–50. – JOYCE 85: James Joyce, Chamber Music, London 1985. – JOYCE 87: James Joyce, Gesammelte Gedichte. Anna Livia Plurabelle, Frankfurt a. M. 1987. Edition Suhrkamp, 1438. – JOYCE 91: James Joyce, Briefe an Sylvia Beach, 1921–1940, Frankfurt a. M. 1991. – JOYCE 92/1: James Joyce, Briefe an Nora, Frankfurt a. M. 1992. Suhrkamp Taschenbuch, 1931. – JOYCE 92/2: James Joyce, Hades. Ein Kapitel aus dem „Ulysses", Englisch–Deutsch. In der Übersetzung von Hans Wollschläger. Herausgegeben und ausführlich erklärt von Fritz Senn, Mainz 1992. Excerpta classica, IX. – JOYCE FOUNDATION 90: Zurich James Joyce Foundation, Zürich 1990.

KASCHNITZ 60: Marie Luise Kaschnitz, Der Mönch Benda, in: Lange Schatten. Erzählungen, Hamburg 1960, S. 76–87. – KEPPIE 89: Lawrence Keppie, Beyond the Northern Frontier: Roman and Native in Scotland, S. 61–73, in: Malcolm Todd, Hrsg., Research on Roman Britain: 1960–89, London 1989. Britannia Monograph Studies, 11. – KILIAN 89: Kilian. Mönch aus Irland – aller Franken Patron, 689–1989. Katalog der Sonder-Ausstellung zur 1300-Jahr-Feier des Kiliansmartyriums. 1. Juli 1989.–1. Oktober 1989. Festung Marienberg Würzburg, Würzburg 1989. – KILLANIN–DUIGNAN 89: Lord Killanin – Michael V. Duignan, The Shell Guide to Ireland. Revised and updated by Peter Harbison, Dublin 1989. – KINGSTON 90: Bob Kingston, Achill Island. The Deserted Village at Slievemore. A Study, Castlebar 1990. – KIRBY 85: Sheelah Kirby, The Yeats Country. A guide to the Sligo district and other places in the West of Ireland associated with the life and work of W. B. Yeats, Sligo 1985. – KLUXEN 76: Kurt Kluxen, Geschichte Englands. Von den Anfängen bis zur Gegenwart, Stuttgart ²1976. Kröners Taschenausgaben, 374. – KOWA 90: Günter Kowa, Architektur der Englischen Gotik, Köln 1990. DuMont-Dokumente. KRÄMER 72: Georg Krämer, Mord & Terror. Britischer Imperialismus: Nordirland, Frankfurt a. M. 1972. Fischer Taschenbuch, 1300. – KÜHN 91: Dieter Kühn, Tristan und Isolde des Gottfried von Straßburg, Frankfurt a. M. 1991. – KUNZE 87: Rainer Kunze, auf eigene hoffnung. gedichte, Frankfurt a. M. 1987. Fischer Taschenbuch, 5230.

LAMPEDUSA 93: Guiseppe Tomasi di Lampedusa, „Ich sucht' ein Glück, das es nicht gibt ..." Byron–Shelley–Keats, Berlin 1993. Salto, 37. – LAMPETER 91: Saint David's University College Lampeter. Prospectus 1991/92, Lampeter 1991. – LANGDON 88: Arthur G. Langdon, Old Cornish Crosses, Cranbury (New Jersey) 1988. – LARSEN 89: Jens Peter Larsen, Handel's Messiah. Origins – Composition – Sources, New York–London 1989. Norton Paperback. – LENK 93: Hans Lenk, Philosophie und Interpretation. Vorlesungen zur Entwicklung konstruktionistischer Interpretationsansätze, Frankfurt a. M. 1993. Suhrkamp Taschenbuch Wissenschaft, 1060. – LESCHKE 92: Rainer Leschke, Am Rande der Ereignisse – Überlegungen zu ihrem hermeneutischen Gebrauch, S. 151–174, in: Friedrich Balke – Eric Méchoulan – Benno Wagner, Hrsg., Zeit des Ereignisses – Ende der Geschichte?, München 1992. Materialien der Zeit; Reihe A, Band 9. – LINDE 92: Erdmann Linde, Wer Achill sagt, will auch Böll sagen, in: Irland Journal, III, 2/92, 52f. – LLOYD 79: T. O. Lloyd, Empire to Welfare State. English History, 1906–1976. Oxford ²1979. – LOMMATZSCH 48: Erhard Lommatzsch, Hrsg., Geschichten aus dem alten

Frankreich, Freiburg i. B. 1948. – LUCAS 73: A. T. Lucas, Treasures of Ireland. Irish Pagan and Early Christian Art, Dublin 1973. – LUCE 92: J. V. Luce, Trinity College Dublin. The First 400 Years, Dublin 1992.

MACGEARAILT 69: Geraóid MacGearailt, Celts and Normans, Dublin 1969. A History of Ireland, hrsg. Margaret MacCurtain. – MACGOWAN 84: Kenneth MacGowan, Wonders of the Boyne Valley, Dublin ²1984. – MACLAREN 57: MacLaren's Gaelic Self-Taught. An Introduction to Gaelic for Beginners, Glasgow ⁴1957. – MACLEAN 87: Fitzroy Maclean, Schottische Clan-Geschichten, Herford 1987. – MACLEAN 90: Charles MacLean, The Clan Almanac, Moffat 1990. – MACPHERSON–MACPHERSON 87: S. M. Macpherson–R. Macpherson, A Guide to Dunfermline Abbey, Dunfermline ²1987. – MACRAE 78: John MacRae, Eilean Donan Castle, Newport 1978. – MADDOX 90: Brenda Maddox, Nora. Das Leben der Nora Joyce, Köln 1990. – MALORY 86: Thomas Malory, Le Mort d'Arthur. 2 Bände, hrsg. Janet Cowen, Harmondsworth 1986. Penguin Classics. MARKALE 89: Jean Markale, Die Druiden. Gesellschaft und Götter der Kelten, München ³1989. Goldmann Sachbuch, 11474. – MARRIOTT 89: H. Marriott, St. David's Cathedral. Eglwys Gadeiriol Tŷ Ddewi, Andover 1989. – MARTIN 93: Donald Martin, The Gaelic Language in Scotland. Briefing Paper, prepared for a EC Study Visit to Scotland. March 1993, Stornoway 1993. – MARTYROLOGIUM 62: Das Römische Martyrologium. Übersetzt von den Benediktinern der Erzabtei Beuron, Regensburg ³1962. – MAURER 93: Manfred Maurer, Furor. Roman, Frankfurt a. M. 1993. Fischer Taschenbuch, 11290. – MAXFIELD 89: Valerie A. Maxfield, Conquest and aftermath, S. 19–29, in: Malcolm Todd, Hrsg., Research on Roman Britain: 1960–89, London 1989. Britannia Monograph Series, 11. – MCCREARY 75: Alf McCreary, Corrymeela. The Search for Peace, Belfast 1975. – MCEVILLEY 93: Thomas McEvilley, Kunst und Unbehagen. Theorie am Ende des 20. Jahrhunderts, München–Paris–London 1993. – MCGUFFIN 87: Sean McGuffin, Der Knieschußclub. Irische Abendunterhaltung, Hamburg–Zürich 1987. Kleine Bücher für Hand und Kopf, 14. – MCLAREN 80: Moray McLaren, Bonnie Prince Charlie, London 1980. – MEGAW–MEGAW 89: Ruth Megaw–Vincent Megaw, Celtic Art: From its Beginning to the Book of Kells, London 1989. – MENZIES–KNOX–WRIGHT 77: Lucy Menzies–Ronald A. Knox–Ronald Selby Wright, St. Margaret, Queen of Scotland, and Her Chapel, Edinburgh ¹⁹1977. – MILNE 66: Kenneth Milne, The Church of Ireland. A History, Dublin 1966. – MONUMENTS IN WALES 76: Royal Commission on Ancient and Historic Monuments in Wales, Hrsg., An Inventory of the Ancient Monuments of Glamorgan. Vol. 1, Part 3: The Early Christian Period, Cardiff 1976. – MORTON 86: Henry Vollam Morton, Wanderungen in Rom, Frankfurt a. M. ⁹1986. – MUIRHEAD 59: L. Russell Muirhead, Hrsg., Scotland, London ⁴1959.

The Blue Guides. – MULDOON 90: Paul Muldoon, Hrsg., The Faber Book of Contemporary Irish Poetry, London–Boston 1990. – MURPHY 71/1: Gerard Murphy, Saga and Myth in Ancient Ireland, Cork 1971. Irish Life and Culture, X. – MURPHY 71/2: Gerard Murphy, The Ossianic Lore and Romantic Tales of Medieval Ireland, Cork 1971. Irish Life and Culture, XI. – MURRAY 82: Sarah Murray, A Companion and Useful Guide to the Beauties of Scotland. Edited by William F. Laughlan, Hawick (Roxburghshire) (1799) 1982.

NASH-WILLIAMS 50: V. E. Nash-Williams, The Early Christian Monuments of Wales, Cardiff 1950. – NIEDHART 87: Gottfried Niedhart, Geschichte Englands im 19. und 20. Jahrhundert, München 1987. – NIPPERDEY 87: Thomas Nipperdey, Deutsche Geschichte 1800–1866. Bürgerwelt und starker Staat, München [4]1987.

O'BRIEN 92/1: Flann O'Brien, Aus Dalkeys Archiven, Frankfurt a. M. 1992. Suhrkamp Taschenbuch, 2143. – O'BRIEN 92/2: Flann O'Brien, Irischer Lebenslauf. Eine arge Geschichte vom harten Leben, Frankfurt a. M. 1992. Suhrkamp Taschenbuch, 2186. – O'CASEY 71: Sean O'Casey, Three More Plays by Sean O'Casey, London 1971. Papermac, 86. – O'CASEY 72: Sean O'Casey, Three Plays by Sean O'Casey, London 1972. Papermac, P85. – OCHSENBEIN–SCHMUKI 89: Peter Ochsenbein–Karl Schmuki, Vom Reisen in alter Zeit. Texte und Bilder aus Handschriften und Drucken des 8. bis 18. Jahrhunderts. Führer durch die Ausstellung der Stiftsbibliothek St. Gallen (29. November 1988 bis 4. November 1989), St. Gallen 1989. – OCHSENBEIN–SCHMUKI–VON EUW 90: Peter Ochsenbein–Karl Schmuki–Anton von Euw, Hrsg., Irische Buchkunst. Die irischen Handschriften der Stiftsbibliothek St. Gallen und das Faksimile des Book of Kells, St. Gallen 1990. – O'CONNOR 70: Frank O'Connor, Hrsg., Modern Irish Short Stories, London 1970. The World's Classics, 560. – Ó CORRÁIN 89: Donnchadh Ó Corráin, Die Kirche in der irischen Gesellschaft. Ihre politische und rechtliche Stellung, S. 39–47, in: Johannes Erichsen, Hrsg., Kilian, Mönch aus Irland – aller Franken Patron. Aufsätze, München 1989. Veröffentlichungen zur bayerischen Geschichte und Kultur, 19. – Ó CRÓINÍN 89: Daibhí Ó Cróinín, Zur Frühzeit der irischen Mission in Europa, S. 49–55, in: Johannes Erichsen, Hrsg., Kilina, Mönch aus Irland – aller Franken Patron. Aufsätze, München 1989. Veröffentlichungen zur bayerischen Geschichte und Kultur, 19. – O'FAOLAIN 69: Sean O'Faolain, The Irish, Harmondsworth 1969. – O'FAOLAIN 83: Sean O'Faolain, The Heat of the Sun and Other Stories, London 1981. – O'MALLEY 85: Brian Brendan O'Malley, Hrsg., A Pilgrim's Manual. St. David's, Marlborough 1985. – Ó RÍORDÁIN 89: Seán P. Ó Ríordáin, Tara. The Monuments on the Hill, Dundalk 1989. – OWEN 92: Morfydd E. Owen, The

Medieval Welsh Poet's Vision of Society: A Window on the Iron Age, Machynlleth 1992. The Hallstatt Lecture, 1992.

PERROTT 89: David Perrott, Guide to the Western Isles of Scotland, Edinburgh [4]1989. – PEVSNER 74: Nikolaus Pevsner, Das Englische in der englischen Kunst, München 1974. – PHILLIPS 92: Peter Philipps, English Sacred Music. 1549–1649, Oxford [2]1992. – PLOETZ 80: Der Große Ploetz. Auszug aus der Geschichte, Würzburg [29]1980. – PRAZ 88: Mario Praz, Der Garten der Sinne. Ansichten des Manierismus und des Barock, Frankfurt a. M. 1988. – PRESTON-JONES–ROSE 86: Ann Preston-Jones–Peter Rose, Medieval Cornwall, in: Cornish Archaeology 25 (1986), 135–185. – PRINZ 89: Friedrich Prinz, Grundzüge der Entfaltung des abendländischen Mönchtums bis zu Karl dem Großen, S. 109–131, in: Johannes Erichsen, Hrsg., Kilian, Mönch aus Irland – aller Franken Patron. Aufsätze, München 1989. Veröffentlichungen zur bayerischen Geschichte und Kultur, 19.

QUINNEL 86: Henrietta Quinnel, Cornwall during the Iron Age and the Roman Period, in: Cornish Archaeology 25 (1986), 111–134.

RAFTERY 93: John B. Raftery, Bog – die nasse Mitte ist bodenlos, in: Irland Journal IV, 1/93, 25–38. – RELTON 80: Katherine Relton, The Isle of Skye, Norwich 1980. – REPUBLICANISM 74: Republicanism – the aims, ideals and methods of Irish Republicanism. The Report of the Committee on National and International Problems to the General Assembly 1974, hrsg. Presbyterian Church in Ireland, Belfast 1974. – ROBINSON 89: Tim Robinson, Stones of Aran: Pilgrimage, London 1989. – ROE 81: Helen M. Roe, Monasterboice and its Monuments, Dundalk 1981. – ROSE 74: Richard Rose, Politics in England. An Interpretation, Boston–Toronto [2]1974. – ROTARY CLUB OF STORNOWAY 89: The Rotary Club of Stornoway, Hrsg., The Outer Hebrides. Handbook and Guide, Edinburgh 1989. – RUETZ 85: Michael Ruetz, Schottische Sinfonie. Vorwort von David Attenborough, München 1985. – RUETZ 90: Michael Ruetz, Wales. Photographien. Mit Gedichten von Dylan Thomas, München 1990. – RUSSELL 92: George William Russell, Weg zur Erleuchtung. Visionen eines modernen keltischen Sehers, München 1992. Diederichs Gelbe Reihe, 95: Irland.

SAGER 87: Peter Sager, Wales. Literatur und Politik, Industrie und Landschaft, Köln [2]1987. DuMont Kunst-Reiseführer. – SAGER 88: Peter Sager, Schottland. Geschichte und Literatur, Architektur und Landschaft, Köln [8]1988. DuMont Kunst-Reiseführer. – SAINT PATRICK 61: Confessio und Epistola (lateinisch), in: Liam MacPhilbín, Mise Pádraig, Dublin 1961. –

SCARMAN REPORT 72: Violence and Civil Disturbances in Northern Ireland in 1969. Report of Tribunal of Inquiry. Presented to Parliament by Command of His Excellency the Governor of Northern Ireland, April, 1972. Zwei Bände, Belfast 1972. – SCOTT 1826: Walter Scott, The Poetical Works of Walter Scott. Complete in one volume, Frankfurt a. M. 1826. – SEABORNE 89: Malcolm Seaborne, Celtic Crosses of Britain and Ireland, Aylesbury 1989. – SENN 92: Fritz Senn, Hades in Dublin, in: James Joyce, Hades. Ein Kapitel aus dem „Ulysses", Englisch–Deutsch. In der Übersetzung von Hans Wollschläger. Herausgegeben und ausführlich erklärt von Fritz Senn, Mainz 1992. Excerpta classica, IX. – SHAKESPEARE 1855: William Shakespeare, Dramatische Werke. Übersetzt von August Wilhelm Schlegel und Ludwig Tieck. Neue Ausgabe in neun Bänden. Neunter Band, Berlin 1855. – SHAKESPEARE 57: The Complete Works of William Shakespeare, London 1957. – SHARKEY 89: John Sharkey, Celtic Mysteries. The Ancient Religion, London ^{2}1989. – SHAW 60: Bernard Shaw, Briefwechsel mit seiner Freundin Stella Patrick Campbell, Reinbek 1960. Rororo Taschenbuch, 355–356. – SHAW 62/1: George Bernard Shaw, Ein Negermädchen sucht Gott. Eine Legende, Frankfurt a. M. 1962. Bibliothek Suhrkamp, 29. – SHAW 62, 2: George Bernard Shaw, Musik in London, Frankfurt a. M. 1962. Bibliothek Suhrkamp, 42. – SHAW 81: Bernard Shaw, Die heilige Johanna, Frankfurt a. M. 1981. Bibliothek Suhrkamp, 295. – SHAW 84: Bernard Shaw, John Bull's Other Island, Harmondsworth 1984. – SIMMS 70: G. O. Simms, The Book of Kells. A Short Description, Dublin 1970. – SIMMS 80: G. O. Simms, Irish Illuminated Manuscripts, Dublin 1980. The Irish Heritage Series, 29. – SIMPSON 89: W. Douglas Simpson, Urquhart Castle, Edinburgh ^{3}1989. – SOLLBACH 87: Gerhard E. Sollbach, Sankt Brandans wundersame Seefahrt, Frankfurt a. M. 1987. Insel Bücherei, 1032. – SONG BOOK 58: University of St. Andrews. Students' Union Song Book, hrsg. The Committee of the Students' Union, St. Andrews 1958. – SOTIRIADIS 91: Moses Sotiriadis, Theophanu, die Prinzessin aus Ostrom, in: Katholisches Pfarramt St. Pantaleon, Hrsg., Theophanu. Regierende Kaiserin des Heiligen Römischen Reiches Deutscher Nation, Köln ^{2}1991. – SPÄTH 93: Gerold Späth, Das Spiel des Sommers neunundneunzig, Frankfurt a. M. 1993. – SPEARE 68: M. Edmund Speare, Hrsg., The Pocket Book of Verse, New York 1968. – SPINDLER 91: Konrad Spindler, Die frühen Kelten, Stuttgart ^{2}1991. – STEEL 79: Tom Steel, The Life and Death of St. Kilda, Glasgow ^{4}1979. – SUERBAUM 89: Ulrich Suerbaum, Das elisabethanische Zeitalter, Stuttgart 1989.

SCHAFF 93: Barbara Schaff, Schottland, München–Zürich 1993. – SCHAMONI 63: Wilhelm Schamoni, Hrsg., Ausbreiter des Glaubens im Altertum, Düsseldorf 1963. – SCHELLEMANN 91: Carlo Schellemann, Irisches Bilderbuch, Dortmund ^{6}1991. Die bibliophilen Taschenbücher, 479. – SCHOTTLAND 68: George

Sorley Whittet, Schottland. Kleines Land der vielen Gewässer, Wien–München 1968. – Schottland 78: Rudolf René Gebhardt – Eva Lubinger, Schottland, Augsburg–Innsbruck 1978. – Schwaiger 93: Georg Schwaiger, Hrsg., Mönchtum, Orden, Klöster. Von den Anfängen bis zur Gegenwart. Ein Lexikon, München 1993.

Stalley 91: Roger Stalley, Irish High Crosses, Dublin 1991. The Irish Heritage Series, 69. – St. Andrews 89: University of St. Andrews, Hrsg., Prospectus 1990 Entry, St. Andrews 1989. – Steckel 93: Margret Steckel, Nachttage. Roman, München 1993. – Steiner 80: Rudolf Steiner, Rhythmen im Kosmos und im Menschenwesen. Wie kommt man zum Schauen der geistigen Welt? Sechzehn Vorträge, gehalten vor den Arbeitern am Goetheanumbau in Dornach vom 30. Mai bis 22. September 1923, Dornach ^{2}1980. Rudolf Steiner Gesamtausgabe, Vorträge, 4. – Steiner 87: Rudolf Steiner, Mysteriengestaltungen. Vierzehn Vorträge, gehalten in Dornach vom 23. November bis 23. Dezember 1923, Dornach ^{4}1987. Rudolf Steiner Gesamtausgabe, Vorträge. – Stemmler 91: Theo Stemmler, Heinrich VIII. Ansichten eines Königs, Frankfurt a. M. 1991. Insel Bücherei, 1117. – Stoll – Roubier 66: Robert Th. Stoll – Jean Roubier, Britannia Romanica. Die hohe Kunst der romanischen Epoche in England, Schottland und Irland, Wien–München 1966. – Strand – Davidson 62: Paul Strand – Basil Davidson, Land der Gräser. Die Äußeren Hebriden, Dresden 1962.

Thomas 87: Dylan Thomas, Quite Early One Morning. Poems, Stories, Essays, London–Melbourne 1987. – Thomas 90: Patrick Thomas, The Opened Door. A Celtic Spirituality, Brechfa (Wales) 1990. – Thompson 80: Rosemary C. Thompson, The Dove of the Church ... Columcille, Iona–Glasgow–Edinburgh 1980. – Tierney – MacCurtain 69: Mark Tierney – Margaret MacCurtain, The Birth of Modern Ireland, Dublin 1969. A History of Ireland, hrsg. Margaret MacCurtain. – Todd 87: Malcolm Todd, The Southwest to AD 1000, London 1987. – Todd 89: Malcolm Todd, Hrsg., Research on Roman Britain: 1960–89, London 1989. Britannia Monograph Series, 11. – Toibin 86: Niall Toibin, Hrsg., The Irish Reciter, Belfast–Wolfeboro (New Hampshire) 1986. – Trausil 57: Hans Trausil, Hrsg., Irische Harfe. Gedichte vom achten Jahrhundert bis zur Gegenwart. Aus dem Anglo-Irischen übertragen von Hans Trausil, München 1957. – Trevor 93: William Trevor, Turgenjews Schatten. Roman, Marburg 1993. – Turner 75: Turner – 1775–1851, hrsg. The Tate Gallery, London ^{2}1975.

Uris – Uris 76: Jill Uris – Leon Uris, Irland. Schreckliche Schönheit. Eine Geschichte des heutigen Irlands, München 1976.

VOGT 72/1: Hermann Vogt, Hrsg., Nordirland. Texte zu einem konfessionellen, politischen und sozialen Konflikt, Stuttgart 1972. Beiheft zur Ökumenischen Rundschau, 20/21. – VOGT 72/2: Hermann Vogt, Ist ein Irland für alle möglich? Interviews mit Kardinal Conway und Erzbischof Simms, in: Lutherische Monatshefte 11 (1972), S. 297–300. – VOGT 73/1: Hermann Vogt, Konfessionskrieg in Nordirland? Materialien und Unterrichtsvorschläge zum irischen Konflikt, Stuttgart–München 1973. Religionspädagogische Praxis, 11. – VOGT 73/2: Hermann Vogt, Konfession und politischer Friede. Konflikt- und friedenstheoretische Aspekte der Auseinandersetzungen in Nordirland, in: Internationale Dialog-Zeitschrift 6 (1973), S. 274–280. – VOGT 74: Hermann Vogt, Konfessionskrieg in Nordirland? Medienpaket, München 1974. – VOGT 76: Hermann Vogt, Hrsg., Menschen im Konflikt. Volksdichtung aus Nordirland (1966–1974). Eingeleitet, übersetzt und kommentiert von Hermann Vogt, S. 255–274, in: Reinhard Hermle, Hrsg., Konflikt und Gewalt. Texte zur Lage in Nordirland 1972–1974, München–Mainz 1976. Reihe Entwicklung und Frieden, Materialien 4. – VOGT 77: Hermann Vogt, Nordirland. Zur konfessionellen Folie eines politisch-sozialen Konflikts, Bensheim–Stuttgart [4]1977. Arbeitstexte, 9. – VOGT 92/1: Hermann Vogt, Abtreibung in Irland?, in: Lutherische Monatshefte 31 (1992), 290 f. – VOGT 92/2: Hermann Vogt, Hebridische Impressionen: Hört Europa an seinem keltischen Rand auf?, in: Chelsea Hotel. A Magazine for the Arts 1/92, 116 f.

WACHER 89: John Wacher, Cities from the second to fourth centuries, S. 91–114, in: Malcolm Todd, Hrsg., Research on Roman Britain: 1960–89, London 1989. Britannia Monograph Series, 11. – WAGNER 91: Margit Wagner, Irland. Ein Reisebegleiter, München 1991. – WALES YEARBOOK 91: Denis Balsom, Hrsg., The Wales Yearbook 1991, Cardiff 1990. – WALES YEARBOOK 92: Denis Balsom, Hrsg., The Wales Yearbook 1992, Cardiff 1992. – WALES YEARBOOK 93: Denis Balsom, Hrsg., The Wales Yearbook 1993, Cardiff 1993. – WALKER 83: Nancy H. Walker, Lochleven's Royal Prisoner. Mary Queen of Scots, Kinross 1983. – WALSER 91: Martin Walser, Auskunft. 22 Gespräche aus 28 Jahren. Herausgegeben von Klaus Siblewski, Frankfurt a. M. 1991. Suhrkamp Taschenbuch, 1871. – WAMSER 89: Ludwig Wamser, Castellum, quod nominatur Wirciburc, S. 173–225, in: Johannes Erichsen, Hrsg., Kilian, Mönch aus Irland – aller Franken Patron. Aufsätze, München 1989. Veröffentlichungen zur bayerischen Geschichte und Kultur, 19. – WAPNEWSKI 91: Peter Wapnewski, Dû bist mîn, in: Marcel Reich-Ranicki, Frankfurter Anthologie. Gedichte und Interpretationen. Band 14, Frankfurt a. M., S. 13–16. – WEISSMANN 91: Karlheinz Weißmann, Druiden, Goden, Weise Frauen. Zurück zu Europas alten Göttern, Freiburg–Basel–Wien 1991. Herder Spektrum, 4045. – WELTALMANACH 94: Der Fischer Weltalmanach 1994, Frankfurt a. M. 1993. – WERNER 92: Johannes Werner, Hrsg., Vom mönchischen Leben. Geschichte einer Sehnsucht, Frankfurt a. M. 1992. Insel Taschenbuch, 1473. – WESTERN ISLES STRUCTURE PLAN 88: Comhairle nan Eilean, Hrsg., Western Isles Structure Plan. Written Statement, Stornoway 1988. – WHITE 87: T. H. White, The Once and Future King, New York 1987. – WHITE – MCCORRY – SMYTH 74: Marion White – Jim McCorry – Sam Smyth, Hrsg., Love Orange – Love Green. Poems of Living, Loving and Dying in Working-Class Ulster, Belfast 1974. – WHITMAN 90: Walt Whitman, Leaves of Grass. The 1892 Edition, New York 1990. – WILLIAMS 59: Jac L. Williams, Owen Morgan Edwards: 1858–1920, Aberystwyth 1959. – WILLIAMS 78: Neville Williams, Elisabeth I. von England. Beherrscherin eines Weltreiches, München [2]1978. Heyne Biographie, 28. – WILTON-SMITH 90: Jame Wilton-Smith, City of Bath. The Roman City of Aquae Sulis, Andover 1990. – WOODHAM-SMITH 70: Cecil Woodham-Smith, The Great Hunger. Ireland 1845–9, London 1970. – WORMALD 92: Jenny Wormald, Maria Stuart, Freiburg i. Br.–Würzburg 1992. – WULFFEN 93: Barbara von Wulffen, Maureen. Irische Geschichten, Frankfurt a. M. 1993.

YEATS 53: William Butler Yeats, The Collected Plays, London (1934) [2]1953. – YEATS 90: William Butler Yeats, Selected Poetry, London 1990.

ZIEGLER 90: Wolfgang Ziegler, Irland. Kunst – Kultur – Landschaft. Entdeckungsfahrten zu den Kunststätten der „Grünen Insel“, Köln [13]1990. DuMont Kunst-Reiseführer.

Register

OCCIDENTALIS OCEANVS.
VERGINIVM MARE.
HIBERNIA, Quae IRIS Dio doro: et Iuernis SACRA Avieno.
MARE HIBERNICVM.
BRITANNIA MAIOR, QVAE Britannia Secunda.
Britannia Flauia Caesariensis.
Maxima Caesariensis.
Britannia Prima.
ET SVPERIOR.
Saxonicum littus.
OCEANVS BRITANNICVS.
Meridies.
OCEA
MORINI.
DAMNONII
DVROTRIGES.
BELGAE.
REGNI.
DOBVNI.
SILVRES.
ORDOVICES.
DEMETAE.
CANGI.
GENVNII.
CORNAVII.
CORITAVI.
BRIGANTES.
PARISII.
MAEATAE.
TRINOBANTES.
CATYEVCHLANI, ET CASSII.
SIMENI Ptol. ICENI Tacito, et CENIMAGNI Caesari
CANTII.
NOVANTAE
VTERNI.
VELABORI.
GANGANI.
AVTERI.
VENICNII.
LVCENI.
VODIAE
MANAPII.
CAVCI.
HERDINI.
RHOBOGDII.
BRIGANTES.
VOLVNTII.
CORIONDI.
BLANI.
DARNI.